# 问题与出路

## 后发地区农村生产力发展研究

## A Study of Rural Productivity of China's Undeveloped Areas

李厚廷 著

- 后发地区农村发展的主要矛盾
- 现代农业的社会性观察
- 资本要素主导型农业
- 工业和农业良性互动
- “浙江经验”的借鉴和突破
- “刘易斯路径”和“舒尔茨路径”的中国实践

中国经济出版社
CHINA ECONOMIC PUBLISHING HOUSE
北 京

**图书在版编目（CIP）数据**

问题与出路：后发地区农村生产力发展研究／李厚廷著．－北京：中国经济出版社，2008. 12

ISBN 978－7－5017－8926－9

Ⅰ. 问… Ⅱ. 李… Ⅲ. 8926 Ⅳ. F323

中国版本图书馆 CIP 数据核字（2008）第 186063 号

**出版发行**：中国经济出版社（100037·北京市西城区百万庄北街 3 号）
**网　　址**：www. economyph. com
**责任编辑**：崔姜薇（010－68355210　cuijiangwei@ hotmail. com）
**责任印制**：石星岳
**封面设计**：任燕飞装帧设计工作室
**经　　销**：各地新华书店
**承　　印**：北京市昌平新兴胶印厂
**开　　本**：1/16　　**印张**：17. 75　　**字数**：300 千字
**版　　次**：2008 年 12 月第 1 版　　**印次**：2008 年 12 月第 1 次印刷
**书　　号**：ISBN 978－7－5017－8926－9/F·7894　　**定价**：38. 00 元

---

谨以此书献给

改革开放三十周年

# 前 言

步入新的世纪以来,党中央做出了一系列事关我国经济和社会发展全局的重大战略性决策,从而在指导思想上完成了又一次发展战略的转变。在这一转变过程中,我们已经欣喜地看到中国正在发生的变化:社会的主流话语系统日渐贴近现实,社会的弱势群体正在受到不断增多的关爱,关注民生已经成为执政党的基本治国理念,利益均衡的社会框架已经基本形成,政府思维方式和行为方式逐渐纳入以民为本的轨道。一个富有人类责任感、敢于正视问题并致力于解决问题、更加开放和充满发展活力的中国,即将呈现在人类面前。

与这种感受相伴而生的是,中国还存在大量有待解决的经济和社会问题,这些问题可能来自于历史遗留、体制转轨、改革失衡、理念落后,以及治理不力等等。这些问题的存在,更加彰显出发展战略转变的意义所在;这些问题的解决过程,就是一系列战略决策的实施过程。

城乡发展失衡在众多的结构性失衡中最具典型性。由于多种原因,不少人可能每年都要穿梭于"北京(上海)—省会城市—省辖市",不同层级城市之间的差别固然存在,这种差别吸引着抱定"人往高处走"信念的人们从一个城市进入另一个城市,但不同层级城市之间的差别仅仅在一定程度上存在,更多的其实是各得其所。当我们再将视线转入城市和农村(尤其是后发地区的农村)之间,呈现在人们面前的却是另一番景象,用"天壤之别"大约可以对此做出描述——对来自于农村的城市居民来讲,对家乡具有永远难以割舍的情愫,那里的水土给了他们得以生存的衣食之需,那里的文化铸就了他们坚强的性格和光明磊落的不渝情怀。然而,每次从家乡回城总是难免出现几天难以名状的痛楚,而这绝非"儿嫌母丑"。城乡发展失衡和区域发展失衡的混合产生了中国经济和社会发展最为薄弱的环节——后发地区的农村发展问题。

十七届三中全会通过的《中共中央关于推进农村改革发展若干重大问题的决定》中指出：实现全面建设小康社会的宏伟目标，最艰巨最繁重的任务在农村，最广泛最深厚的基础也在农村。应该为他们做点什么？能够为他们做点什么？不，是为我们自己！为我们那不时躁动的心灵获得安宁！也为我所亲历的“一间厨屋，三年无力建成，并最终没有建成”的经历不再重演！或许，在长达一年多的写作过程中，正是这一信念支撑了我。

本书的学术积累过程如下：

2006 年初，我参加了徐州师范大学经济学院组织的新农村建设调研活动，这次活动深入徐州、宿迁、淮安、盐城、连云港各市的几十个调研点，从中我对新农村建设获得了较为系统的感性认识。

2006 年 4 月，徐州市人民政府研究室和徐州师范大学经济学院联合举办了新农村建设论坛，我按照“提出问题、分析问题和解决问题”的逻辑思路，以《农业的规模经营之路》为题做了重点发言。

2006 年，我主持了江苏省高校社科基金项目《苏北农业规模经营实施方案研究》，围绕这一项目先后发表了 5 篇论文，并于 2007 年提前结题。

2007 年，我主持了江苏省社科联研究项目《苏北发展现代农业中的农地制度研究》，该研究课题已经在核心期刊上发表三篇论文，该课题近期将最终完成。

2007 年，我作为主要成员参加了江苏省“十一五”社科规划项目《社会主义新农村建设和苏北发展》的研究工作，承担了其中的子课题“生产发展”，并在 2007 年 11 月召开的结题研讨会上，做了题为《问题导向下的苏北农村生产发展》的发言，提出了生产发展中的十个问题。

完成本书后，我曾对我的研究生说：进入学术研究之门的关键是能否进入一种忘我的境界。值本书完成并最终出版之际，倍感欣慰，历经春夏秋冬，不分节日假日，除了偶尔陪伴妻子在云湖之畔散步之外，终日沉浸在思想的海洋中，承继前贤并在此基础上提炼和形成自己的思想，力求对后发地区农村生产力的发展有所贡献。

欣慰之余，我要对身患癌症和多种疾病的妻子刘清华女士表示深深的歉意，并致以由衷的感谢！2007 年 9 月下旬，与我相濡以沫的妻子手术后不久，我就开始了本书的写作，妻子患有十多年高血压，动了两次大手术，这两年双手又患腱鞘炎等疾病，为了让我每天晚上七八点钟结束当天写作，回到家能吃上热菜热饭，她不知承受了多少痛楚！写作过程中，她不知问了我多少次写作进度，与我同喜同忧。书稿完成以后，我本不忍让她做这件劳动强度很大的事情，但在她的一再坚持下，她还是成了本书的第一位读者，以她南京大学哲学系学习经历所形成的严谨和细腻指出了书中近百处需要改进的地方！正在清华大学汽车工程系攻读博士学位的女儿也时常给老爸加油鼓劲，在本书写作所经历的两个寒暑假中，女儿悉心地照顾着她的妈妈，并承担了所有家务。谢谢你，我的宝贝！

感谢所有本书参考文献的作者！感谢中国经济出版社和崔姜薇编辑！感谢改革开放以来积极投身于中国经济发展和社会进步的各界人士！

作者

2008 年 12 月

# 目 录

CONTENTS

# 第一章 后发地区农村发展的主要矛盾

2005年10月，党的十六届五中全会通过的《中共中央关于制定国民经济和社会发展第十一个五年规划的建议》中指出，“建设社会主义新农村是我国现代化进程中的重大历史任务”。这一任务提出之后，人们围绕“生产发展，生活宽裕，村容整洁，乡风文明，管理民主”的战略目标进行了大量的研究工作，并在实践上制定规划，志在全面推进新农村建设。在此过程中，出现了一种思维误区——将新农村建设的战略目标以“打包”形式“一股脑儿”地搬进了策略选择之中，忽视了战略与策略的区别、主要矛盾与次要矛盾的区别、先发地区与后发地区的区别。事实上，发展水平不同的区域在这些问题上存在较大差别，对于后发地区来说，农村进一步发展所面临的主要矛盾是生产力落后，在科学发展和新农村建设的背景之下，认清这一点并致力于后发地区农村生产力发展对于有效推进我国经济和社会进程具有决定性意义。

# 一、战略层面审视

社会主义新农村建设是在科学发展观的语境中提出来的。这是因为农业落后、农民贫穷、农村发展缓慢是中国现阶段经济社会矛盾的主要表现形式。这种状态的存续已经难以支撑经济、社会的持续发展。这就是说,社会主义新农村建设是落实科学发展观的一次具体实践,是基于科学发展观而提出的一次战略重点的转移。

## 1. 科学发展观和以经济建设为中心

科学发展观是依据我国经济和社会进程的现实状态而提出的,意味着发展观的转变。由此提出了一个必须回答的问题:科学发展观和之前的发展观之间是一种什么关系?是彻底抛弃?是完全无关?是继承发展?这一问题事关能否科学地贯彻和落实科学发展观。

在邓小平理论的指导之下,中国开启了现代化进程。发展是硬道理,贫穷落后不是社会主义,并据此确定了"生产力标准","要抓住时机,发展自己,关键是发展经济",①在这一发展观的指导下,人民生活水平、综合国力、中国在国际经济政治舞台上的地位都得到了空前提高。

发展观总是具体的、现实的。回想一下改革开放初期的中国经济和社会状况,我们就能真切领悟到"以经济建设为中心"的发展观抓住了中国经济和社会的主要矛盾,以此为抓手奠定了中国步入现代化的基础。在当时的背景下,"以经济建设为中心"体现了国家、民族和广大人民的根本利益和长远利益。在这一发展观指导之下取得的建设成就为推进改革和发展提供了物质基础和社会基础。虽然在这个过程中出现了经济和社会的结构性问题,但如果没有经济建设的成就,现存的经济和社会问题可能会比现在还要严重。

---

① 邓小平. 邓小平文选(第三卷)[M]. 北京:人民出版社,1994 年第二版 375.

我国财政收入的总量增长可以为这一发展进程作出有力的解释：根据国家统计局的数据，2003年中国财政收入首度突破2万亿元，2005年突破3万亿元，2006年接近4万亿元，2007年突破5万亿元，增长能力惊人。另一组统计数据显示，近5年来，城镇居民的可支配收入年均增长9.8%，农村居民的纯收入5年年均增长6.8%。① 或许，财政收入的增长仍然不能满足经济和社会发展各方面的需求，但是，发展的成果毕竟为我们提供了解决现实经济和社会问题较为丰厚的物质基础。我们现在的主要问题是结构性失衡，如果中国没有坚定地走改革开放之路，调动各方面积极因素服务于生产力的发展，当今的中国将是一种"社会性贫困"。"结构性失衡"可以通过结构调整和外力干预逐渐得到解决，而"社会性贫困"将使我们一筹莫展。人类的有限理性牢牢地将我们囿于"无知"状态，一个复杂的社会不可能完全符合人们的事后理想，"试错"和"学习"将为我们提供一条趋向理想的现实道路，重要的是方向正确、主导性问题不出现重大失误。

使用财政收入说明这一问题可能会有遥远之感，因为在现实的制度环境下，人们对财政收入的使用方向及其过程缺乏切身的感知，从理论上说，这种感知可能同财政收入的公共产品指向和长期性指向有关，人们往往对自身获得的直接利益才能有深刻的感知。即使在间接意义上，我们同样可以清晰地感知到所生活的城市和社区环境的变化。

现在的年轻人对改革开放之前的状况可以说是一无所知。我曾经问过出生于20世纪80年代初期的几个孩子，包括我的女儿在内：在你们的记忆中，是否存在生活困难的影子？几个孩子都说，一点这方面的记忆都没有。我真为孩子们高兴，苦难未曾留在孩子们的记忆中。事实上，在他们的童年时期，生活的窘迫被爸爸妈妈的疼爱所淹没，独生子女的身份使他们免受生活的煎熬。在当时的经济和社会环境中，两个大学毕业生的工资加起来是108元，全部生活开支都在其中，对于从农村走出来的大学生来讲还要适量地承担父母的生活费用。想起这一点，难免心中涌起阵阵酸楚：年轻时有心无力，而有力时老人们又没有等到这一天。

住房的历程最让人终生不忘：大学毕业后的第一处居所是距城市10公里的一个地方，体验了"文化大革命"中干部改造的生活环境，住了两

① 谢旭人. 2007年财政收入突破5万亿元[J]. 南风窗，2008(5).

年。第二处居所是市内的一个新建小区，方便多了，但是面积只有24.86平方米，为了这一处住地，曾经有人问过我给领导送了多少礼，我说一分钱没花，连一支烟也没有付出，真是这样，那时的环境与现在不一样，别说没有给别人送礼的钱，即使有钱，压根儿就没有分配住房还要给领导送礼这个概念，人们普遍认为，作为一个正式职工，单位理应给一个可以安心工作的容身之地，我还深深地记得这位领导，并对那一代领导人怀有深深的敬意。第三处居所是一所大学的筒子楼，18平方米，虽然面积小了，但在校内，三代人在这里生活了6年，这一段时光中最美好的记忆是做饭时从走廊里散发出的“五味俱全”的菜香，还有各家共同抵御涝灾的壮观场景，我的女儿在这里结识了她的第一批小伙伴。第四处居所是一套58平方米的两室一厅套房，当拿到房子钥匙的时候，我那“不求进步”的夫人高兴地说，终于有了一处像个家的房子，一辈子就在这里住了，我还记得我们两个共同趴在地上刷地脚线的场面，此时已经距离我们大学毕业整整十年时间了!! 值得说明的是，在这套房子里住了8年，我们就有了一套比这个房子大一倍的真正属于自己的房子!!![①] 就是说，从大学毕业到有一个像样的房子经历了10年时间，而拥有一个较为满意的房子经历了18年时间。而现在与我有相同背景的年轻人达到同样目标肯定可以大大地缩短这一时间，我不禁要说，年轻真好!

历史的延续需要理性，但是感知更加真切。年轻一代缺乏对改革开放之前的感知，由此决定他们对发展生产力重要性的理解具有局限性。这正像我们这一代缺乏抗日战争以及解放战争的切身体验那样。

历史只有在延续中才能得到正确的理解，没有生产力指向之下的中国生产力的发展成果就不会有今天的经济和社会成就，同样不会有与这些成就相伴随的经济和社会问题。我们总是期望收获尽可能多的正面效应，同时也期望产生尽可能少的负面效应。但是，在一定的时间区间内和特定的经济和社会环境中，正面效应和负面效应总是相伴而生，人们只能在两者的

---

① 这是城乡差距的一种直观的表现形式。出生在城市里的年轻人步入社会时总是能够在长辈的佑护下度过初期的艰难时光，而出生于农村通过高考步入城市的人则无依无靠，不少现实的问题常常令他们束手无策。来自于城市的同事们就不存在像我这样严重的住房问题，至于那些有一定社会背景的人，他们是房子等人，并且是一套又一套。我曾经对我的学生说：坚定地支持改革，积极地参与改革，因为人人都能获得的利益老百姓才能得到，改革事实上就是趋向这一状态。

平衡中作出选择,如果避讳负面效应,或者是不容忍负面效应的存在,正面效应就可能大幅度下降,甚至消失。这样说并不是为现存的经济和社会问题开脱,更不是听任这些问题的存在和发展。如果将时间区间延长,我们就能看到一个负面效应的解决机制:在上一个发展周期中出现的问题可能成为下一个发展周期中的中心议题,由此扩展已经存在的正面效应,使既定的负面效应不断减少。接下来的问题是可能产生新的问题。这就是现实的内在逻辑。

我们可以作一个设想:在30年前中国启动改革开放之时,如果按照均衡发展的思路推进发展,中国的今天会是一种什么状态?工业、农业均衡发展?城市、乡村均衡发展?对内搞活、对外开放均衡发展?教育、文化、卫生等各项社会事业均衡发展?经济体制改革、政治体制改革均衡发展?遗憾的是,社会进程不能进行实验。理性告诉我们,在不均衡的社会结构中只能实施不均衡发展,社会的落后面貌才有可能尽快得到改变![1] 中国改革开放以来的发展历程可以对此作出解释。

我们认为,科学发展观的提出,并没有降低经济发展的重要性。因为经济的基础性地位是由社会有机体的内在联系所决定的。"科学发展观的基本前提是发展,离开发展,就无所谓发展观,更谈不上科学发展观。"[2]发展的内涵是广泛而深刻的,但是,发展的基本含义是经济发展。实事求是地说,我们还有大量必须依赖经济成长才能解决的经济和社会问题。从经济国际化视野观察,施加在我们身上的最大压力就是经济发展,这种压力最具现实性,并且无法逃避。

在经济发展问题上,我们要始终保持清醒的头脑,经济活动中出现的过剩现象带有十分明显的阶段性、结构性、体制性特征,我国还不具备全面过

① 城乡发展差异是一种不均衡发展的表现,此时是应该优先发展城市,还是应该优先发展农村?按均衡发展的思路当然是后者。但是将这一问题具体化立刻就能领悟到其中的问题:农村生产力基础十分落后,国家的实力又不能为广大农村的发展提供充足的外力支持。而将思路转向城市优先发展,会出现暂时性的失衡,甚至可能加剧原本就已经存在的失衡问题,但是这一选择将为生产力的发展提供现实的可能性,生产力发展的成果将为社会最终解决均衡发展问题提供物质基础。将近三十年的不均衡发展使落后地区和农村承受了痛苦的代价,但是这一发展道路的选择为中国的长远发展和均衡发展奠定了生产力基础。问题的关键在于阶段性选择和长远发展目标的一致性。

② 袁贵仁. 以人为本是科学发展观的核心[J]. 求是,2005(22).

剩的生产力基础。[①] 面对这一格局,如果放松乃至忽视经济发展,要不了多久就会在社会结构中出现经济瓶颈,社会必然为此承担更为高昂的社会成本,或许这种情况会使我们陷入心有余而力不足的尴尬境地。

因此,科学发展观不是对"以经济建设为中心"的否定,其实质是实现这一中心和社会系统之间的关系协调和良性互动。任何一种发展观的正确性仅仅存在于当时的经济和社会背景中,坚持科学发展观,就要首先肯定我们已经走过的发展之路,没有这种继承和积淀,科学发展观就失去了支点和社会基础。

## 2. 新农村建设和农村生产力发展

中央提出的"二十字"新农村建设的目标涉及经济、政治、文化和社会各个领域,这是否意味着经济建设的地位被弱化?

首先,在科学发展观的指导之下启动的新农村建设,其目标必然具有全面性。应该看到新农村建设是在特定的历史背景下提出来的,这一历史背景的突出特点是经过二十多年的改革开放实践,原有的二元格局不仅没有消减,反而呈现出扩大的趋势,伴随着工业发展的是农业生产力的低迷,伴随着城市人均收入不断提高的是农民生活的困窘,伴随着城市繁荣的是农村的落败。虽然举国上下已经意识到这一问题的严重性,但是由于强大的体制惯性一直没有完成解决三农问题的体制转轨。正是在这一背景下形成了科学发展的思想,并继之提出了新农村建设的思路。显然,新农村建设本身是科学发展观的具体化,作为新农村建设的目标必然要体现科学发展的思想,在农村这个空间内谋求全面发展、协调发展和可持续发展。问题的关键恰恰在于我们对全面、协调、可持续等重要思想的理解以及基于这种理解基础之上的行为选择。

其次,目标本身不可能对目标体系之间的内在关联作出规定。目标是对未来状态的描述,由此决定新农村建设的目标难以具体化,中央政府不能确定一个适用于全国的新农村建设的具体目标。目标又具有系统性,由此决定新农村建设的目标必须"和盘托出",而不能分割成多个目标。目标的这两个特性要求我们必须在实践层面将新农村建设的目标具体化,在领会

---

① 杨正位. 当前产能过剩程度的判断及应对之策[J]. 中国金融,2006(16).

战略思想、认识战略目标的前提下进行策略选择，同时还要致力于剖析目标体系之间存在的内在关联性。没有这两个后续行为，新农村建设就会被束之高阁，新农村建设的战略思想就不能得到有效落实。这也是新农村建设实践中出现诸多问题的根源所在。

新农村建设能否有效推进的关键是发展农村生产力，对于后发地区来说尤其如此。30年改革开放的历史进程是生产力迅速发展的时期，发展生产力成为社会的普遍共识。问题的关键在于，发展生产力并没有呈现出均衡分布，具有十分鲜明的区域特征。城市发展了，特区发展了，沿海发展了，经济基础较好的地方发展了，与这种发展同时存在的是对应区域的相对落后，这些落后区域的发展十分缓慢，这可能和制度缺失、思想闭塞、资源匮乏、历史羁绊有关。总之，发展生产力的指向并没有在广大的农村产生像城市那样的生产力发展成果，这是理解这一问题的关键。

在现实生活中，经济发展表现为一种硬约束，没有经济发展很多该办而又想办的事情必然表现为有心无力，捉襟见肘，另外，经济建设的重要性已经在实践中为人们所充分认识。实践中的主要问题是机械地理解新农村建设的目标，以全面发展、均衡发展为由在所有单个目标上齐头并进、均衡用力，或者是实施超越经济可能性的非经济发展行为，这种做法可能在主观上并没有忽视生产力的发展，但由于发展资源的有限性自然而然地降低了经济发展的重要性，模糊了新农村建设的重点。这是新农村建设中尤其值得关注的一种倾向。值得欣慰的是，2006年年底召开的中央农村工作会议明确指出："我国农业和农村正发生重大而深刻的变化，农业正处于由传统向现代转变的关键时期。促进农村社会和谐，首先要发展农村生产力。推进新农村建设，首要任务是建设现代农业。"①

## 二、策略层面选择

新农村建设是一项战略决策，要使这一决策得到有效的贯彻执行，必须在策略层面上作出正确选择。其要义在于使新农村建设既在主观上体现科

① 中央农村工作会议在京召开全面部署2007年农业和农村工作[N]. 光明日报，2006，12(24).

学发展,又在客观上实现科学发展。因为在现实的环境中,并不是所有的理念——即使是被行为主体自觉接受的理念——都可以转化成现实。① 当然,我们并不是追求理念和现实的完全吻合,而只是期望两者之间的距离变得小一些。

### 1. 策略选择的基本依据

不均衡性是我们必须面对的基本出发点。这就促使我们思考:不同经济发展水平、不同文化背景、不同发展环境的区域之间在新农村建设的操作层面和实现机制上存在差别吗?我们认为,科学发展观指导之下的新农村建设必然呈现出多样性,这种多样性可以描述为依据不同的生产力发展水平表现为不同的结构状态。

后发地区发展的基本基调是竞相发展。在生产力基础较为薄弱的经济欠发达地区(农村),应实施经济发展优先原则,增强经济实力,扩大经济总量,并注意把握经济社会发展的结构性特征,努力使各种关系趋于基本的均衡状态。② 由于生产力基础落后,在这些地区进行生产力的区域布局和产业布局只能具有战略指导意义,因为这些地区的发展局限使发展的规律性还没有得以彰显。因此,落后地区的发展基调应该是锚定经济发展,并且是竞相发展。

---

① 讲到理念问题,我想在这里区分以下几种状态:有理念和无理念,有理念比无理念好,即使其理念是不合时宜的,甚至是错误的,毕竟其主体还存在一种独立的精神世界,相对于有理念而言,无理念更为可怕,随波逐流,人云亦云,看风使舵,助长不良社会风气,成为强权者实现个人或集团利益的帮凶,历史上的很多社会性灾难可以由此得到解释;外在理念和内在理念,前者是一种外在强制,后者是一种内在自觉,在两者一致的条件下社会可以低成本地收获文化的果实,在两者不一致的条件下外在强制的成本将急剧上升,甚至出现严重的社会问题,两种理念的一致性程度是衡量一个社会内在稳定性和持续稳定性的重要尺度;理念和现实,理念是重要的,但是理念不等于现实,理念向现实的转变是一个活生生的社会过程,面临权力格局、利益分配、结构调整、心理调适等复杂性问题,要发挥理念的社会功能要求经济体制、政治体制、社会体制、文化体制以及社会的制度文化与理念系统相吻合。这可以帮助我们思考和理解我国制度转轨时期的一些经济和社会现象。

② 值得强调的是这里的约束条件是经济欠发达地区。如果有人坚持认为,在这样的条件下也应该坚持均衡发展的战略,你对这一观点会有什么感想?表面看来,这一观点较之于我们的观点在落实科学发展观上更具坚定性。事实上,这一思维方法将最终窒息科学发展观,不顾经济和社会发展的差异性,以同样的思路、同样的速度、同样的模式难以收到良好的社会结果。在绝对意义上讲,均衡程度越高越好,但是在经济发展基础较差的条件下,致力于经济建设可能要以暂时的、一定程度的失衡为代价。对于社会来说,横向关系的失衡状态存在一个底线。只要将社会的运行控制在适当的范围之内,这种失衡可能会产生长远的、更大的经济和社会成果。

当谈及这一问题时，我想顺便对一种政府行为谈一点自己的想法。科学发展观提出之后，一些落后地区的行政部门闻风而动，制定本地区的发展规划，其中的实质部分也是最为引人注目的部分是发展的空间布局规划，对其行政区域内的各个部分戴上一个帽子，是迅速发展，还是限制发展，还是禁止发展。汉语词汇的丰富性能为这种工作提供更多的类型，我在这里的几种类型表述可能是不准确的，这当然无关大局。我们关心的是这些地区的发展能按照这种规划的方向前进吗？其现实的发展路径能在多大程度上和规划相吻合？我在相当大的程度上将这一行政行为理解为一种政治姿态，因为由此产生的规划不可能成为行动的指南，至多只具有战略性指导意义。理论和实践都向人们反复证明，面对一个复杂的世界，人们能够预知未来的能力极其有限。现实经常背离人们的主观愿望：有心栽花，政府尽力扶持一个产业，这个产业就是发展不起来；无意插柳，民间的自发行为，可能逐渐形成一个极具成长力的经济板块。有形市场的建立及其盛衰也是一个具有说服力的例子。

当我们将后发地区的发展基调确定为经济竞相发展的时候，必须回答一个重要的问题：落后地区竞相发展经济会在落后地区形成新的经济社会结构失衡吗？我们认为，失衡会在一定时间内一定程度上存在。问题在于，起点失衡是我们不得不接受的事实，同时我们也无力迅速矫正这种失衡，优先发展经济可能会加剧这种失衡，但是只有发展经济才能积聚起使经济社会趋于均衡的资源，况且不优先发展经济，现有的失衡同样会有所加剧。在发展进程中，失衡之痛已经为国人所深深感知，这一过程是社会均衡意识的觉醒和确立过程，同时经济的发展使我们具备了结构性调整的能力，来自于国家和社会的外力将使落后地区避免或减轻因优先发展经济所产生的结构性失衡。因此，落后地区的新农村建设坚持经济发展优先原则是一种现实而有效的选择。

先发地区发展的基调是结构调整。在生产力基础比较雄厚的经济发达地区（城市），应以结构调整为主，其发展规划可以按照科学发展的要求并结合当地的资源、环境、文化和发展基础进行规划布局，将社会公共资源较多地投向因经济超前发展所出现的瓶颈领域，尽快将经济社会发展纳入可持续发展的轨道。对于发达地区而言，这一选择建立在经济较为发达的基础之上，这并不是说这些地区的经济不再需要进一步发展。基于这种选择，发达地区的经济进一步成长的力量是什么呢？我们认为，经济发达地区的经济市场化程度较高，已经具备了自我发展的体制基础，政府多年来为促进经济发展提供了完备的基础设施，形成了浓郁而健康的商业文化。因此，经济发达地区不会因为现阶段的结构调整而阻碍经济的成长。

对于生产力发展水平处在中间状态的地区来说，具发达地区之长，无落后地区之短，其进一步发展的基调是平衡发展，按照兼顾原则，以一种较为平衡的方式同时推进经济和社会发展。

值得注意的是，仅仅按照城市和农村、发达地区和落后地区进行策略性选择是不够的。再进一步细化，还存在以下差异：发达地区的城市和落后地区的城市、发达地区的农村和落后地区的农村、发达地区的农村和落后地区的城市、发达地区（落后地区）区域内的城市（农村）之间内部的差异。不论这种差异存在多少形式，通过经济发展指标可以将各地的经济发展水平相对地表现出来，经济发展水平越低，经济发展的优先性就表现得越强烈。由此，我们得到了一个基于科学发展理念而产生的新农村建设的多样化画面。

科学发展观提出之后，学者们注意到了由于发展水平的差异所出现的落实科学发展观的不同特点，中共江苏省委党校周明生教授认为："发达地区与欠发达地区所处的发展阶段不同，科学发展的条件、要求以及所要解决的难点也就不同。同时，发达地区、欠发达地区均存在着影响贯彻落实科学发展观的二重性因素，只有正视这些因素，才能趋利避害，扬长避短，寻求适当路径，使科学发展观在各地区都能得到有效的贯彻落实。发达地区与欠发达地区贯彻落实科学发展观的不同路径既有相对独立性，又需要在宏观上相互衔接和协调。"①

在新农村建设实践中，还要注意防止一种极具现实可能性的低层次陷阱。我们提出新农村建设的个性特征，目的在于说明不能机械地理解科学发展观，不论是何种发展观，基础都是发展，而发展必须立足于现有基础。如果不顾生产力水平的差异，一味强调均衡，并按相同的路径和方式追求均

---

① 周明生，吴正林．发达地区与欠发达地区贯彻落实科学发展观的路径选择[J]．攀登，2006(3)．

衡,就会陷入低层次均衡。[1] 在均衡成为主要社会诉求的环境下,这种低层次均衡极具隐蔽性。如果在这一问题上没有清醒的认识,就会延迟经济社会高层次发展的进程,从而削弱国家竞争力。

在以不平衡为主要特征的条件下,新农村建设的过程,就是一个识别个性、依个性规划和实现发展的过程。新农村建设的成果取决于我们能够在多大程度上认识个性、领悟个性和彰显个性。

## 2. 全面、协调、可持续发展的实现形式[2]

落实科学发展观是把握其精神实质和体现其精神实质的具体过程的统一。落实科学发展观是一个具体的经济和社会过程,我们期望这一过程趋向于以人为本,实现全面、协调、可持续发展,但是我们不能期望实现科学发展的过程整齐划一,也不能将这一过程理想化。

全面发展的实现形式是重点发展。全面发展具体地说应表现在经济、政治、文化和社会四个方面,但现实是这几个方面的建设和发展是不均衡的,而这一点恰恰是科学发展观提出的深刻背景。基于不平衡条件下的全面发展自然要依据经济社会发展的主要矛盾作出某一个时期的发展重点选择:改革开放初期的发展重点是经济,经过二十多年的努力将我国的经济总量和经济结构提升到一个新的高度;进入新的世纪,我们深切地感受到经济生活的富足,同时更加深刻地感受到社会公共产品的缺乏——市场经济运行失序、

---

① 低层次均衡的概念得益于我对新制度经济学的深入研究。科斯教授在其论文《企业的性质》一文中,提出了企业替代市场的理论,认为企业之所以替代市场是因为企业的行政命令机制相对于市场价格机制具有节约交易成本的优势,据此将企业的性质理解为对价格机制的替代。同理可以将市场替代企业理解为市场价格机制相对于企业行政命令机制具有交易成本优势。那么,在两种机制的交易成本相等时就是一种均衡状态。这种均衡并不包含企业和市场这两种资源配置方式质的规定性,因此,这种均衡状态可能在企业制度和市场制度都处在较低发育水平的状态下存在,而这种状态下的制度不具有社会价值。这种低层次均衡具有隐蔽性,应识破这种低层次均衡的陷阱寻求向高层次均衡的逼近。

② 这部分内容是2007年发表在《上海经济研究》的一篇论文中的部分内容,题目是《科学发展观的理论和实践特色分析》,这一题目是编辑在没有征求个人意见的情况下确定的,这篇论文的原题目是《科学发展观的进一步追问》。表面看来,原题目缺少学术意味,但是最能反映的思想和社会背景,基于这一情结,使用了原题目。题目的改动使写作这篇文章初始动因的体现受到影响。科学发展观提出之后,渐渐出现了一些非理性的经济和社会现象:强调科学发展,否定既有的发展之路;强调以人为本,忽视制度约束;强调个人利益的实现,将社会利益抛至九霄云外,等等。这些状况的存在和发展将不利于社会的有效、有序运行,"追问"的含义就在这里。

公民法定权利不能得到有效保障、教育和医疗成本急剧上升、官员腐败、行政效率低下、缺乏健康向上的文化产品等等，此时的发展重点自然应该转向发展程度较低的领域。即使是在发展相对滞后的政治建设、文化建设和社会建设中也不应均衡用力，在具体的策略选择中，或许应该选择最为薄弱的领域，因为最薄弱之处瓶颈制约最为严重、和广大人民群众的利益最为密切、对实施科学发展观的总体效能最为强烈。由于资源的有限性和发展方法科学性的考虑，即使是在均衡状态中也必须作出某一时期发展的重点选择，只有正确选择某一阶段上的发展重点并适时完成重点转移，全面发展才能实现。

协调发展的实现形式是快慢有序。协调发展的实质是把握发展的结构性特征，不能只顾其一不顾其余，也不能畸快畸慢，而是使相互之间的关系处在经济社会发展规律所要求的适度范围之内。而检验这一“适度范围”的标尺是某一方面在经济社会发展中的功能发挥状态。如城乡关系中的农民、农业、农村的发展现状已经使其自我发展的能力严重弱化，同时又成为制约经济社会发展的突出瓶颈。我们将协调发展界定为一种基于功能协调的比例关系，意味着承认协调发展中的发展差异，我们不能认为落后地区和发达地区的发展水平相同、农村和城市的发展水平相同才是协调发展。基于功能协调的协调理念为我们提供了一种检验具有不同特性的发展方面是否协调的现实思路。

可持续发展的实现形式是适度波动。可持续发展的实质是近期发展和长远发展的统一，在实践中表现为谋求当下发展的过程也是一个有利于未来发展的过程，至少不应破坏未来发展的条件。可持续发展不应该被理解成一个恒定的发展状态，此中可能出现发展速度的起伏、发展的暂时停滞甚至发展一定程度的后退。支撑中国经济高增长的内在机制正在发生变化，不断增加的经济总量使高增长的压力越来越大，提高经济质量的市场压力也凸现出来，这些都是降低发展速度的诱因。中国社会在取得巨大经济建设成就的同时悄然进入了一个“矛盾凸显期”，支持发展的条件变得更加复杂，有的相互掣肘，这些也会使中国的未来发展不可能处于一种常态。从具体的发展过程来看，世界经济的一体化进程提高了一国发展环境的不可控程度，一个国家的发展在更大程度上取决于在世界经济舞台上能否取得国家竞争优势，不确定性将成为一国经济和社会发展进程中的一个基本特征。发展经济学已经证明，发展周期是一种客观存在，复杂的经济和社会过程不能保证发展资源和发展过程的恒定不变。因此，可持续的经济和社会发展是在适度波动中实现的，认识这一点有助于我们理性地驾驭现实的经济和社会发展进程。

## 三、“三农”问题解构

新农村建设的“二十字”战略目标是“三农”问题更具体、更全面、更系统的表述，涵盖经济、政治、文化和社会各个方面。“三农”问题和新农村建设的“二十字”目标之间存在基本的对应关系，农业问题对应于生产发展，农民问题对应于生活宽裕，农村问题对应于村容整洁，而乡风文明和管理民主则兼及农民问题和农村问题。当然，我们所确定的这种对应关系并不一定十分准确，我们的目的在于基于两者之间基本的对应关系对“三农”问题实施内部解构，而这种内部解构对于本文的观点具有重要的支撑价值。

在大量的有关“三农”问题的研究文献中，人们的研究角度极其广泛，如：增加农民收入、提高农民素质、增加农业投入、稳定农业经营制度、改善农民生存环境、由城乡分治到城乡一体化等等。我们发现不少研究者一旦选择了一个研究角度，极易将这一问题绝对化，其意在于只要解决了这一问题“三农”问题就可以得到解决。这种研究方法存在的科学性问题是显而易见的。其问题在于，人们只强调所研究角度的重要性，而不能将这一问题放到“三农”的系统中加以研究，从而不能从系统的内在联系中找到解决这一问题的现实思路。事实上，如果没有系统观念，就无从发掘出内在联系，按照每一个角度的研究都最终难以避免陷入理论困境，这种研究当然难以对实践产生指导意义。出于这一思考，我们试图对三农问题实施解构，以期为新农村建设提供一个具有操作性的抓手。

“三农”问题是分别从产业视角、主体视角和空间视角观察中国农村经济社会状况的一种简单表述，相互之间的联系可以形成一种立体画面。

### 1. “三农”问题中的农业问题

农业是国民经济的基础部门，人们自然可以从“民以食为天”的古训中得出农业的重要性。在计划经济时期，农业充当了工业发展的助推器，在经济发展基础较为落后的条件下，工业化尤其是重工业优先发展的战略选择决定只能靠既有的产业部门为工业发展提供资本支持，通过工农业产品价格剪刀差将巨量的农业收入转入工业部门。有人对此作过统计，从1952年至1978年，大约有7000亿元通过这一渠道进入工业和城市，其结果自然是农业发展缺乏动力。体制是农业长期落后的又一个现实原因。明明是手工劳动，却硬是实行超越生产力发展水平的集体经济形式，我清楚地记得生产队长每天都要在上工前不止一次地打铃，同时安排当日的劳动事宜。这种生产组织形式的效率极其低下，不出工不行，不给工分，但是出工不出力大量存在，这种状态广泛存在的结果是庄稼地里的草比庄稼还要高。这种体制安排的负面效应逐年累积，到了70年代末期，农业已经到了难以为继的地步。① 每一年每人能分到的小麦在100～120斤之间，过年时吃两顿白面饺子，平时来客人时用白面包一层皮，或擀面条，或做卷子，这时绝对称得上改善生活，而在绝大多数时间里吃的全是地瓜及其衍生品，老百姓度艰难时光的本领可谓一流，可以利用地瓜面做出好多种吃法。② 但是不论怎么做，地瓜面的本质不会改变，其中具有令胃发烧的一种物质，不时从胃里分泌出酸水，这种现象集中出现在傍晚。等我考上了大学，对未来没有十分明确的憧憬，只清楚地记得长时间的“烧心”戛然而止，这一事实给我留下了终身难忘的记忆。在我概念里，玉米是介于小麦和地瓜之间一种主食，考大学之前学校食堂要学生交30斤玉米，家里没有，我到一个邻居家里借来了30斤玉米，等到考完大学以后的那个秋天才将30斤玉米还给人家。在我的记忆里，不知有多少农民的孩子因为生计而中断学业，过早地踏入了其父辈曾经的人生之路。

---

① “难以为继”仍在继续的情形是经常存在的，这种状态持续的结果当然是效率损失和苦痛增加，大概只有制度性原因可以对此经济现象作出解释。事实上，在农业经营制度改革之前农业问题就已经十分严重了，但在既定的制度环境中谁也不能挣脱既定的体制约束，进城在城市里不能生存，不存在利用“退出权”的可能，除了接受体制及其结果之外，别无选择。我在想，“难以为继”是实施制度变革的动力，但在现实生活中如果到了真正“难以为继”的地步才实施变革，社会将为此承担大量的社会成本。如果一个社会能够在“难以为继”之前的某一个时点上就实施变革，寻求较之现存制度更加有效的替代形式，岂不是于国于民都有利！当然，这一时点越早，社会收益越大，社会成本越低。问题的现实性和严重性在于：过去的很多事情可以使我们明了这个道理，但面对未来的事情人们往往又忘记了这一道理。制度变革的惰性最终招致“改革难在当下”的感叹！而当下决定人们和社会对未来的预期！这种现象可以被理解为改革学习机制的中断。

② 我从小生活在一个较大的集镇上，而我的夫人则生活在一个离另一集镇所在地八里的自然村上。她在校阅本书稿时在这个地方写道：每人能分到的小麦数量没有这么多吧？三口人一年也刚刚分到一百斤，这还是较好的年份。鉴于时间久远，同时对问题的本质影响不大，故没有再作进一步的考证，保留了初稿中的这一数量。

实施农业经营制度改革,农业的面貌焕然一新。没有了农业劳动过程的组织者,但是昔日"草比庄稼高"的现象不复存在,偷懒顿时消失,劳动付出和经济利益之间的紧密关联给农民极大的自由,你可以选择努力而得到更多的收获,你也可以选择偷懒而忍受生活的窘迫。在短短几年的时间内,中国依靠农业生产组织形式的调整基本解决了自己的吃饭问题,并且是终年白面,家家有余粮。[①] 我的老父亲曾经对我说过:现在这日子过得真好,一年到头不断油吃,吃的都是好面。[②] 满脸露出由衷的喜悦。你可以将此理解为农民的"小富即安",但我却将此认定为是千百万农民告别苦难的宣言。还是那些人,还是那片地,还是那些已经为祖先使用了千百年的简单工具,却产生了截然不同的结果。

当农业经营制度改革取得阶段性成功之后,决策层将改革的重点由农村转入城市。城市经济体制的改革较之农村更为复杂,农村改革中备受人们推崇的"家庭联产承包经营责任制"不能简单地运用于城市之中。[③] 此时

---

① 人们习惯将这一社会进程理解为调整不适应生产力发展的生产关系从而促进生产力发展的一个经典案例。这一理解是从宏观上看待这一现象。我认为要挖掘其深刻内涵还要从微观机制上加以理解,因为微观机制对宏观效果具有支撑作用。这一变革将集体统一经营之下的外部性降到了最低水平,经济主体的未来状况和其经济行为高度相关,且无法转嫁,每一个经济行为主体都要对其行为产生的结果负最终责任。试想,一个社会的制度指向体现这一要求,并使之成为社会的每一个成员的价值理念,这个社会就会富有活力而不断进步。农业经营制度的改革办法不能照搬到工业和城市中,也不能适应于更加广阔的政治领域、文化领域和社会领域中。但是,我们对这一社会进程所作出的微观机制解释却具有一般性。不论何时何地,如果大量存在一个人劳动的果实由别人获得、一个人或团体对社会造成罪孽而不受惩罚,这个社会就没有希望。

② 这里的"好面",现在的很多人不理解其含义,就是指以小麦作为原料而磨成的面粉。这一表述是农民对该种面粉的俗称吗?我认为不是,因为现在这一名称已经不存在了。如果是农民的一种习惯性表述,文化黏性将使之源远流长。即使是那些经历过农村苦难的人,他们能够听懂这个词,但在生活中这个词确实消失了。"好面"背后,是稀缺,是极度稀缺,是一种改善生活的企盼,这些的混合竟然使他们赋予一种食物种类以价值判断。

③ 承包制在农村的实施是一项成本低廉而富有成效的制度变革,而当在城市改革中运用承包制之后,我们很快就发现这一制度设计对生产力持续发展的破坏性。在农业领域中,协作缺乏效率,而在工业领域中,协作是效率的基础,但是工业领域中的协作又不一定具有效率,这取决于制度设计。从历史的逻辑来看,我认为城市经济体制改革启动之后,在遇到一些现实的难题之后社会在城市中推行的承包制和农村承包制之间似乎存在着某种内在联系。但是,在将这一制度创新运用于城市经济体制改革的时候,只注意到解决眼前的问题,而忽视了这一制度在城市工业企业中可能产生的消极作用。当我们发现承包制在城市经济中的消极作用,意图在第二轮承包时"完善承包制",当时我在给江苏省总经济师班授课时讲到了这一问题,我的结论是:承包制的问题具有先天性,不可完善。正当全国上下无计可施之时,确立了社会主义市场经济的经济体制改革的目标模式,国有企业的改革从此步入建立现代企业制度阶段。

面临两个层面的复杂性：城市经济体制改革的复杂性、改革全面启动产生了社会层面的复杂性。后一种复杂性和现在研究的问题高度相关。在当时的情况下，将改革重点由农村转向城市是基于如下一种设想：农村改革已经取得阶段性成功，农业可以在既定的制度框架内获得稳定发展。城市经济体制改革启动之后，城市的复杂性和重要性将国家的主要精力放在城市，在此后的一段时间内事实上忽略了农村，当然前述设想也是忽略农村的一个现实原因。但是，经济体系之间的内在联系决定旧体制一旦被冲破再也不能按照原先的路径运行。

对农业发生影响的首先是城市价格体系的改革。城市经济体制的制度低效率决定经济体本身降低成本的能力极其有限，维持生存和履行一系列社会职能的使命决定企业只能提高价格，其中的农业生产资料价格的提升构成对农业改革成果的直接冲击。这一时期的决策者面临来自多方面的约束：国家财政收入、城市企业的生存、城市居民的利益、农村改革成果的维护。在此期间，维持各方面利益均衡和发展均衡构成这一时期的核心问题。

对农业发展影响的另一因素是农民的经济自主性。承包制提高了资源配置效率，农业的发展在这一制度框架内获得了阶段性的制度保障。但是，一方面，农民感受到了来自于社会的压力，这种压力是通过农业的净收益进行感知的；另一方面，承包制的实施出现了资源的结构性过剩，表现为农业劳动力的大量过剩，而此时农民又不能指望国家的大量投入解决劳动力的过剩问题，迅速推进的城市化进程以及发展的不均衡为农民的流动提供了可能性，持续了较长时期的"民工潮"成为这一时期我国经济和社会发展的一个亮点。① 直至今日，农业劳动力的大规模转移仍在进行之中，"留守儿童"、"留守老人"等社会问题已经引起社会的高度关注。只要我们离开城市20公里，随便去寻访一个乡村，你会没有例外地得出共同的结论：上至55岁

① 农业劳动力的大规模转移是社会变革进程中自发形成的一种社会现象，在现实生活中人们对这一现象存在不少负面认识：城市压力、社会犯罪、社会治安、客流高峰，等等。事实上，这一现象撬动了中国城乡二元体制的基础结构。如果说上述负面现象存在的话，这些负面现象相对于其所具有的社会价值而言是微不足道的。其后陆续出现的户籍制度改革、城乡一体化发展思路、教育公平、收容遣返制度的变革等等均和这一现象具有关联。对社会变革具有积极内涵的经济和社会现象，一旦累积到一定的规模和程度就会演化成一种推进社会进步的力量，这是突破体制变革惰性的一种现实路径。

还有劳动能力的人，下至18岁甚至15岁未上学的人，几乎没有人待在农村以务农为生了。我总是有一种感觉，在这种格局中，现代农业将何以启动并有效推进？这一问题我们将进行专门研究。

### 2. “三农”问题中的农民问题

这是“三农”问题的主体层面，在当今的社会语境中这一层面显得尤为重要。人们可以将农民问题理解为一个庞大的理论体系：权利保障、维权意识、素质提高、文化水平、精神文明、劳动技能、角色转变，等等。但是，我认为应该在这一理论体系中选择一个最具基础意义的角度，农民离不开它，首要的问题是它，它决定着农民的其他方面。我认为，具有这种功能的是农民的职业角色，毕竟劳动还是谋生的手段，而决定农民职业角色的因素是经济收益的相对水平。其中特别值得一提的是农民在开放环境中的职业角色选择。系统以及系统之间的关联性是重要的，但是，如果不能在复杂性中理出“头”绪，就会陷入难以摆脱的思维循环，这不利于问题的解决。在城乡分治的社会格局中，在城市就业和生存的极高成本将农民隔离在城市之外，农民只能接受异常艰苦的农业劳动条件、低微的收入水平和生活水平。① 农村经济体制改革启动之后，虽然还是城乡分治的基本社会结构，但是，社会基本的价值理念发生了变化，开放性为农民追求生活的改善提供了较大的选择空间。农民的流动

---

① 我们对改革之前农民收入水平和生活水平已经有一些描述，在这里我还要做一个补充。高中毕业后，我荣幸地成为一个民办教师，所谓“民办”就是从事教师工作，但身份不变，还是农民身份，每个月领14元钱，上交生产队9元，给计一个成年劳动力的全勤工分，每天10分。每一工分合三分钱。“工分”一词已经完全地退出了人们的视野，相当数量的人不了解其含义，它是人民公社时期农民劳动数量的一种计量手段。在我考上大学后，其中的一个必交材料是由生产大队出具的收入证明，以此作为决定学生享受生活费多少的基本依据。我所在系的书记和几位来自于南方的同学看到我的那份收入证明根本不相信，“这怎么可能，一天一个人三角钱怎么生活”。在我看来，这不需要作出解释，我就是在这种条件下实实在在地过了22年！同时，也没有办法进行解释。过了几天公布学生享受生活费标准，我居然没有拿到最高的档次。我不是为每个月少拿2元钱耿耿于怀，而是为这件事情背后的不信任而耿耿于怀。生产大队证明中的数字是每个工分2.5分钱，而我用9元钱“买”300个工分不是吃亏了吗？懂得当时农村分配制度的人一定知道，粮食除了按照人口分配以外，还有一部分是按照工分多少来分配的，如果加上这一部分收益就不一定吃亏了。另外，每一年的工分值多少钱是不能事先确定的。就是这样一个民办教师，也引来了不少羡慕的目光。之所以想将这一历程写出来，是因为三年的教师生涯给了我延续知识的平台，虽然这个平台低矮而脆弱，但若没有它，沉重的劳作和艰辛的生活可能吞没仅有的一点知识火种。

性成为这一时期理解和观察农民行为的基本出发点，你可以选择在农村务农，你可以选择在原地打工，你可以选择到城市打工，你也可以选择一边打工，一边务农。开放性为农民提供了选择的余地，竞争性使农民趋向于更高的收入空间和产业领域。我们渐渐发现，仅仅在农村研究农民问题是没有出路的，农民问题逐渐演化成一个社会系统中的问题。在城乡一体化发展战略的形成中，农民在现阶段的流动性似可理解为促进城乡一体化发展战略形成的微观社会机制，我们渐渐发现，我们不能再像原先那样将农民固定在一个空间中，社会运行的模式由一个可以人为界定的静态分割状态转向一个动态融合状态。这一转变意味着运行格局的根本转变。

我认为，农民问题不能离开这一背景得到理解和有效解决。

### 3. "三农"问题中的农村问题

农村是"三农"问题的空间视角，可以认为，农村是农业生产力和农民生存状况的集中会聚。改革开放之前的农村、改革开放过程中的农村和经过30年改革开放的农村都可以通过当时的农业和农民状态得到说明。

如果将"三农"问题视做一个整体，我将"三农"问题的画面概括为：农民在农村从事农业生产，获得与这种生产相适应的生存条件。这仅仅是一种直观的事实描述，并不包含"三农"问题质的界定。如果加上一句"在既定制度约束下"，就可以较为全面地反映"三农"问题质的规定性。因为不同的制度结构会产生不同的"三农"状态，比如，在城乡分割的制度结构中，现实的农业生产力要素是凝固的，短缺的要素不能得到补充，过剩的要素不能实现转移，农业劳动生产率难以有效提升，由此产生农业发展陷阱，农民贫穷，农村落后。在城乡一体化的制度结构中，上述的"三农"状态就会趋于好转。不同制度结构同样适应于微观制度领域，如，集体统一经营和农户分散经营也会呈现出截然不同的"三农"状态。再进一步细化，在同一制度的不同阶段，制度所决定的"三农"状态也是不同的，如农户分散经营的前期和后期，这种差异可能主要表现在制度效能的变化和制度需求的强弱。因此，"既定的制度约束"为我们提供了一种动态理念，在不同的制度环境中，"农业"、"农民"、"农村"都具有不同的内涵。基于制度的连续性，必然产生与特定制度或特定制度阶段相适应的"三农"状态，这种状态也呈现出连续性。这种连续性构成了“三农”问题的轨迹。表1是对几种制度环境中“三农”主要特征的描述。

**表1 不同制度环境中的“三农”状态的主要特征**

| | 城乡分割 | 城乡联系(自发) | 城乡一体(自觉) |
|---|---|---|---|
| 农业 | 少资源,无动力,制度效率缺失,为工业和城市发展提供支持,农业技术水平落后,生产力水平低下 | 制度变革产生了农业发展的激励动力,产生了体制风险、自然风险和市场风险,缺乏外力支持,农业发展面临不稳定性的考验 | 工业开始反哺农业,国家开始重视农业基础设施建设,实施少取多予政策,通过一些环节的制度变革开始迈向现代农业之路 |
| 农民 | 没有选择,收入水平低,生存条件艰难,大量劳动力滞存,农民普遍贫穷 | 机会增多,选择空间拓宽,长期闲置的劳动力得以释放,农民的基本生存条件获得质的提高 | 城乡流动的制度障碍得以消除,各种利益机会转化为现实的收入,生存条件和生活质量得到进一步改善 |
| 农村 | 生存型经济占据主导地位,陷入低层次发展循环,公共产品极度缺乏,经济和社会面貌落后 | 生存型经济向发展型经济过渡,发展主要体现在微观单位,经济和社会面貌没有出现实质性变化 | 发展型经济进一步拓展,出现了较为普遍的公共产品需求,经济和社会面貌开始出现实质性变化 |

我们只需要对这一轨迹进行简单的梳理和归纳,就可以得出如下结论:在城乡分割的制度结构中,农业生产力低下招致农民贫穷,农民贫穷产生农村落后;城乡联系的纽带一旦出现,为农业生产要素的重新组合创造了条件,农业生产力水平获得提高,农民的收入水平和生存条件随即获得改善;社会步入自觉的城乡一体化阶段,为农业生产力的提高提供有效的制度环境和财力支撑,农民的生存状况和农村面貌继续改善。①

① 通过表1描述不同制度环境中“三农”的主要特征好像意犹未尽,还有“两个滞后”需要作出进一步说明。其一是新的制度框架已经确立,但这一制度框架所产生的生产力发展效能是滞后的。这一点在理论上是可以理解的,毕竟理念的确立、制度的调整、措施的设计和实施需要时间,更重要的是生产力效能的出现和检验具有更强的实践性。如果在制度序列中再加上一个“城乡一体(自觉)的中期阶段”,制度的生产力效能及其对农民和农村的决定性影响就会明白地显现出来,这一时期的“三农”特征可以分别描述为:“农业工业互动”、“农民和城市居民互动”、“农村和城市互动”。其二是生产力发展对农民和农村的影响在时间上表现出差异性,其中农民状况可以较快地吸纳农业生产力发展的成果,而农村状况的改善则存在较大的时滞,直至自觉实施城乡一体化之后,农村面貌才开始出现实质性变化,而在自发的城乡联系阶段,虽然农业生产力提高,从而农民生活水平提高,而农村面貌却变化甚微。这一现象可以通过“农村”问题较多地涉及公共产品得到解释。现实中存在的“家家现代化,村村脏乱差”是这一现象的生动写照。

因此,从总体上理解"三农"问题,是最终解决"三农"问题的关键。而从总体上理解"三农"问题,其实质就是要廓清"三农"之间的内在联系,找到在现阶段具有较大关联效应的领域,并着力于此以寻求总体推进。那种抓住其一、不顾其余和任抓其一、不顾轻重的研究方法不论在理论上还是在实践中都不具有积极意义。我将"三农"之间的内在关联表示为图1。

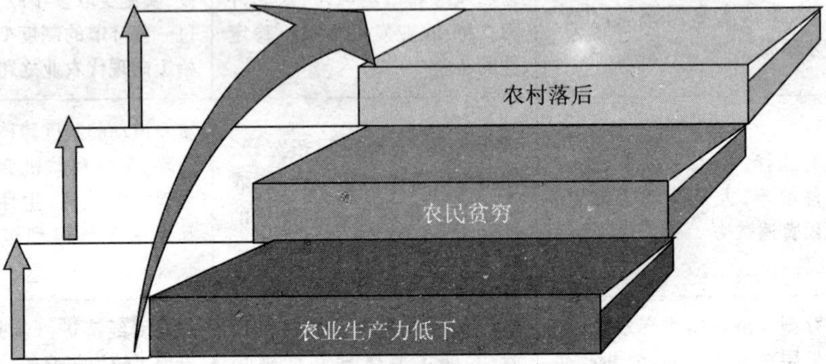


**图1 "三农"问题的内在关联**

"三农"内部存在的这种因果关系可以帮助我们进行新农村建设的策略性选择。在新农村建设实践中,经济发展仍然具有决定性意义,提升农业生产力是解决"三农"问题的根本之策。现实社会中占据统治地位的价值理念依存于社会层面的基本判断,而形成这一现实的是在改革开放过程中对生产力发展的单向度强调,"生产力标准"就是这一状态的最好说明。问题的关键在于生产力的单一指向所产生的生产力发展不是在空间上均衡分布,而是表现为一个不均衡过程,城市生产力的成长明显快于农村生产力的成长。事实上,正是生产力成长在城市和农村的不均衡性,最终导致以均衡理念为支撑的第二次社会转型。因此,如果不加区分地将社会的均衡理念应用于一切领域并转变成行动指南,就会使新农村建设失去重点。新农村建设的主要功能是缓解城乡之间的结构失衡,发展农村生产力是实现这一目标的主要手段。当然,均衡理念在新农村建设中的指导作用应该给与充分肯定,这种作用主要表现在生产力发展中注意农村内部的经济社会结构性问题,使经济社会进程中的各种关系处在基本的协调状态。

按照"二十字"目标实施新农村建设存在一个策略选择问题,不是哪一方面该做、哪一方面不该做的问题,而是要搞清楚相互之间的内在关联,以此为基础选择那些具有全局性、根本性、长期性效果的领域重点突破，而不是在若干方面均衡使用资源。当然，我们所说的重点是和发展阶段相关的，现阶段新农村建设的重点是发展农村生产力。至于如何发展农村生产力，则是路径选择问题。

# 第二章
# 现代农业：一种新的生产方式

社会主义新农村建设是我国经济和社会面临重大历史转折时期中央作出的一项具有全局意义的战略部署。要推进新农村建设，必须首先建立新农村的产业基础，在此背景下，中央提出发展现代农业是社会主义新农村建设的首要任务。可以认为，我国农业能否较快地步入现代农业之路直接关系到中国的经济和社会全局，关系到国民经济体系能否步入良性循环的轨道。本章依据个人对我国农业的现实状态以及所面临的经济和社会环境的感悟，在已有的研究基础上围绕发展现代农业提出自己的见解。

# 一、现代农业的内涵

在现实生活中,人们对现代农业缺乏感性认知,相当数量的人可能认为农业在经济和社会发展中无足轻重,现在的农业发展已经达到相当高的水平,我国已经连续五年获得夏粮大丰收。问题在于相当数量的人认为农民收入水平提高和生活条件的改善不是来自于农业。另一个值得引起关注的问题是,人们孤立地看待农业,而不是在与工业的相互联系中看待农业,更缺乏观察农业的社会视野。

## 1. 现代农业的一般性认知

在现有的研究文献中,对现代农业的认识主要集中在理论的一般性描述,可以增强人们感性认识的事实描述较少。这恰恰反映我国农业发展较为落后的现实,同时应该看到,我国发展现代农业的一些基础性条件还不具备。从理论研究领域中,人们往往选择不同角度认识现代农业。

第一,在与传统农业的比较中认识现代农业。李炳坤认为:现代农业与传统农业有很大的区别,在某种程度上甚至可以说是根本的区别,它是建立在现代发展理念、现代科学技术、现代物质装备和现代组织形式的基础之上的,是富有活力、效益较高、符合可持续发展要求的新型产业。[①] 耿黎则在传统农业和现代农业之间引入了“新型农业”概念,认为:新型农业是在推进我国农业现代化过程中,以资本积累为核心,以科技为支撑,以先进工业成果改造传统农业为主要手段,以培育区域特色主导产业为标志,以产业化经营为基本形式,以实现农业工业化、农村城镇化、农民知识化为目标,使农村经济、社会、生态效益协调发展的一种新的农业发展模式。我国目前正处于传统农业向现代农业的转变阶段,目标是实现农业现代化,发展新型农业本身就是实现由传统农业向现代农业转变的过程。[②] 王学真等学者的研究则将

---

① 李炳坤.发展现代农业与龙头企业的历史责任[J].农业经济问题,2006(9).

② 耿黎.论农业发展过程中的资本化问题——以重庆市为例[J].安徽农业科学,2006(21).

现代农业的比较视角扩展到世界范围，所谓现代农业，就是指在现代、在世界范围内处于先进水平的农业形态，现代农业是个相对的概念，它没有一套一成不变的标准，仅仅代表了少数国家达到的先进状态。随着经济的不断发展，现代农业的标准也会不断提高。①

第二，从实体特征认识现代农业。王永江和王丽英认为：现代农业建立在现代科学的基础上，用现代科学技术和现代工业来装备农业，用经济管理科学来管理农业，把传统农业变为具有当代世界水平的现代农业，即生产技术科学化、生产工具机械化、生产组织社会化、管理上的多功能系列化。② 刘战平和蒋和平将现代农业的基本特征概括为：现代农业是科技农业、商品农业、生产领域广阔的农业、产业链条不断延伸和扩大的一体化经营的农业、高素质的农业、高生产率和高效益的农业、可持续发展的生态农业。③

第三，从外延视角认识现代农业。王学真等认为：现代农业是与企业化的现代农业生产组织相联系而存在的，农业现代化的推进过程就是农业生产组织由非企业性的自给性单位向企业化和商业化的现代组织转变的过程。同时，为了适应成交量庞大以及交易双方规避风险的需要，各种农业市场中介组织蓬勃发展，在农业产前、产中和产后诸环节上出现。王学真从组织实体角度认识现代农业。除现代农业的企业化特质之外，学者们还从社会化、规模化、产业化、市场化等角度认识现代农业，社会化是现代农业存在的社会形式，规模化是现代农业的外部表征，产业化是现代农业的技术经济特征，市场化是现代农业的基本体制基础。可以使用图2表示现代农业的基础支撑体系。

这一图示对我们最具启发意义的是：现代农业一定建基于现实的农业基础之上，如果将我国现实的农业称为传统农业，在此基础上，如何才能出现支撑传统农业向现代农业转变的若干个支柱？这也是研究现代农业所需要回答的最重要问题。

## 2. 现代农业是一种新的生产方式

正像很多经济和社会目标的实现那样，现代农业的实现也必然是一个

① 王学真，等．农业国际化对农业现代化的影响[J]．中国农村经济，2006(5)．

② 王永江，等．中国农业现代化：困境与出路[J]．理论观察，2003(6)．

③ 刘战平，等．现代农业是新农村建设的基础工程[J]．农业现代化研究，2006(5)．

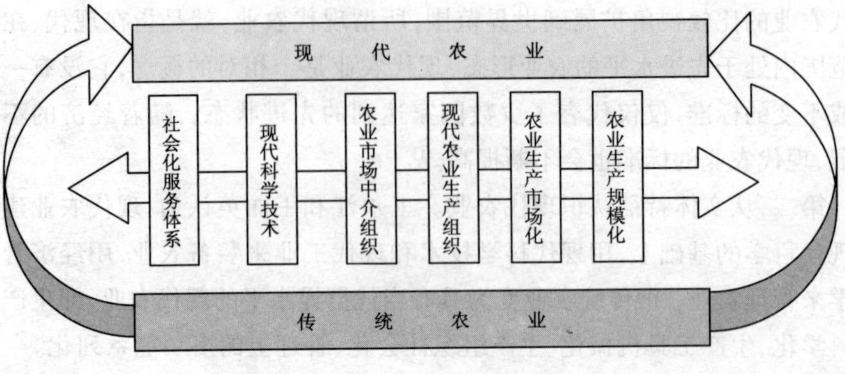


**图2 现代农业的基础支撑体系**

渐进的社会过程，在这个过程之中，支撑现代农业的一些要素逐渐产生并得以成长，某些短板环节在内在动力和外在压力的双重作用下趋向均衡，最终建立起现代农业。作为一种新的生产方式，当然是在终极意义上理解现代农业。

毫无疑问，现实的农业也是一种生产方式，该生产方式可以通过农业生产要素的配置结构加以说明。依据现有的资料，我国农业生产的要素配置结构可以使用图3加以表示：

面对现实，现代农业到底应该从哪里起步？通过什么路径才有可能突破既定生产方式的发展局限？什么要素具有较强的关联性并对既定生产方式产生强烈的系统冲击？或许在现实的农业要素中很难找到一种要素具有这一功能：自然风险产生于农业的技术经济特征，市场风险来自于社会所选择的经济社会形式，分散的经营方式是一种具有制度刚性的现实选择，人均耕地和农户数量是一种社会的自然状态，传统的劳动工具是与分散经营和小规模经营相适应的农业生产的技术特征。作为一种生产方式，既然不能内生，外生就是一种必然的路径。依据资本主义农业的发展经验，资本要素的出现可以为发展现代农业提供现实性。从另外一个角度看待问题，现实的农业困境正是源于资本要素的缺失。

从现有的条件来看，在既定的农业要素配置结构下，农业的发展空间极其狭小。而走出这一既定结构的有效形式就是在农业产业要素中植入资本要素，并使之逐渐成为一种主导性要素。资本的渗入必然使要素结构发生变化，形成新的要素配置状态，其基本态势可以作如下描述。

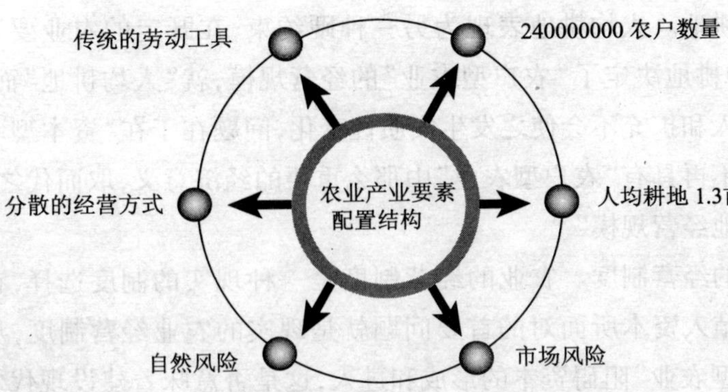


**图3　农业产业要素配置状态**

自然风险。自然风险来源于农业的产业秉性，不论在何种生产方式下农业的自然风险都不能彻底消除，但在不同的要素配置结构中抵御自然风险的能力存在差异。这种能力主要来自于资本的自然力、技术手段和经济行为的成本收益比较。资本进入农业并成长为一种主要的生产要素可以超越"土地—劳动力"主导型农业的自然风险约束，提供抵御自然风险的技术手段，使原本不具有经济合理性的基础性设施的建设成为可能。

市场风险。市场风险同样表现为外部的不确定性，只要选择市场化农业，这种不确定性就会存在，人们不能左右市场风险的存废，但是不同的农业要素配置结构提供的降低这种不确定性的激励存在重大差异。在"土地—劳动力"主导型农业中，农业的经营规模狭小，农业的市场风险表现为一种外力强加，农业经营者几乎不可能通过自己的主观努力控制市场风险；而在资本主导型农业中，规模化生产所具有的较大收益空间使农业经营者投入一定经济资源用于风险控制，用于这一控制的资源数量可能由于这一生产方式的开放性而大大降低，由此产生控制市场风险的进一步激励。

农户数量。在既定的要素配置结构中，农户数量表现为一种硬约束，往往构成既定框架内思考中国"三农"问题的基本出发点，在资本主导型农业中，农户数量作为生产单位的经济意义趋向下降，一定数量的农户出现生产单位和消费单位的分离，一方面作为土地要素和劳动力要素的投入者加入资本主导型农业的生产体系之中，另一方面农户作为一个消费单位而存在。而那些没有进入资本主导型农业体系之中的农户仍然作为生产单位和消费单位的统一体而存在。

人均耕地。人均耕地表现为另一种硬约束，在既定的农业要素配置结构中，人均耕地决定了“农户型农业”的经营规模，就“人均耕地”而言，资本要素的进入和扩充不会使之发生实质性变化，问题在于在“资本型农业”中，人均耕地不再具有“农户型农业”中那么重要的经济意义，取而代之的是“农业企业土地经营规模”。

农业的经营制度。农业的经营制度是一种现实的制度选择，在农业产业要素中植入资本所面对的首要问题就是现实的农业经营制度，从本质上说，“农户型农业”阻碍资本的形成和进入，这是否意味着建设现代农业一定要改变现有的农业经营制度？我们认为，制度选择一旦超越了意识形态，制度变革的趋向就越来越取决于制度所具有的生产力效能，不再是一种行政命令，而是建立在个体认知基础之上的群体性选择。之后的论述可以对资本进入农业的实现机制作出解释。

传统的劳动工具。劳动工具可以对一种生产方式作出解释：“农户型农业”不会产生对先进劳动工具的需求冲动，也不会出现支持这一需求的购买力基础，特定的要素配置结构不论在经济性上、还是在可能性上都最终将先进的劳动工具拒之门外，只能在一些边缘环节影响农业的生产方式。[①] 在“资本主导型农业”中，农业生产的劳动工具会在农业生产的各个环节上最终发生实质性变化，传统的劳动工具只能存在于“农户型农业”的残留之中。

这就是资本进入农业对农业产业要素配置结构的直接影响，我将资本进入农业并使资本成为主导型要素而形成的新型农业称之为“资本主导型农业”，这一新型农业是现代农业的载体。[②]

特别需要指出的是，资本主导型农业的建立存在行业差异，并不是在所有农业领域中资本都具有要素优势，如，蔬菜种植、畜禽养殖、花卉林木等领域中的资本优势并不明显，连云港赣榆县迎春鳅业有限公司给我留下了十分深刻的印象，几年前起步，有 3 亩养殖面积扩大到 2007 年的 12000 亩，成

---

① 在我国农业的发展过程中，技术手段的变化正在越来越多地实现对劳动的直接或间接替代，由此大大减轻了劳动强度，粮食收获环节表现得最为明显。但是，这些影响较多地发生在产前和产后环节，而产中环节是决定农业生产率的关键。由于农业经营制度的局限，农业科学技术在产中环节的使用受到不少限制。因此，在肯定农业技术水平提高的同时，应该看到这一结构性特点。

② 这里出现了“农户型农业”和“资本主导型农业”两个概念，与这两个概念相对应的概念分别是“企业型农业”和“土地—劳动力主导型农业”，前面一对概念是基于农业生产组织形式，后一对概念是基于农业生产的要素特征。

为全球泥鳅集散地。这就是说，资本主导型农业的建立应该选择资本要素优势明显的领域，而在资本无用武之地、或者是资本要素优势不明显的诸多领域则继续沿袭既定的要素配置结构，这一过程可以通过经济主体的经济行为选择加以实现。

**资料：现代农业的新特点　卢良恕**

中国工程院院士卢良恕最近撰文指出：现代农业是继原始农业、传统农业之后的一个农业发展新阶段，现代农业是以现代工业和科学技术为基础，重视加强农业基础设施建设，充分汲取传统农业的精华，根据国内外市场需要和 WTO 规则，起采用现代科学技术、运用现代工业装备、推行现代管理理念和方法的农业综合体系，是把农业的产前产中和产后紧密结合、农工贸一体化有机连接的综合性产品。

建设现代农业，就是要加快传统农业向现代农业的转变，促进农业的生产方式和经营方式的变革。现代农业的核心是科学化，特征是商品化，方向是集约化，目标是产业化。

现代农业的主要特点：

一是突破了传统农业仅仅或主要是从事初级农产品原料生产的局限性，实现种养加、产供销、贸工农一体化生产，使农业的内涵不断得到拓宽和延伸，农业的链条通过延伸更加完整，农业的领域通过拓宽，使得农工商的结合更加紧密。

二是突破传统农业远离城市或城乡界限明显的局限性，实现城乡经济社会和谐发展。城乡互助、工农结合，合理地进行资源优势互补，有利于城乡生产要素的加速流动和组合。

三是突破传统农业部门分割、管理交叉、服务落后的局限性，实现按照市场经济体制和农村生产力发展要求，建立一个全方位的、权责一致、上下贯通的现代农业管理及社会化服务体系。

四是突破传统农业封闭低效、自给半自给的局限，立足全球，重视两种资源、两个市场的发展，发挥资源优势和区位优势，实现农产品优势区域布局、农产品贸易国内外流通，使之有利于资源的合理利用、先进科学技术的推广应用、优质农产品标准化生产和现代管理手段的实际运用，不断提高农业的经济社会和生态效益。

（资料来源：江苏农村经济 . 2006（5）：12）

## 二、现代农业的社会性观察

以上几位学者对现代农业的认识在不少方面存在共识，只是在研究中存在视角差异，但其共同点是对现代农业进行描述性界定——比较描述、实体描述和外延描述，这种描述的意义在于为未来的行动提供一个方向性导引。但是，在现实的社会背景下，对现代农业的认知还需要进一步扩展。

### 1. 发展现代农业的社会视野

认识现代农业的第一个层面是现代农业本身。正像我们已经叙述和归纳的那样，现代农业是一种全新的生产方式，这种生产方式的主导性要素是资本，只有在这一要素状态之下，才有可能产生并使支撑现代农业的诸种因素得以成长，继而突破传统农业，迈向农业的现代化之路。

认识现代农业的第二个层面是将现代农业置于和其他产业特别是和工业的相互联系之中。现实的经济和社会发展过程形成了典型的二元结构，二元结构在产业层面上表现为融入先进生产力的工业和传统生产力基础上的农业并存，这种发展的层级差异阻断了工农业之间的产业关联，先进的工业生产力不能进入农业，工业产业链的延伸受到限制，而农业的发展陷入低层次的自我循环，即使是“吃饭农业”的使命亦整日担惊受怕，不能为国民经济提供扎实而稳定的基础平台。现代农业的产业支撑机制首先是农业自身的产业积淀，在农业的技术基础、产业化程度、社会化水平、市场发育、国际竞争力等方面形成农业稳定持续发展的基础。依据发达国家建设现代农业的经验，国家对农业的支持具有长期性，但是这种支持主要集中于农业的外部环境，以防止因外部环境变化产生对农业的损害。农业的产业积淀是支持现代农业的内在机制，而国家的持续性投入是支持现代农业的外在机制，现代农业的稳定发展得益于两者的分工和配合。现代农业产业支撑机制的另一种形式是产业协同，其要点是消除产业之间的关联障碍，避免陷入自我发展的陷阱，在与其他产业的相互关系中思考和规划产业的发展。在现实情况下，最为重要的是形成农业和工业之间的互动机制，尤其是要促使先进的工业生产力向农业的渗入，并促其成长，以形成工农业之间互动的基础平台。如果还是将视野简单地停留在农业领域之内,就农业而发展农业的思路难以实现预期效果。

认识现代农业的第三个层面是将现代农业置于社会系统之中。一些学者在研究现代农业问题时事实上注意到了现代农业的社会性过程,如王学真等(2006)认为:农业现代化至少应包括三个层面的质的飞跃,即农业技术的全面升级、农业结构的现代转型和农业制度的现代变迁。此中的“全面升级”、“现代转型”、“现代变迁”就是现代农业的社会性在不同方面的表现形式。现代农业的社会性,说到底源于我国社会进程的根本转型:在城乡分割的社会结构中,虽然农业始终被作为国民经济的基础,但是在发展实践中农业始终没有被融入产业体系,工业的发展是为了工业的进一步发展,工农业之间的联系一直停留在相互之间提供对方所需要的产品这一基础层面上,工农业之间的产业关联始终没有真正建立起来;在城乡一体化发展的社会结构中,发展现代农业要求我们必须寻求农业发展的社会支持机制,这一机制应该包括农业自身的制度变迁、工业和农业之间的良性互动、农业的宏观支持体系等,只有如此,落后的农业才会获得持续发展的内生动力。基于这种考虑,我们认为对现代农业既有认知的视野仍然过于狭窄。可以预见,建立现代农业的过程是现代农民的形成过程,也是现代农村的形成过程,现代农民和现代农村是现代农业的逻辑结果,又是建立现代农业的必要前提。在较大的空间范围内,这一过程还必然表现为农业和工业的互动、农村和城市的一体、农民和居民的流动。这就是说,建立现代农业是一个全方位的社会过程,新农业和新工业关联互动,新农民和新市民交互转换,新农村和新城市融为一体。对现代农业的这一表述,符合经济发展的客观规律,同时也体现了我国经济和社会发展阶段的特定要求。

依据这一认识,可以建立一个发展现代农业的社会性图谱,以此揭示现代农业深刻的社会内涵,这一图谱可以表示为图4。

## 2. 农业的产业特性

在一些人的心目中,农业是一个天然落后的产业,如果依然停留在这一认知上,任何试图改变农业落后状态的尝试都是徒劳的。事实上,这一认知仅仅在某一发展阶段上存在,具有相对性。

农业的最大特点是农业生产是一个自然过程,对土地的依赖性几乎不

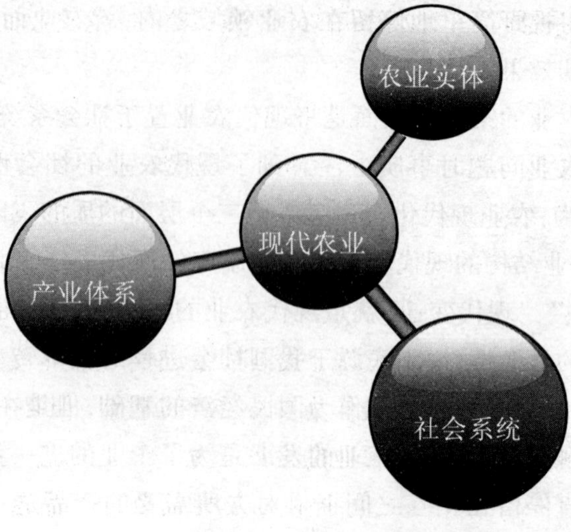


**图4　现代农业的社会性图谱**

可替代，生产周期长，自然风险大。这一特点决定技术进步只能在一定程度上改变农业的生产方式，相对于工业而言，农业对于技术进步的敏感性程度较低，技术进步可以彻底改变工业的原有生产方式，而技术进步只能在遵循农业技术经济特点的基础上发挥作用。由此产生了一定历史阶段上农业相对于工业的落后性。正是基于这一现实，在这一阶段上农业吸引资本的能力较弱，出现工业和农业的产业差异。但是，当我们的研究视野由时点步入时序之后即刻就会发现，各国完成工业化之后农业相对落后的状况迅速得到改变，马克思在其绝对地租理论中就已经预见到农业的资本有机构成不会长期地低于工业。

在我国的现实背景下，农业的相对落后性是多方面因素的会聚结果。农业的自然经济特点、发展阶段、工业化道路的选择、改革开放之后经济主体的自发选择可以对我国现阶段农业的落后状况作出解释。在农村调研中我们发现存在片面发展工业的倾向，在一次新农村建设的报告会上，我强调建立现代农业的问题。会后，一位基层的领导同志对我说：解决农村的发展问题，不能将希望寄托在农业发展上，而应该将农村发展的重点放在发展工业上。这位领导同志的话有其正确的一面，就是看到了工业发展在农村发展中的重要性，也道出了各地竞相招商引资发展工业的思想根源。其不正确的一面是忽视了农业发展在农村发展中的重要性，认为可以在农业弱小的情况下通过工业的发展实现农村的经济和社会发展。实际上,其观点真实地反映了农业的现实状况,我们在调研中发现基层干部和农民在这一问题的认识上高度一致:在现有农业的经营制度下,传统农业所能提供的农民收入处在极低的水平上,农民的收入主要依赖外出打工,土地只能解决吃饭问题,但是不能靠土地过日子。

在新农村建设中需要在这一问题上达成共识,农村工业化的推进可以实现对农业的完全替代吗?在工业化过程中一定是弱农业吗?我们的结论是否定的。就目前而言,我国农业确实呈现出弱质状态,这种状态既是以往“重工轻农”的实践结果,又是现阶段轻视农业发展重要性的错误认识产生的根源,但这决不是一种符合经济规律的理性表现,这一现实状态不是我们舍弃农业的理由,而是应该对农业更加关注的信号。

我们认为,在思想认识上纠正这一偏差并在实践上切实推进现代农业建设,需要把握现代化进程中农业具有的特性:

从相对量观察,农业呈现出的状态是“小农业”,农业在经济总量中的份额呈现出下降趋势,这一规律性已经被国内外经济发展的实践所证实,这里的“小”是指在经济总量中的所占份额。中国农业增加值在 GDP 中的所占比重呈现出稳定的下降趋势:20 世纪 80 年代初期为 30%,2004 年为 13.1%,2005 年为 12.4%,2006 年下降至 11.8%。

从绝对量观察,农业呈现出的状态是“大农业”,农业所提供的农产品的数量不断增加,农业的产业组织规模通过国家在基础层面的投入增加、专业化协作体系、农业生产新的组织形式、城乡之间联系的拓展等呈现出不断扩大的趋势,这里的“大”是指经济和社会发展进程中农业的外部表征。

从质上观察,农业呈现出的状态是“强农业”,现代科学技术被广泛而深入地运用于农业生产,农业生产的集约化水平不断提高,拥有较高的劳动生产率,农业产业具有较强的抵御自然灾害的能力和市场竞争能力,形成支撑现代农业的高度社会化的服务体系,这里的“强”是指经济和社会发展进程中农业的内在规定性。

我们可以将此概括为“小、大、强”模式,以此描述现代化进程中的农业特性。“小”可以指引我们发展工业和服务业,以促进产业结构的优化和升级,为经济增长提供动力;“大”可以提醒我们处理好农业发展和工业发展、服务业发展之间的关系,防止顾此失彼,实现产业之间的良性互动;“强”可以诱导我们依据农业的产业特质,致力于构建坚实的农业生产力基础,为新农村建设继而为我国的经济社会发展提供有力支撑。另外,工业化过程中的农业基础地位已经大大地超出了农业为工业提供原材料和劳动力的界定。在技术进步、市场发展的影响之下,建立在农业基础之上的产业链条不断扩展,围绕农业出现了生产资料供应、食品储藏、运输、保鲜、农产品深加工等众多的社会生产环节。在某些工业化水平和农业发展水平较高的发达国家,农产品加工业产值已经达到农业增加值的三倍以上,而2004 年按小口径(包括:农副食品加工业,食品制造业,饮料制造业,皮革、毛皮、羽毛羽绒及制品业,木材及竹木藤棕草制品业,造纸及纸制品业)计算的我国农产品加工业产值为26000 亿元,这一数量和农产品产值之比为0. 72:1,农产品加工率约为30%,而发达国家的农产品加工率一般为80%。① 农业的基础性地位体现在产业关联性之中,农业的发展将为工业乃至整个国民经济的发展提供巨大的发展空间。②

## 三、发展现代农业面临的几个关键问题

发展现代农业是一项社会工程,或许描述这一社会性工程是困难的,甚至是不可能的。鉴于现代农业在农村生产力发展中的重要地位,在该书中,我们还是设计了较多篇幅从不同角度研究现代农业的发展问题。因此,该处的研究只是着眼于发展现代农业的几个关键性问题,其中有的问题将设立专章进行探讨,故在这里不进行细致研究。

### 1. 农业经营方式

工业部门中的规模经济性表现得极其明显,由此产生工业发展的集中

① 张晓山. 创新农民经济组织 发展现代农业[J]. 新视野,2007(6).

② 农业的产业特性,还可以通过农业的功能在不同历史时期的变化加以把握,其变化的轨迹同样反映在发达国家农业发展的历史中:在短缺经济时期,农业的功能主要是社会功能,保障农产品的消费需求;在实现温饱之后,农业的功能主要是经济功能,提高效益、增加农民收入;进入小康以后,农业的功能主要是生态功能,在保障农产品供给、增加农民收入的同时,为经济社会发展提供生态保障,同时满足人们休闲观光需求。见李俊超. 一村一品,促进高效特色农业发展[J]. 农业经营管理,2007(8).

趋势。农业的技术经济特征使其规模经济性较之工业表现得较弱。大概是出于这一原因，20世纪80年代初期在我国实施的农业经营制度的变革才延续至今，并且在这一问题上人们具有截然不同的认识。[①] 本书所关注的问题是：与现代农业相适应的农业经营方式究竟是一种什么状态？

在先行国家发展现代农业的历史过程中就曾出现过两种截然不同的农业经营方式的路径选择，即欧美国家大农场经营方式和日本小农为基础的经营方式。焦建国认为，现代化就是消灭小农经济，有小农经济的地方就没有现代化，小农经济没有未来，这是新农村建设要解决的首要问题、基本问题。[②] 谭国雄则认为，与欧美普遍采取的大农场经营方式不同的是，日本依据其地少人多的特点，通过建立健全社会化服务体系，提高组织化与社会化程度，将若干个相互独立的小规模经营单位组织起来，纳入一体化、产业化体系，以群体的组合优势形成较大规模的经营，在小农体制的基础上实现了农业现代化。并且通过法律手段使整个农业现代化过程中保留了日本的小农体制。[③]

焦建国肯定了发展现代农业变革农业经营方式的必要性，但是，他将这一问题绝对化了，将大规模的农业经营方式视为实现现代农业的唯一选择，没有看到实现农业经营方式的变革存在不同的路径选择。从我国农业经营方式的变革实践来看，这一观点同样值得商榷。在农村调研中，我们发现农业规模经营并不是在所有农业领域中都具有经济优势，如蔬菜种植、畜禽养殖、花卉林木等领域中的规模经济性并不明显，规模经营应该选择规模经济性明显的领域，而在规模经济性不明显的诸多领域则应继续沿袭既定的农业经营方式。

在谭国雄的视野中，并不是排斥大规模的农业经营方式，只不过这种经营方式表现为一种组合实体，而构成这一组合实体的微观载体是小农经济。

① 在这一问题上，产生分歧的原因可能在于方法的差异。直至中共十七届三中全会，中央在这一问题上始终坚持继续坚持和完善农业经营制度，其中的关键是“坚持”和“完善”的统一，坚持并不意味着固守原有状态，完善也不是对既定农业经营制度的否定。动态视野和开放视野可以使人们的认识趋于一致，当下对于未来是重要的，但其意义只有在与未来的联系中才能存在；自我的成就固然可喜可贺，但不足以令人停步不前，开放环境中值得骄傲的只能是竞争力，它存在于自我与他人的比较之中。

② 焦建国．新农村建设的战略与政策选择[J]．中国党政干部论坛，2006(8)．

③ 谭国雄．我国农业现代化进程应处理好六大关系[J]．农业经济，2005(1)．

焦建国则将大农场或农业企业视作现代农业的微观载体。

我们认为:发展现代农业,必然引起现有农业经营方式的变革,以各种形式固化现有的农业经营方式都会延迟现代农业的进程,各种因素组成的特殊性不足以超越现代农业的一般性规定。现有农业经营方式的变革路径具有多样性和不同步性,这取决于产业特性、历史积淀和政策导向,甚至还包括文化偏好。

依据本人对这一问题的思考,认为这一模式是一种混合模式,集中模式抹杀了产业多样性,而分散模式阻断现代生产力在农业领域中的成长。我一直持有一种坚定的信念——现代农业不可能建基于普遍的分散经营的制度基础之上。在现有的起点上,问题的关键集中于如何在小规模分散经营的基础之上内生出具有一定规模经营的支撑现代农业的微观载体。规模经济显著的农业领域中自然形成与这一生产组织形式相适应的经济组织系统,那些规模经济不明显的农业领域则要借助于社会性力量将其纳入现代农业的轨道。

### 2. 农业生产的组织化

农业经营制度变革之后,一家一户的经营方式成为基本的制度选择,并在主流话语中一直强调坚持这一制度不动摇。在这一制度格局中,经济决策、经营行为、生产过程都是以家庭为单位独立进行的。可以肯定的是,这种社会化程度极低的生产方式在制度变革的初期阶段具有比较效率,这种比较效率为农民提供了相对稳定的预期并产生了良好的社会效果。问题的产生来源于:在工农业的产业联系中农业的比较利益一直处于劣势;供给的持续增加和国际化进程使农业的市场环境发生了实质性逆转;类似于政府投入的减少,社会没有提供与这一经济和社会进程相适应的农业支持体系;分散的农民不能有效防范对土地承包权的实质性侵害;等等。这时,分散经营的比较效率趋于下降直至消失,在起步阶段可以被忽略的因素逐渐上升为影响农业进一步发展的决定性因素。

面对这一拐点,我们发现具有缓解这一问题的经济形式在利益诱导下渐渐进入人们的视野,这些经济形式主要是农业专业户、流通环节的农民合作组织、农业龙头企业的出现和发展。农业专业户提高了农业的市场化水平并有利于形成农业生产力的合理布局;流通环节的农民合作组织降低了单个农民步入市场的成本，使农业和市场的联系初步建立起来；农业龙头企业通过资本深化大大提升农产品附加值，并将分散的农户生产经营活动聚焦于龙头企业。在这三种经济形式中，农业专业户是以实体形式存在的，而另外两种形式则是以契约形式存在的。前者的维持和发展取决于单纯的市场关系，而后者维持和发展的决定机制则表现得更加复杂，这种复杂性产生于参与者群体中的绝大多数成员并非直接和市场发生联系，此中的信息不对称经常使这种组织形式面临危机。在农村调研中，各地都将发展农民新型合作组织作为一个策略举措，并可举出这种组织的发展数量和成效。但是，大量的农民合作组织都具有自发性、临时性和不稳定性。杨国玉和郝秀英提出了农民合作组织发展的限制性因素——产品特性因素、生产集群因素、组织成员因素和制度环境因素，认为我国目前农民专业合作组织还处在发展的初始阶段，表现在经济实力、内部管理、组织化程度、功能发挥等方面均存在不少问题。[①] 蒋伏心(2007)教授则认为，中国的制度文化中缺乏合作精神，现实中的农民合作组织带有行政性色彩。张晓山分析了“公司 + 农户”模式存在的现实问题：由于公司和农户目标的不一致必然产生新增价值分割上的矛盾；初级农产品供给的过剩状态，加之农民的组织化程度较低，由此产生公司的强势地位和农户的弱势地位，这必然威胁到其稳定性。[②]

这就是说，迄今为止的实践探索在提升农业社会化程度中的作用是有限的。问题的关键是没有找到提高农业社会化水平的组织载体。农业专业户的发展是一个值得关注的方向，因为：专业户是一个经济实体，虽然这一实体在起步阶段还不具备规范性企业的某些特征；专业户避免了非经济实体运行过程中较高的协调成本，具有较好的存续性特性；专业户形成和发展本身就是一个专业化协作的社会化过程；按照专业化思路不断发展起来的各类专业化实体构成支撑现代农业的社会化服务体系。张晓山(2007)看到了专业户正在兴起的经济现象，他认为这些专业性的种植户、养殖户、营销户完全以市场需求为导向，进行专业化生产，是中国发展现代农业的主力军。杨国玉和郝秀英(2005)将农业经营大户的普遍崛起视做农业第二次飞跃出现的标志物，认为农业经营大户是一个带有根本性的制度创新，其依据

① 杨国玉，等．关于农业规模经营的理论思考[J]．经济问题，2005(12)．

② 张晓山．创新农业基本经营制度 发展现代农业[J]．经济纵横，2007(1)．

是:脱离家庭的经营形式和没有规模经营的家庭经营都是没有出路的,家庭经营和规模经营的结合就是农业大户经营,其本质规定是土地、资金、技术、劳动力、管理等各种生产要素的合理配置。我认为应该将农业大户经营上升到农业生产方式根本变革的高度,而农业生产方式变革的内生动力来源于各类专业实体利益驱动和发展需求。

我们一直试图在现有农业经营方式的框架内找到弥补分散经营固有缺憾的经济形式,在缺乏产业根基和内生需求的条件下,这些经济形式只能徒有其表而缺乏内涵,没有生命力,难以持续,难以获得实质性发展。我们应该思考的是:何种经济形式才能内生出提高农业或农民组织化程度和农业社会化水平的持续性动力。

### 3. 发展现代农业的资源投入

积极发展现代农业是2007年中央一号文件关注的焦点,文件指出:增加农业投入,是建设现代农业、强化农业基础的迫切需要。必须不断开辟新的农业投入渠道,逐步形成农民积极筹资投劳、政府持续加大投入、社会力量广泛参与的多元化投入机制。依据有关资料,近年来,中央财政支持三农的投入稳步大幅度增加。发展现代农业的任务提出之后,几乎所有的理论研究和实际工作者都将增加投入作为发展现代农业的主要对策。这种指向的高度集中有其必然性和合理性:农业经营方式的变革所产生的发展效能使政府如释重负,这一效应将政府对农业的投入意愿降到历史谷底,夏永祥(2005)分析了农业基础设施投资中的比重和中国R&D在GDP中的比重,认为农业基础设施比重揭示着农田水利设施的兴建与维修将难以为继,这对于中国成为世界工厂没有什么影响,但却扼住了农业发展的咽喉;[①]在计划经济时期形成的支持农业发展的要素条件在长时期的分散经营状态下遭到严重破坏;农业的技术支持体系名存实亡;农产品价格与农业生产要素的"比价复归"现象一再重演,各种生产要素的可获得性越来越差。农业的比较利益始终难以将要素投入稳定地引入农业生产领域,农民将农业当成了副业;等等。这就是我国发展现代农业的起点特征。

面对这一现实,首要的问题是挣脱农业发展的"路径依赖",从传统农业

---

① 夏永祥,等. 改造传统农业:中国的历史经验、现实与对策[J]. 中国农村观察,2005(5).

步入现代农业。增加资源投入的作用体现在为现代农业的发轫提供最低限度的基础条件。因此,增加农业投入是一种必然选择。与此同时,应该清醒地认识到国家增加农业投入不可能脱离可支配资源的约束。一方面,建立在经济增长基础之上的国家财政收入迅速增长。另一方面,应该看到经济和社会发展对政府投入的现实需求异常强烈,农业基础设施、农业技术支持体系、农业职业技能培训、对经济落后地区的转移支付、解决贫困问题、教育投入、社会保障投入、社会公共产品的提供、提高城乡居民的生活水平。投入需求是广泛的,每一个方向上的投资都是巨量的。因此,相对于现实的需求而言,国家可以支配的投入资源依然具有稀缺性。个别学者仅仅从某一个角度论证国家控制的资源可以满足某一领域的投入需求,声称"不用担心国家没有钱",这种研究问题的方法缺乏科学性,同时也是缺乏社会责任感的表现。当我们将视线扩展到社会层面之后,此中的"合成谬误"是显而易见的。

我们的结论是:国家投入的重要性应该给予充分肯定,但是依赖国家投入远远不能满足建设现代农业的需要;在肯定国家投入积极作用的同时,应该对外部投入的效能有一个恰当的估价,现有的国家投入所能发挥的实际效能是通过社会过程实现的,其中存在着投入结构、使用效率、纵向衔接、资金监管等现实问题,这些环节的有效性直接决定国家投入的实际利用效能。我们的结论是:重视国家投入并在投入的过程中关注投入效能;依赖国家投入不能满足发展现代农业的需要;建立发展现代农业的产业支撑机制具有战略性意义。

作为一种新的生产方式,发展现代农业还必然涉及更加广泛和更加深刻的问题,如,农业剩余劳动力转移,这是发展现代农业面临的难点问题,甚至可以说是首要问题,数量庞大的农业劳动力的转移是现代生产力进入农业并得以发展的前提,也是建立现代农业不能离开工业化进程和城市化进程的原因所在。再如,农业土地制度,不论农业发展的具体形态怎样,土地都是农业的基础性资源。另外,现代农业的内部结构、现代农业的产业关联、现代农业的要素结构、现代农业的社会化服务体系等问题都对现代农业具有支撑作用。鉴于其中的大多数问题将进行专门研究,在此不再展开。

# 第三章
# 发展现代农业中的高效农业

改革开放的历史进程逐渐撬动了城乡分割的社会结构，经济和各项社会事业的发展被逐步纳入城乡一体化的轨道。在这一转变过程中，市场化将祖祖辈辈依赖土地为生的农民引向了城市，这一进程虽然历尽艰辛，毕竟较之仅仅依靠土地有所改善。而在另外一极，他们也在不断地寻找利用土地可以改善其生存状态的利益机会，同样的土地趋向于收益较高的使用方向。① 高效农业就是在这一背景下逐渐产生并通过示范效应不断壮大。可以肯定，高效农业因为其高效还会继续存在，从而构成现代农业的一个重要支脉。

---

① 联产承包经营责任制实施之后所发生的社会变革可以给我们提供一条具有恒久意义的启示。封闭的体制陷既定的社会结构于僵化之中，没有要素的流动，没有信息的交流，没有对未来的渴望，一切在既定的制度约束中简单地被复制出来。既定体制的缺口一旦打开，由封闭走向开放，由一味地被动接受走向可以自主地主动选择，这个社会的面貌即刻就会呈现出另一种模样。虽然这一历史进程有点慢，但是“希望还在，明天会好”。开放的制度理念和自由的制度架构会使社会充满活力，没有任何个人或组织可以替代市场机制的这一精妙之处。一切既有的成就都会成为历史，唯有能够创造未来的价值理念和制度安排才具有永恒性。

## 一、高效农业的界定：具体化还是一般化

由于高效农业相对于传统种植业具有比较效益，从社会层面上可以满足城市化进程和提高人们生活水平的双重需要，同时可以兼顾政府发展农业和提高农民收入的目标，高效农业在发展过程中得到了政府的大力支持，这种导向和农民的自发行为选择相结合，促进了高效农业的发展速度。

在相当长的时间里，人们对高效农业的理解是模糊的，人们只知道由原来的土地使用方向转向具有较高收益的使用方向可以带来较高的收益，高效农业因此而得名。将这一简单的理解具体化，这一过程可能首先表现为某种经济作物对传统种植业的替代，这里的“经济作物”是作为一般代表而存在的，它具有农民比较熟悉、具有较多的栽培经验、具有比较收益优势等特点；从具体过程理解高效农业，可能表现为那些具有较好经济头脑、信息较为灵敏的农民率先从原有的农业经营种类中走出来，改变土地的用途，或许在这一过程中遇到不少的现实困难，或者是面临来自于各方面的不理解，或者是被斥之为“不务正业”，当这一经营行为产生实实在在的经济收益之后，相邻农户或快或慢地步入这一经营领域，由此形成具有规模经济效益的高效农业；①

在社会层面上理解高效农业，市场的形成和发展为高效农业的成长提供了社会条件，外部市场的需求信息通过城乡之间的交流通道将资源越来越多地引向高效农业领域。

---

① 高效农业的发展在先发地区的经济绩效成为落后地区竞相仿效的直接动力。但在这一过程中出现了高效农业发展的两种动力类型：一种是基于各地的经济发展基础、地理环境、文化传统等现实因素，逐渐通过农民的自愿选择、相互之间的信息交流和示范效应成长起具有坚实基础和丰厚回报的高效农业；另一种模式是政府的强力介入，在农村调研中我们曾多次遇到地方政府和农户之间围绕土地使用方向所发生的博弈行为，农户不愿意栽种政府所主张的那种农作物，而政府通过强力实施这一主张。在现实中可能存在后一种模式成功的先例，但是这一模式不能成为高效农业发展的一般模式，实践中存在不少“好心办坏事”的例子。这里涉及更高层级的政府职能问题，另外政府不能逃脱有限理性和未来不确定性的客观约束。

这就是说，在最原始的意义上理解高效农业，高效农业是比较收益、规模效益和社会条件三者的统一。其中的“比较收益”是高效农业存在和发展的基础，并引导高效农业在内涵上的扩充和提高；其中的“规模效益”是高效农业存在和发展的组合形态，不论高效农业的具体内涵如何，一家一户或者是几家几户都可能面临着生产或市场环节中较高的交易成本，这会大大地减少高效农业的比较收益；[①]其中的“社会条件”是高效农业的生存条件和社会意义所在，在经济高速增长和社会协调发展的背景中，这预示着高效农业发展的巨大空间，同时要在社会系统中看待高效农业的未来发展。

在原始意义上理解高效农业，并不是我们的研究视野还停留在高效农业的萌芽时期，有人可能会说，经济作物作为高效农业的实体根本不能反映高效农业的实质。但是，我认为恰恰是这一点才具有根本性，以上我们提出的三个方面是高效农业的永恒不变的内生本质，变化的仅仅是形式，这三个方面是高效农业在任何一个发展阶段中都必须存在的要件。高效农业的动态视野没有超越这些基本规定性，并可以利用这些基本规定性对高效农业的发展作出解释。

我们的这一理解并不排斥人们从不同角度对高效农业的理解。

邓志敏认为：所谓高效农业，是要体现出有很高的土地产出率、投入产出率、劳动生产率、务农也能致富的要求，使农业成为能让农民增收致富的现代农业。[②] 这一理解主要着眼于高效农业的比较收益优势，可以让农民增收致富。

江苏省是经济较发达的区域，其高效农业的发展起步较早，收效显著，在支撑江苏全面小康进程中发挥了重要作用。江苏省在2006年实施了“高效农业规模化百项工程”项目，将发展高效农业作为推进经济和社会发展的一项战略举措。2006年在江都召开的全省加快发展高效外向农业工作会议上第一次提出了“高效农业”的量化标准——亩均效益达到或高于2000元。[③] 这是“高效农业”量的特征，只要每亩土地的净收益达到2000元以上

---

① 这里的含义并不是高效农业只存在于共同生产的生产方式中，在现有的农业经营制度中，分散的生产可以产生规模，分散的生产可以通过某种制度创新降低生产和流通成本。问题的关键是必须通过某种形式的整合将分散生产和经营的农户组合成一个整体，如市场、外部影响力等。在这一问题中，政府可能责无旁贷，并且可以大有作为。

② 邓志敏．对发展高效生态农业的战略思考[J]．乡镇经济，2006(8)．

③ 刘先才，等．江苏强势推进高效农业[J]．江苏农村经济，2006(5)．

就可以被认定为是“高效农业”。[①] 这一量化标准可以视做是现阶段推动高效农业发展的一个衡量指标,引导地方政府和农民尽可能地提高土地收益。需要指出的是,这一量化指标具有一定程度的不确定性,由此显现出其局限性。第一,对于政府来说,存在高效农业成本的难以计量性,出于各方面的考虑地方政府可能夸大高效农业的数量,由此产生统计结果的较大误差。第二,使用收益的绝对数量衡量高效农业,可能受到市场价格的较大影响,市场价格的上升与下降可能使高效农业的规模扩张或收缩。自 2007 年以来,我国食品价格持续上涨,2008 年 1 月至 6 月 CPI 同比上涨的幅度分别是 7.1%、8.7%、8.3%、8.5%、7.7%、7.1%,2008 年上半年 CPI 同比上涨 7.9%。但愿始于 5 月份的下降趋势能够持续。面对这一局面,中央政府将控制物价上涨作为 2008 年经济工作的中心工作。在这种情况下,从理论上说似乎应该调高高效农业的量化标准,当然,在实践中并没有此必要。第三,这一量化指标只能适应于特定的发展阶段,这也是上文使用“现阶段”的原因所在。试想,在一定的条件下一定范围内传统种植业采用了大规模的生产方式,借助于价格机制的推动,其亩均收益达到了 2000 元,此时的传统种植业是不是高效农业?如果不是,显然和这一量化标准相矛盾,如果是,将面临全部都是“高效农业”的尴尬。从发达国家的实践来看,现阶段在我国收益相对较高的一些领域不一定在发展中一直会保持这种高收益的特征。从这种分析中可以看出,对“高效农业”操作层面的具体化界定不能代替对“高效农业”的一般性理解。

李俊超从技术条件的角度理解高效农业,认为高效农业是“用现代化的设施手段装备农业,提升产业发展的档次和效益”,这些技术条件“主要有连栋大棚、中小拱棚、日光温室、智能温室、棚架栽培、防虫网栽培以及规模养殖小区等形式”。[②] 胡普辉和刘延风将设施农业理解为一种高科技含量、高

---

① 这里的“亩均效益 2000 元”应该被理解为亩均净收益。只有净收益才能正确反映“高效农业”的经济价值和社会价值,毕竟在“高效农业”的诸多领域中存在普遍的成本差异。如果不考虑成本,两种都属于“高效农业”的选择可能在经济价值和社会价值上大相径庭。另外,作为一种政府导向,也应该引导农民选择成本较低而收益较高的土地使用方向。在现实经济活动中,农户也必然将成本纳入其经济决策之中而成为一个重要的经济变量。至于成本的计量,并不需要付出任何社会成本,具有独立经济利益的农户会将这一成本消解在无形之中。

② 李俊超. 一村一品,促进高效特色农业发展[J]. 农业经营管理,2007(4).

投入、高产出、高效益的集约化农业生产方式。[①] 很显然，这一理解偏重于高效农业的技术特征。

从不同角度理解高效农业可以使我们全方位地把握高效农业的内涵，从静态和动态的结合理解高效农业，则可以使我们把握高效农业的发展脉搏和发展趋势，实现当下和未来的有效连接。

## 二、高效农业的一般特征

高效农业作为一个对经济和社会发展具有特殊效能的产业群，必然具有区别于其他农业领域的特征，这些特征可能表现在高效农业的任何一个环节之上。正是这些特征的存在支撑了高效农业，发展高效农业就要使资源的配置过程和社会环境趋向于这些特征。

### 1. 专业化生产

在实践中，高效农业真正收到高效并具有持续性的地方，无不具有专业化的特征。如寿光的蔬菜、丰县的果品和邳州的大蒜。可以认为专业化是推进高效农业发展的不二路径，这是因为几乎每一种高效农业具体领域的选择都和当地的农业文化存在某种形式的关联，这种关联引申出当地独有的价值理念、消费习俗和对外交往关系，在这一过程的演变中，逐渐积累了生产该产品的系统性知识，这一系统性知识的集合产生了该地区学习和普及相关技能和知识的较低成本，由此产生相对优势。其中的道理可以对我国经济和社会进程中的不少现象作出解释。个体私营经济为什么会在温州首先发展起来？在计划经济时期，苏南地区为什么会萌生出乡镇企业并迅速发展？

现在的问题是一地相对于另一地的独特性的具体分布是一种什么结构？是集中还是分散？我们认为其基本状态是分散的，各种独特性集于一体的结构只能是短暂的，具有不稳定性。可以说在任何一个领域中，“单极结构”都会遇到越来越多的现实挑战。运用到我们正在研究的问题，专业化

① 胡普辉，刘延风．浅析我国设施农业发展的若干问题[J]．水土保持研究，2006(4).

具有成本优势和利益优势,一个地方往往不具备全能且优势的资源条件。

在市场化生产的模式中,优势不可能表现为"做什么都是最好",如果什么都做,优势就会消失。我们的现实选择只能是:在你选择的领域做得最好并维持最好。[①] 高效农业所具有的专业化特征在实践中被描述为"一村一品"。

**2. 规模化生产**

高效农业之所以高效是和其规模状态密切相关的。从直接的意义上讲,较大的规模意味着单位产品的成本较低,由此产生较强的竞争力或者是较大的利润空间。[②] 从间接意义上讲,较大的规模则意味着吸引资源的能力、讨价还价的谈判能力、信息和技术的汇集、市场的开发能力等。实践中做出品牌意义上的高效农业,规模是支撑其发展的一个必不可少的条件。

一提到规模化生产,人们可能极易想到规模化生产和现行经营制度之间是否相容。一定的生产规模既可表现为较少的生产者,也可以表现为较多的生产者,在较为分散的结构下,规模生产不是一种生产实体,而是一种组合实体。直接的生产环节虽然可以独立实施,但是生产环节中的技术性规定也必须遵循人所共知的技术性要求,如每一生产环节的时间性要求、工艺性要求、施肥及农药使用配比、采摘的技术性规范、包装等技术性规范。每一个生产主体之间必须具有积极的合作意识,在所有技术环节和流通环节上共同强化产品的特征,扩展其市场影响。从制度经济学的角度加以理解,这一要求可以得到实现。因为每一个生产主体可以在这种合作的意识

① 在我国现实的发展中,由于工业化的超前推进,一些经济现象首先出现在工业或者是服务业中。1997 年之前,中国的整体经济环境是短缺经济,这种经济环境给迅速成长中的民族资本提供了发展的极好机会,但是正是这一"遍地黄金"的经历将他们引向了多元化经营之路,而此时恰逢由全面短缺向结构性过剩转变,不少企业在新的经济环境中陷入危机,有的东山再起,不少则一蹶不振。

② 工业具有较强的规模经济性,这一特征曾经支撑了工业企业规模在一定时期内的急剧膨胀。人们对农业的规模经济性在认识上存在差异。一些人认为农业具有规模经济性,另一些人认为农业的规模经济性极其微弱。前者的政策主张是推进农业规模经营,后者的政策主张是农业规模经营无关紧要。我认为这两种意见仅仅局限于直接的生产过程,如果将视野扩展到直接的生产过程之外,农业的规模经济性是显而易见的。在现实生活中,人们往往对自己所掌控的资源缺乏准确的判断,对自己驾驭复杂环境的能力估计过高,"这山望着那山高"是决策者特别是处于事业上升趋势中的决策者容易犯的错误。

和合作的行为中受益，而在每一个环节上的个体懈怠都有可能造成群体性损失，而实施懈怠行为的个体并不能从中获得额外的利益。

高效农业的规模化生产在现实中并不是一件轻而易举的事情，江苏省的经济和社会发展事业始终走在全国前列，但是高效农业的规模化也是高效农业发展中的突出问题。2006 年中央 1 号文件出台以后，江苏确定对农业的财政投入为 180.4 亿元，比 2005 年增加了 30 亿元。前任省委书记明确提出，这部分财政资金的使用方向是继续推进五百万农民大转移、百万农民大培训工程、大力发展现代高效农业。① 高效农业规模偏小是江苏农业发展中的薄弱环节，高效农业在农业中的比重仅为 10%，全省亩均效益 2000 元以上的高效农业种植面积和高效渔业养殖面积分别只有 1200 万亩、105 万亩。为了扭转这一局面，江苏确定了“十一五”发展高效外向农业的目标，其中：高效农业规模每年扩大 3% 至 5%；年均新增亩效益 2000 元以上的高效农业种植面积 240 万亩、高效渔业养殖面积 60 万亩，到 2010 年高效农业、高效渔业面积分别达到 2400 万亩和 400 万亩，占种植业面积 1/3 以上。

### 3. 高效农业的涉足领域

概括地说，高效农业包括种植和养殖两大块，至于具体的产品选择体现出极明显的地域特色。江苏省经过长时间的调研，2006 年确定发展高效农业的重点是适时蔬菜、花卉苗木、名特茶、优质果品、食用菌等种植业，以及畜禽和水产养殖业。

无锡市依据高效农业的现有基础和资源条件，确定发展高效农业的重点是：

（1）做强园艺蔬菜业。发展特色蔬菜、设施蔬菜、传统特产蔬菜、出口蔬菜、城市近郊的速生叶菜、名特优精细蔬菜；积极发展名特茶生产和茶叶深加工；重点发展观赏苗木、中高档盆栽花卉、反季节鲜切花、出口花卉；扩大优质、高效、品牌果品生产。

（2）做优粮经产业。提升优质稻米、专用小麦、双低油菜发展水平；因地制宜发展特色保健大米、鲜食玉米、专用甘薯等特粮特经产业。

（3）做特高效渔业。重点发展沿江和环太湖、滆湖两大特色渔业经济板

① 刘先才等．江苏强势推进高效农业［J］．江苏农村经济，2006（5）．

块;重视发展观赏鱼类等特种水产和水产品加工业。

(4)做精畜牧业。发展优质瘦肉型猪、优质家禽种苗、优质奶业等优势产业,提高畜牧业产值占农业总产值的比重。

扬州市重点建设了优质粮食、优质油菜、蔬菜、林业、花木、禽业、食草畜禽、特种水产八个高效农业产业群。2005 年全市蔬菜播种面积 105 万亩、花木面积 16 万亩、水产养殖面积 107 万亩、罗氏沼虾养殖面积 13 万亩、饲养扬州鹅 2300 万只。其中:宝应的水产、水禽、水稻和水生蔬菜;高邮的鸭业、鹅业、米业、渔业和林业;江都的特色花木、特色粮油、特色蔬菜、特色水产和特色畜禽;仪征的经济林茶果、食草畜禽;邗江的江鲜水产和无公害蔬菜等都已形成一定的规模并具有较高的知名度。

徐州市将特色蔬菜、优质果品、林业、奶业、优质家禽、食用菌、高品质棉、特种水产、优质稻麦等作为高效农业的培育重点。

从表面上看,各地所确定的高效农业领域可能存在趋同现象,在上述三地高效农业的选择中,蔬菜是其共同的选择,这一选择可能和特定产品的市场半径有关。另外一点是虽然属于同一大类,但是各地的重点可能不同,有的主要面向当地市场,有的面向区域市场或国内市场,有的可能面向国际市场,当然其差异可能较多地体现在产品本身。还应该指出,高效农业领域的选择处在变化之中,而决定其变化的因素包括:技术进步、消费习惯、生产组织、产业政策、健康观念等,甚至还有生活方式和生产方式的变化。

选择一个适合于本地且具有成长潜力的高效农业领域是高效农业发展的关键一步,而在经济和社会的进程中依据各方面条件的变化进行新的选择并实施平稳替代直接决定高效农业能否持续发展!

### 4. 高效农业和工业化、城市化水平

李俊超(2007)对江苏省发展高效农业的情况进行了系统研究,发现规模养殖比重的不断提到是高效农业发展的一个重要趋向,江苏省 2006 年生猪、肉禽、蛋禽、奶牛规模养殖比重分别达到 37%、61%、59%、70%。而在具体的结构性研究中,发现规模养殖的发展和经济发展水平之间存在高度相关性,某一地区经济发展水平越高,工业化和城市化水平越高,该地方规模养殖比重越高。这一相关性的揭示诱导我们思考高效农业发展所依赖的经济和社会条件。

城市化是经济和社会发展的一个重要表征,表现为农业人口向城市的聚集,在就业结构上表现为农业就业者向工业或服务业的转移。这一过程改变了人们的生产方式和生活方式,原先依靠土地为生的农民逐渐放弃自给自足的生活方式,由自产自用农产品到通过市场化的手段满足对农产品的需求。城市化水平越高,市场化途径满足农产品需求的比重越大,这事实上决定了农产品的市场需求规模。城市化过程以及这一社会进程中的收入水平的提高为高效农业的发展提供了市场基础。我们注意到这一分析可能与高效农业的现实发展之间存在一个悖论:一些地方的高效农业的存在并不依赖当地市场。在这种情况下,城市化水平和当地高效农业发展之间的相关性程度就会下降。我们认为,当一个地区高效农业的发展超越了当地市场,此时城市化水平和高效农业发展之间的相关性依然存在,只不过此时的市场在空间范围上发生了变化。另外,将高效农业的发展当做一个历史过程就会发现,高效农业的发展一定和当地市场的形成存在相关性。

工业化和城市化相伴而生。城市化过程中的人口聚集因工业自身的集聚效应和人口就业结构的变化而产生。我认为,较高水平的工业化和高效农业发展之间的关联性可以用工业和农业之间的利益纽带加以解释。人们已经在理念上普遍接受了工业反哺农业的政策导向,现在的问题是为什么这一政策导向发生在我国生产力水平一定程度发展的基础之上。人们可能认为,在工业发展水平较低的条件下工业不可能反哺农业,至于其具体机制可能考虑得较少。这事实上提供了一种理解我国现实问题的一种思路。[①]我将工业化水平和高效农业发展之间的关联归之于工业反哺农业,较高水平的工业发展,意味着工业哺育农业的能力增强,此时就可以为高效农业的发展提供资本、技术、信息等各方面的支持。

高效农业发展的条件当然不止于此。

以上思考的意图在于说明存在支撑高效农业发展的现实条件,这些条件是一种客观存在。发展高效农业就是要明了并积极地创造这些条件,而

① 在整个工业化阶段,以工业生产力发展的成果装备和改造农业都是工业发展的使命所在。但其强度并不是始终如一,在相当长的时期中工业支持农业的能力较为弱小,此时的主要任务是工业自身的发展,在这一时期中可能加大工业和农业发展水平之间的差距,但是这一过程也是工业能量的积聚过程。当然,这一解释立足于非均衡发展的选择之上。至于"工业反哺农业"在操作层面的问题,我们将进行专门研究。

不能盲目行动,拔苗助长,外力只能在基本满足高效农业发展条件下发挥作用。或许现实经济生活中存在经济发展水平极为落后条件下成长起来的高效农业的个案,但我要说的是:具有和不具有高效农业发展的基本条件、较多地符合和较少地符合高效农业发展的基本条件,前者发展高效农业成功的可能性或者发展的绩效一定大于后者。现实中存在相当多的机会诱使人们将个案当做一般。①

### 5. 龙头企业带动

高效农业发展呈现出来的另一重要特征是依赖龙头企业的带动并与龙头企业融为一体。在实践中,对高效农业发展具有带动作用的不仅限于和农业存在产业关联的工业企业,还包括种养大户和农民专业合作经济组织等形式。从面上来看,南京卫岗奶业集团、徐州黎明食品、无锡水蜜桃协会、常熟台太兴业、镇江江南食用菌有限公司、常州立华畜禽有限公司、南通长寿集团等都在当地高效农业的发展中起到了重要作用。李俊超(2007)将龙头带动视做高效农业发展的主导力量。

徐州市注重通过这一形式发展高效农业,实施了以下几个策略行选择:第一,抓大的。对维维、胜阳、福华、良辰等66家骨干龙头企业给以重点扶持,扩张生产经营规模。全市已建成省级以上重点龙头企业19家。第二,引新的。近两年来全市新上500万元以上农业产业化项目近900个,固定资产投资额90.5亿元。第三,提高现有的。所确定的十大优势高效农业都拥有一批骨干龙头企业,呈现出集群发展的态势。

龙头企业和高效农业发展之间的关系可以在工业和农业的产业关联中得到解释。此中所体现出来的规律性可以看做是经济社会一体化进程基本

---

① 在我国改革开放的实践中,解放思想产生了丰硕的实践成果,由此产生了解放思想的神话倾向:一切成功的经济和社会行为都归之于解放思想,一切失败或社会性过失也同样归之于思想不解放,好像解放思想是实现经济和社会发展目标的充分必要条件。事实上,解放思想只能解决理念层面的思想障碍,为实践的发展开辟道路,至于实践中的现实问题还必须从实践本身所具有的规律性出发思考和解决问题,解放思想可以为实践服务,但是不能代替活生生的实践活动。在改革实践中,解放思想的功能集中地体现在突破思想禁锢这一时点上,解放思想的发展效能在这一时点上达到了顶点,此后,解放思想的发展效能呈现出下降趋势,弥补这一发展效能下降的是科学精神,并且科学精神的发展效能呈现出上升趋势。我曾经指出过解放思想的三种倾向:泛化——什么都拿解放思想说事;神话——过分夸大其功能;固化——不能与时俱进。见李厚廷. 论解放思想的时空内涵[J]. 求实,2006(9).

特征的一种首先表达，是新型城乡关系和工业农业关系的一种必然选择，由此决定这一形式的长期性和重要性。

## 三、现代农业体系中的高效农业

高效农业的发展在农业结构调整、满足农民增收、促进城市化进程等方面发挥了重要作用。可以肯定，高效农业仍然具有较大的发展空间，这是各地竞相鼓励发展高效农业的基础。但是，高效农业是现代农业的一个组成部分，其发展的未来趋向及其功能都要在现代农业体系中加以认识。

### 1. 高效农业不能完全替代现代农业

我们能否进行以下设想：按照高效农业量的界定，随着技术水平的提高、社会生产组织形式的改进和社会化服务体系的建立等方面的改善，全部农业经营领域都实现了高效化，或者说现代农业和高效农业趋同。仅仅从技术角度考虑，这种状态的出现是可能的。但必须以多方面的假设为前提，如高效农业的量化标准不变、农产品市场的价格比例不变、市场需求可以无限量地吸收高效农业发展的物质成果。很显然，这些假设条件是不可能成立的，尤其不可能同时成立。这意味着不可能由高效农业取代现代农业，就收益而言，在任何一个发展阶段上都存在农业具体经营领域之间的差异。从生产者的角度思考这一问题，生产者总是趋向于那些具有较高经济收益的农业领域，这一行为的结果必然出现不同农业经营领域之间的收入差异，使现实的高效农业只能局限于某些农业领域。

从实际情况来看，虽然高效农业发展速度加快，但高效农业的总量在耕地面积中仍然只占较小比重。江苏省 2006 年新增高效农业面积 302.17 万亩，高效农业面积总量达到 1564.75 万亩，占全省耕地总面积的 21.8%（李俊超，2007）。这一宏观数据和我们对苏北的调研状况相吻合。淮安市 2006 年高效种植业面积为 87.2 万亩，占耕地总面积的 14.8%；徐州市 2006 年高效种植业面积是 324.7 万亩，占耕地总面积的 36%；宿迁市 2006 年高效种植业面积是 129.7 万亩，占种植业面积的 19.7%。这就是说，高效农业在调整农业种植结构、增加农民收入等方面具有重要功能，但是高效农业的发展不能完全解决农业问题，也不能实现对传统种植业的功能替代。从宏观上说，高效农业的面积在一定阶段内肯定会继续上升，但这一上升趋势不是无限的，其趋势可能由加速上升转变为缓慢上升，继而相对稳定。现实的需求结构在高效农业发展速率的变化中具有最终的决定作用，这一作用通过市场机制和政策调控机制实现。

某一地区可以发展高效农业，但是整个国家不能没有粮食生产；粮食生产事关国家经济安全，对于中国这样的人口大国尤其如此；现实中，粮食生产的问题最为突出，也是农业问题中最令人不安的问题。调查过程中，我们充分感觉到地方政府对发展高效农业极为重视并倍加推崇，他们津津乐道于发展高效农业对农民收入增加和农村面貌改变的积极租用。在这一背景中，应该清醒地认识到这并不意味着在国家层面上解决了农业发展问题。

2006 年召开的江苏省农村工作会议上，在强调发展高效农业的同时，明确提出在保证全省水稻 3000 万亩、确保江苏城乡居民口粮安全的基础上，加大农业结构调整力度，重点发展优质粮油业、蔬菜园艺业、规模畜牧业、特色水产业、经济林果业。这一布局恰是这一理念在实践中的体现。

### 2. 高效农业和现代农业的共性问题

高效农业是现代农业中的一个特殊板块，其技术经济特点决定了高效农业具有较高的经济和社会效能。但是其技术经济特点并没有完全挣脱现实农业中的其他因素对高效农业发展的限制，这些限制性因素难以通过高效农业的技术经济特点予以消除。

这些共性问题主要是：随着城市化进程的推进，高效农业依以存在和发展的用地正在逐渐减少，尤其是城市近郊发展起来的高效农业不断被蚕食；在既定的农业经营制度下，农业基础设施投资的外部性障碍和投资能力限制阻断了农户的投资行为，加之多年国家投资意愿的下降，使高效农业的进一步发展面临基础设施薄弱的严重困扰；分散的经营方式对农户的机会主义行为难以实施有效控制，给统一的质量控制和管理活动带来较大的难度，由此产生高效农业发展过程中的安全性隐患，从技术层面也缺乏快速、简易、准确的有害物残留的检测技术；土地资源的分散配置给科技成果的大范围推广设置了障碍；实践中出现的一些新型组织模式规模小，数量少，带动能力弱；农业生产资料价格的上涨，降低了高效农业的比较利益，不能维持和不断提高农户从事高效农业的积极性;农村体制改革产生了编制、经费等方面的现实压力,农村基层农业技术服务体系的完整性受到很大冲击,而新的农业技术支持系统尚未建立,或极不健全,这种状况不能满足高效农业对农业技术的较大需求,潜伏着高效农业持续高水平发展的隐患。

很显然,上述问题不是高效农业本身的问题,但其存在却不利于高效农业的发展。不少问题存在于农业体系之中,其中的一些问题我们将进行专门研究。

**资料:江苏阳光集团大规模投资兴办高效农业 周正荣 陆峰 苏坚**

**图5 阳光集团投资兴办的高效农业设施**

三月看“阳光”,满目阳光景。2500平方米的组培室中,数千万棵幼苗正透过玻璃瓶“打探”春的气息;4万平方米的荫棚内,处处是色彩缤纷的绿化种苗;6万亩连片种植基地上,各种新品树木正在暖阳下一个劲儿地朝上窜!6亿元的巨额投入,3年多的快速发展,企业与农民的双赢,已使这里成为全国最大的由企业投资的绿化苗木基地。

前不久,省委书记李源潮在江阴调研考察阳光农林后欣然指出:发展高效农业难在投入,阳光投资兴办高效农业的模式很好,走出了一条高投入高产出的高效农业之路。

**“毛纺大王”办农业,6亿巨资投向土地**

阳光集团是国内首屈一指的“毛纺大王”,销售已破百亿元。大企业投资办农业,阳光在2002年起先行“试水”。当年,阳光投资兴办了江苏阳光生态农林开发股份有限公司,租用了江阴市新桥镇1万亩土地建高科技生态农业园。高科技农业领域广阔,企业家特有的精明,让阳光集团领导层看到了绿化苗木这一新兴产业的诱人前景。6亿巨资在3年内的密集投入。阳光在绿化苗木产业上走出了两条路:一是与北京林科院、南京林业大学等科研单位联手,将最新科研成果产业化;二是将目光投向西部林区丰富的种质资源,通过新的繁育方法,实现特有珍稀品种的市场化。对工业熟透了的阳光集团以新的方式诠释了他们对农业投入产出的理解。在该集团的绿化基地内,少见一马平川式的种植模式,大树下种小树,小树下栽灌木,灌木下育草坪、长石蒜。立体种植,让每一寸土地都有最大产出。树木也不是移到哪里栽到哪里,树种、色彩、树与树是不是“相克”,什么地段适合栽什么都有讲究。这样,苗木生意才会越做越顺当。更瞩目的亮点在于,投入“大手笔”带来了产业发展高起点。

——2500平方米的组培中心以优良种苗的体胚发生技术、模拟太空育种技术的离子束生物工程技术为突破口,每天能诞生出2万~5万株小苗。

——种苗中心配4万平方米的荫棚、5200平方米的智能温室和2000平方米的基质车间。智能温室控温、控湿,为植物生长“定向提供”合适的生长条件。

——扦插苗和园艺中心配有8000平方米的扦插棚,一年可扦插小苗400万株。我是农村出来的,对农业有感情。现在,农业也搞成气候了!阳光集团董事长陆克平面露喜色地说。

**“种田”进车间，农民成了“上班族”**

63岁的赵胜良是江阴新桥镇振兴村人。2002年开始到阳光农林做工，一年后当上了工区长，主要是日常的田间管理，劳动强度不大，现每年基本的收入在15000元以上。除了日常的开支外，还可以照顾一下小孙子的开销。赵胜良告诉记者，当了一辈子农民，没想到种田进了车间。喷灌是自动的，温度是自动的，我们打打下手，像是进了一个现代化的工厂。

赵胜良的话，说出了在阳光农林工作的6000多名农业工人的共同感受。从种植、销售到为城市和小区提供园艺绿化工程施工服务，每个环节都产生出大量“饭碗”。到了苗木上市的旺季，当地农民排着队到公司来“抢”活干。喷灌、打药、松土、栽树……农民们按照农时上班，既有年纪大的，也有中年人。“身份”变了，计酬方法也是新的。每栽一棵树多少钱，翻一个小盆多少钱，全部“计件”。收入有盼头了，不少人为到阳光的农业车间打工，甚至托熟人说情找门路。69岁的陆国忠是新桥镇郁桥村人，原来家里有2.58亩地，2002年起全部租给阳光生态农林，每年租金1419元，超过自己种地所得1倍有余。当年，65岁的陆国忠进厂了，平均每月700多元的收入。他说：年纪大了，在这里拔拔草，除除虫，既解了闷儿，又有不错的收入，老两口一年的吃用开销不但不用向儿女伸手，还略有盈余呢！

作为现代农业企业，阳光农林让分散经营的农民按产业化方式聚合在了一起，当上了新型农业工人。阳光生态园采取“基地+农户”的模式，平均每人每年增加收入8000元，并且为纯农户、老年农民提供了致富渠道，而农民成为农业工人后，素质也相应得到了提高。在工资性收入外，农民的土地租给公司，每年还有550元的固定租金。

除了优先聘用租用土地的农民，阳光农林还请来了全国各地的林木管理人员100多人，其中专家教授和大学生有50多人，他们的新成果在这里推向了市场。

**高投入赢得高回报，高效产业洒满阳光**

高投入—高产出—高效益，这是阳光农林选择的发展路径，也是新的高效农业活力所在。阳光生态园负责人给我们举了几个例子：绿化苗木“红叶石楠”，当年的小苗只有3元钱，培植成本3毛钱，经过两年生长后的大苗即可卖到800元，长到第三年如做成造型球状，利润更可观。花卉中的石蒜，提取的加兰他敏用于治疗老年痴呆症，经过美国FDA认证后全部出口；石蒜碱是天然农药;石蒜提取的多糖,也可用于生物制药。目前,基地石蒜种植已达4万亩,每公斤提取物价值24万元,由此可实现销售2.5亿元。即使是"废料"石蒜叶,也可以与毛纺厂的羊毛下脚料一起,制成肥料反施农田。与科研院所的合作,使阳光农林站在了苗木新品培育的前沿,为企业赢得了超过毛纺主业的可观利润。目前,阳光生态园已成功研发出"树状月季"等新、特、优品种苗木500多万株,成为全国最大的树状月季基地,其中"树月季砧木引进与推广"项目已经获得国家林业局重点科技成果认定,捧回了全国首届绿博会金奖。

经国家林业局批准,阳光生态园还建成了"华东地区兰科植物种质资源保护基地"。至今年年初,共引进兰花5万多盆,选育出品种10余个。2008年,公司准备再投资2亿元建造3万平方米的热带植物园和农业观光园,真正集产业化生产、高科技示范、农业观光旅游于一体,实现销售2.5亿元。

为城市添绿造园的市场无可限量。阳光集团负责人透露说,公司除在江阴设有6万亩基地外,还抢先一步,利用江西地区丰富的山地和林木资源,在九江等地开辟了超过百万亩的荒山作为种植基地。他们还有个目标,就是以企业为依托,办一所"阳光农林生态科技大学",实现前方研发,后方产业化。

现代高效农业的前景,一路洒满阳光。

(资料来源:江苏农村经济.2006(5)

# 第四章
# 发展现代农业中的土地制度

土地制度是发展现代农业必须面对的又一个重要问题，因为土地是现代农业赖以存在的基础性资源。从实践层面来看，土地的稀缺性将在中国经济社会发展进程中长期存在，任何低效和无效的土地利用状态都将面临巨大的变革压力。改革初期土地制度的变革对中国的经济和社会进程产生了巨大的推动作用，农村生产力进一步发展又对既定制度提出了新的制度需求。[①] 面对这一现实，人们提出了改革土地制度的多种方案，出现了改革现行土地制度的不少实践性探索。问题的关键越来越集中于：通过何种路径才能为农村生产力的进一步成长提供新的空间，并在这一进程中同时收获经济发展和社会稳定。

① 夏永祥和殷杰(2005)认为，1978 年的土地承包制度根本不是中国历史上的一次革命性创新，不过是 1956 年初级社以前农地制度的某种复归，是中国几千年来农地制度的常态。他们认为，单纯的产权框架并不足以完整地说明中国农业发展在 1978 年前后实现的飞跃，现代农业要素(水利、良种、化肥等)的投入对中国农业 1978 年的飞跃贡献是不可忽视的。据此提出的对策建议是加大农业基础设施建设和农业科技创新方面的投资力度。这种否定 1978 年前后农业经营制度调整在农业发展中的历史性贡献的结论是不能接受的，凡是经历过两个不同阶段的人都会在前后的比较中得出不容置疑的结论。至于农业投入对农业发展的贡献只是农业经营制度调整的衍生物，在新的制度中形成了农民对未来利益的良好预期，从而对农业投入形成现实的激励。如果其观点成立，就不能解释历届政府众多的政策性选择，同时也会对未来的农业经营制度变革方向形成颠覆性影响。我国"三农"问题的出现和加剧，是我国经济和社会进程发展动态累积的结果，而不能用这一现实作为否定农业经营制度变革的理由。任何一种制度的发展效能都需要借助于制度调整加以扩展。除此之外还应该看到，中国农业经营主体的具体结构已经发生了变化，中国第一次农业普查资料显示：1996 年，全国农村总住户数为 21382.8 万户，87377.2 万人，其中纯农户数 12671.9 万户，农业兼业户 3901.2 万户，非农兼业户 2735.8 万户，非农业户 2073.9 万户。我们还没有找到最新的资料，但是可以推测，这一结构已经出现了很大的变化，变化的基本方向是纯农户数不断减少、兼业户大量增加，而与此同时出现了一定数量的代表新兴生产力发展方向的专业农户。这一变化可以为实施土地制度的变革提供支持。

## 一、现行农业土地制度观察

鉴于农业发展和土地之间的天然联系，与土地相关的制度安排在农业生产力的成长中是一个关键性变量，这种联系可以通过我国改革开放以来的农业发展实践加以验证：通过制度变革建立了与农业生产力的成长相适应的制度体系，农业生产力获得实质性发展；既定制度安排的生产力潜能得到基本释放之后，制度的刚性约束使既定制度难以提供进一步成长的动力。在实践中，这两种状况都是一种现实存在，否定前者和不承认后者都是有害的。

### 1. 现行土地制度的基本特征

作为一项制度一定存在制度本体、制度本体与相关制度体系之间的关联性特征，由此决定现行土地制度的特征具有多样性，我们只能在这种多样性中进行选择以描述其基本特征。

现行的土地制度相对于变革之前的土地制度而言，其基本特征是由集体统一经营变为农户分散经营。其实质是经营权从所有权中分离出来，农户获得了在经营环节上的经营自主权，你可以确定干什么、怎么干、什么时间干、资源投入等经营性问题。应该看到，这一变革在促进农业发展和农村生产力提高方面所具有的积极作用。但是，这一变革没有触及所有权问题，是在不触动所有权基础上进行的一次产权结构调整，由此建立起来的产权结构相对于所有权和经营权合一的产权结构具有比较效率。在当时的社会背景下，触动所有权的土地制度改革根本是不可能的。

从分配视角观察，现行土地制度的基本特征被概括为“交够国家的，留够集体的，剩下的全是自己的”。这一特征揭示了农业发展和农村生产力成长的动力机制，可以对农业发展和农村生产力成长作出解释，同时也可以对农业发展停滞和农村生产力成长缓慢作出解释。在这一分配架构中，农户经营土地的收益同时取决于分配结构和农业收益总量，在收益总量一定的条件下分配结构具有决定性意义,这一点曾经在农村发展中产生了较为严重的社会矛盾;在分配结构一定的条件下农业收益总量决定了农户的实际收益。当农业税被取消、各种不合理的集体提留被严格控制之后,农户的收益越来越接近于农业收益水平。

从动态视角观察,现行土地制度的基本特征表现为农户在产权结构中的地位呈现出不断弱化的趋势。在小规模的经营状态中,农户抵御自然灾害的能力极其弱小;农业的市场化正在使农户不时面临市场风险的煎熬;重新分配土地的现实冲动使既有的土地经营权的利益实现受到威胁;工业化和城市化过程以及土地监管中的漏洞使农户可以利用的土地越来越少;土地征用过程中难以保障农户的经济利益。这些方面的汇合构成观察我国农业和农民问题的基本面。

第一个特征可以概括为"分散经营",分散经营具有的发展效能应该充分肯定,分散经营具有的发展潜力尽可以继续挖掘,而分散经营所产生的发展障碍一定要设法排除;第二个特征可以概括为"动力机制",由此提供了一个视角,发展或者是不发展,发展得快或者是发展得慢都可以由此得到解释,农业发展和农村生产力水平提高需要寻找一种内生、稳定、持续的动力支撑;第三个特征可以概括为"产权演化",现实的经济过程是增强还是弱化农户在产权结构中的地位可以作为观察农业发展和农村生产力成长的一个标杆,这事实上提供了进一步发展农村生产力的一种思路。

### 2. 现行土地制度的效能潜力

土地制度的变革和现行土地制度的发展效能之间存在密切关系,如果现有土地制度的效能潜力还具有较大的发展空间这一制度安排就应该得到坚持,否则的话就应该实施制度的变革。由于农业具有广泛的含义,我们不应该使用某一农业领域说明现行土地制度的发展效能,而只能选择农业的基本面说明这一问题。因此,不管我们的结论是什么——现行的土地制度具有还是不具有进一步的发展效能——这一结论并不是适合于所有农业领域。

农业经营方式和发展效能。分散经营事实上为农民提供了就业选择的自由,农地经营权制度改革之后出现并持续多年的"民工潮"就是这一权利的表现。在改革的初期阶段,农民从改革中获得了实实在在的利益,土地经营使农民摆脱了困扰他们千百年的基本的生活之虞。但是,发展的需求和传统农业相对收益水平的变化并没有使这一感知维持多少时间。2006 年年初,邳州市官湖镇汤副书记说:各村之间的发展不平衡,以农业为主的村收入水平低,其收益主要依赖外出打工。丰县凤城镇的史大爷也开门见山地说只能靠地吃饭,但不能靠地过日子。面对传统农业的相对收益状况,出现了以下几种替代方式:农户中的弱劳动力在家务农,强壮劳动力外出打工;在当地打工,利用业余时间打理农田,因为传统农业不需要很多时间,同时还能够从事家庭养殖业;土地被征用,获得固定的经济补偿,同时农民成为打工者;发展高效农业。在这些经营形式中,存在多种替代性选择,由此形成农民就业的"游移空间"。值得关注的一点是,在经济利益和现实生活压力的驱使之下传统种植业已经没有发展空间,相当多的农户已经将农业当成了副业,不论其他替代形式的效能如何,这种状况都蕴涵着对农业发展的根本性威胁。①

农业基础设施和发展效能。计划经济时期形成的基础设施的积累受到很大破坏,我在回故乡的路上,看到一种令人十分忧虑的现象,原本通畅的路边大沟居然被阻隔成一段一段,原因是农户将沟垫上形成一条通向自己土地的一条道路,雨水只能躺在两条路之间的沟内,已经变颜色、发臭。2005 年降雨量较大,田间的水排不出造成旱灾,苹果树被淹死不少。与此对应的是田间的沟渠也被破坏殆尽,原本存在的机井也被废弃,遇旱灾也是一筹莫展,只能靠天吃饭。

农业技术支持体系和发展效能。有大量有关的报道,鉴于财力的限制,县及县以下的农业技术部门几乎荡然无存,即使是还存在的也已经不是为农业服务,而是利用其地位优势成了经营型的产业,其目的是养活现有人员,或者是为行政部门弥补资金短缺。加之现实环境的恶劣,待遇差,留不住人,有路子有能力的走人,否则,就是留住人留不住心。在这一环境中,农民依靠经验的积累,自然而然地衍生出数量众多的农业技术的能手,但是其技术的限制较大,为自己使用,同时慢慢地为别人所模仿并扩散。在这一格

---

① 王树春和王艳平(2006)研究了 1978 年至 2004 年我国粮食产量的阶段性状态,1978—1987 年的十年间曾出现两次负增长,其余八年均是较大幅度的增长,1988—1997 年的十年间出现了四次负增长,其余六年的增幅与前十年相比也明显下降,1998—2004 年七年间出现了四次负增长,负增长年限的比例已经超过 50%。粮食产量的下降趋势十分明显。

局中，支撑农业进一步发展的新技术很难进入。

产中环节的技术进步和发展效能。在农业的现有经营方式中，由于机械的使用，大大减轻了农业的劳动强度，缩短了劳动时间，如，运送肥料和成熟的庄稼、插秧、收割等环节大部分使用了农业机械，但是这些环节是产前和产后，而不在产中，而单位面积产量的提高和劳动生产率的提高则是在产中这一环节，在这一环节上，还是沿用传统的耕作方式。因此，我认为，农业的这一现实决定农业还没有发生实质性变化，这也是农民苦、农业落后、农村贫穷的根源所在。这里有一个假定，大规模经营可以比分散经营具有较高的劳动生产率，会降低成本，会提高单位面积产量。这一假定应该是成立的，不然的话，美国的农业如何用 1.8% 的劳动力生产出够吃、够加工、够出口还有大量剩余的农产品。

因此，现有的土地制度已经不可能使农业有实质性改变，其制度的效能已经没有扩展空间。不改变这一现实就意味着土地资源被锁定在低效状态，农业不兴，农民不富，农村面貌难以改变。①

### 3. 现行农业土地制度的制度锁定

我们在满怀喜悦收获土地制度变革果实的同时，总是期望由此产生的成果更加丰盈。但是，既定制度框架的生产力总是存在一个边界，况且既定制度的生产力效能在现实的制度体系中总是面临或大或小的限制，使之难以充分施展。我们总是企盼出现奇迹，在现有的制度安排中能够成长出突破发展约束的力量，但"三农"问题依然年复一年地困扰着我们。

（1）土地流转没有制度保证，缺乏对土地生产力的稳定预期。现有的经营方式对农业发展的局限性早已为人们所认识，在农业发展、农村稳定的喜庆之中，农业发展外部环境的变化不时对这种经营方式提出现实的挑战：农产品供应充足，市场价格下降，现有经营方式的经济收益的空间越来越小；随着工业化进程的推进，出现劳动力的转移，大量的农业劳动力转向非农产

① 杨德才通过对农村剩余劳动力转移的分析对现行农业经营制度的效率进行了评价，认为：家庭联产承包责任制，已成为效率几乎耗尽的制度。从对农村剩余劳动力转移的阶段性分析中可以看到，家庭联产承包责任制——这项农村基本经济制度，一直没有多大的变化。实际上，该项制度对农业生产的促进作用基本上已在第一阶段发挥殆尽，在今天，它也许对稳定农村社会有着巨大的作用，但是农村的社会实践已经显示出对新的制度的需求。见杨德才．制度变迁与我国农村剩余劳动力转移——改革以来我国农村剩余劳动力阶段性流动的实证研究[J]．当代经济研究，2006(12)．

业，或在本地，或在外地，这一现象使从事农业劳动的劳动力结构出现不利于农业持续发展的趋势；在农民负担问题没有制度性保障的条件下，这一现实又形成了对从事农业生产利益空间的强大挤压，在不少地方土地出现了抛荒现象。

面对这一现实，政府提出了土地流转的对策。所谓土地流转，完全是外出农民和务农农民之间的一种个人契约，没有制度保证，充其量是找一个中间人，谈妥我让你耕种土地的条件，如果我在城市不能立足，或劳动强度太大，或收入不满意，或找不到愿意干的工作，外出之人随时可能会从城市回农村务农，在农村的现有条件下几乎不存在不给他土地的可能。从另外一极考虑，如果今年的收成不好，即使是原先已经答应的一些耕种土地的承诺我也不能兑现，我不能拿我土地上的收益给你。

耕种别人土地的农民，对耕种别人土地的收益没有一个稳定的预期，不要说在这块土地上进行长期性投资，甚至在收获之时，他会对这一块土地上的收成单独计量，并且找一个中间人来对此作出见证，以尽可能地少付租金。此过程中的一切协议都是软约束性质。①

这就是土地流转制度的现实。我认为，所谓土地流转制度，事实上只是一个自我的心灵安慰，不能解决土地小规模经营所产生的发展限制，其功能只能是望梅止渴。

(2)赋予土地过多的社会稳定功能。土地社会稳定功能的机制是：农民进城有活干最好，没活干或者是不愿干也没有关系，再回来种地，温饱不成问题，不会造成社会动乱。这对社会是一种稳定机制，对外出农民也是一颗

① 十七届三中全会通过的《决定》涉及土地承包经营权的流转问题，指出："完善土地承包经营权权能，依法保障农民对承包土地的占有、使用、收益等权利。加强土地承包经营权流转管理和服务，建立健全土地承包经营权流转市场，按照依法自愿有偿原则，允许农民以转包、出租、互换、转让、股份合作等形式流转土地承包经营权，发展多种形式的适度规模经营。有条件的地方可以发展专业大户、家庭农场、农民专业合作社等规模经营主体。土地承包经营权流转，不得改变土地集体所有性质，不得改变土地用途，不得损害农民土地承包权益。"我认为，土地经营权的流转在实践中更多地表现为一个文化问题，农民之间相互之间的契约关系很难被有效地纳入现代市场规则和法制体系之中，内生出来并长期在农村起调节作用的传统和习俗较之市场规则和法制更加有效，农民宁愿接受自己的规则。当然，这一现实并不是否定将土地流转纳入市场和法制轨道，而是说，通过什么路径才能使农民突破对原有社会运行规则的依赖，而主动地按现代市场规则和法制规则行事。我在一个县进行调研时，曾经问过一个问题——土地流转的数量大约有多少，一位农工部的干部稍稍犹豫后回答道：800亩，而这个县的实际耕地面积是1146600亩。

定心丸，这种作用确实存在。现在的问题是，我们能不能将土地的社会稳定功能延续下去？一些经济学家和社会学家们用了多少个“如果……就会……”来描述土地对农民的重要性，我认为这似乎有危言耸听之嫌。好像一旦触动现行的土地制度，中国社会稳定的基础就会塌陷。这一观点是“突变”思维逻辑的直接产物，事实上，农业经营制度的变革不是来自于外力的强加，而是表现为一个自我选择过程，其实现形式是渐变而不是突变。

现行农业经营制度是一种稳定机制，同时也是一种惰性机制。进城的农民稍有不如意就回来，遇到困难就回来。因此，土地作为社会的稳定器功能在使农民获得最低限度的生活“保障”的同时，也阻断了农民克服困难的决心，阻断了农民致富的通道，阻断了中国的现代化进程。

农民对土地的依赖关系世代相传，这是事实。但是中国的经济和社会进程已经进入了现代化时期，社会的进步给了农民极大的自由选择空间。中国不能离开农业，但是这决不意味着当今的每一个农民都不能离开农业。事实上，中国农村的社会稳定只能来自于一部分农民离开土地，来自于农业的根本性变革。

土地是一种经济资源。如果我们认可这一事实，这就是说，土地这一重要的经济资源正处在低效状态，经济资源就应该按照其本质规定性充分发挥其经济效能。土地的生存保障功能替代了土地的生产要素功能，使土地生产力在较低层次上徘徊。事实上，不将土地的生产要素功能放在首位，农业生产力就不可能得到提升，农业发展问题、农民增收问题和农村面貌改变问题就难以发生实质性改变。土地作为一种生产要素，与农民的社会保障是两个问题，不能也不应该将农民的社会保障功能附加在土地上。在现实的环境下，不仅必要而且有条件将土地的保障功能逐渐剥离出来，凸显土地的生产要素功能。

将土地作为一种社会稳定手段，其稳定功能又发挥得如何？改革和发展实践已经反复向我们证明，经济发展始终是社会进步的基础，没有农业生产力水平的提高，农民就始终不能摆脱贫穷，农村就始终落后。

我们树立了很多假想敌，不能动，也不敢动。就是十年之前，谁敢想象国有企业的现在状态是中国社会所能承受的吗？正因为如此，前一届政府还在致力于国有企业三年脱困的政府目标。我们需要面对的现实是：在个体和社会的共同努力下,完成了城市经济社会进程的平稳过渡。问题的关键在于:体制的进步为我们建造了很多解决现实经济和社会困难的方式,让我们相信“经济人”及其理性,相信市场经济进程所产生的理念变化,相信人的创造性潜能。事实证明,个体理性具有较高的可靠性程度。

(3)土地经营权制度的效能限制。在现实的制度约束系统中,我们只能在扩充经营权权能上寻求思路。但是依靠扩充经营权权能所产生的发展效能是有限的,这取决于经营权的经济价值,如果经营权的经济价值足够大,就可以通过强化经营权产生较强和持续性的激励作用,反之,强化经营权就只能收到一时之效。

首先,在现有的经营方式下,土地的生产力潜力已经得到尽可能的释放,剩余的潜力已经不大。其次,经营权的变现能力十分有限。经营权只是众多土地权能中的一部分,其价值取决于土地经营权本身所具有的经济价值,就是说,我租种你的土地,收获1000,我付出800,不可能给你200。由此决定,这种收益对双方都无关紧要,再加上此过程中的很多不确定性和不规范性,既然无关紧要,还要增添很多的烦心事,也就听之任之,我没有出让的积极性,你也没有租种的积极性。再次,经营权的效能一定是有限的。按照常识,所有权是原发的,经营权是衍生的,不可能有脱离所有权的经营权,也不可能有听任经营权的所有权。这就是说,在既定的土地所有权制度下,强调经营权会使现有的情况获得一定程度的改观,但是不能从根本上解决问题。土地经营权的重要性依赖于土地的生产力,而现有经营制度和农业发展的现实水平将土地生产力限定在很低的水平之上。这是思考土地经营权问题的基本依据。

(4)社会的开放和发展强化了现有土地制度的停滞状态。工业化进程和社会性流动,产生了增加收入的替代方法,土地收益变得无关紧要。问题在于,从个体角度考虑这是一种满意选择。免除农业税,使原本交由别人耕种的土地又回流回来,不误其他事,多少会有所收益,多一点就比没有强。以上两者的结合,使不少土地的经营被锁定在既不丢弃,也不好好耕种的无效状态之中,并且是沉淀在这里无计可施。急在这里,难也在这里。

## 二、农业土地制度的变革方案比较

人们依据其理论思维和对现实问题的感悟，提出了各具特征的农地制度的改革方案，对这些方案的回顾和研究有助于我们从不同角度把握问题的实质，寻求解决问题的思路。

方案一：在现有制度框架中推进土地使用权的流转。耿玉春、邸焕双和房树贤认为：世界发达国家和我国发达地区农业经济发展的实践证明，没有土地的适度集中经营，农业规模化经营就发展不起来，没有农业的规模化经营，农业产业化也发展不起来；现实中推进土地集中经营的效果很不理想，解决这个问题的思路是农地制度的创新应既不违背现行的土地制度，又能实现农村土地经营规模的扩大，今后的重点是推进土地使用权的流转；推进土地使用权的流转，必须借助政府"有形的手"弥补市场的不足，其具体思路是通过发展农村经济和逐步建立农村社会保障制度来弱化乃至剥离附加在土地上的社会保障功能，还原土地的生产要素功能，实现土地资源的优化配置。①

这一方案设计循序渐进，其内在联系表现为通过土地使用权的流转实现农业的规模化经营和农业产业化，在此过程中建立农村社会保障制度，逐渐剥离土地的社会保障功能，使土地成为一种生产要素，进而实现土地流转。这一方案建立在既定制度的基础之上，实施过程中不存在任何制度障碍。其问题在于，该方案不涉及产权结构的调整，只是指出了土地制度变革的基本方向是土地的流转，至于推进土地有效流转的具体机制基本没有涉及。我们认为，土地使用权流转所实现的发展效能极其有限，该结论在前文中已有论述。尤其是在农村现实的制度环境中很难实现土地流转相关制度的刚性约束，这大概就是作者没有提及与土地流转相关机制的原因所在。

方案二：农村土地承包权独立化、长期化、商品化。这一方案是由党国英提出的。独立化是指所有耕地按照一定标准承包给农户，设立专门的司法系统保护农民的土地承包权；长期化是指耕地承包期延长至 100 年左右，

① 耿玉春，邸焕双，房树贤．发展农业规模经营的基本思路[J]．山西师大学报（社会科学版），2006(3)．

承包权可以继承,发出土地承包到农户永远不再变化的信号;商品化是指承包权可以买卖,并实行单一规则,依据不同地区的实际确定每个农户拥有土地使用面积的最高限额。他将这一方案的优点概括为:强化了承包权,使承包权在经济意义上更接近农地的个人所有权,从而创造了农地制度长期创新的稳定的历史基础;避免了农地私有化产生的弊端,化解了守旧势力的意识形态资源,有利于降低制度创新的操作成本;土地占有最高限额在不同地区的差异,将刺激农业投资者到落后地区从事大规模农业经营,有利于地区经济的平衡发展;简化了中央政府和地方政府的关系,减少了中央政府农地制度变迁进行控制的成本,因而其成本较低、收益较高。①

这一方案在现有土地制度基础之上通过强化经营权更好地实现经营权权能。显然,作者对现实生活中农民土地经营权权能不能得到有效保障有深刻的洞察,所提出的“三化”思路具有极强的针对性。这一方案事实上是对土地产权结构的调整,虽然作者主张对土地承包权实施独立化、长期化、商品化,这一指向在现实中可以避开意识形态障碍,但其指向事实上是所有权。试想,一种权属具有法律保障、可以使用100年、可以买卖、可以继承,虽然在名义上不是你的,但在事实上就是你的,这一结论似乎不应该存在争议。如果说,这一方案没有跳出既定制度框架的话,这一方案已经发生了对农户极其有利的产权结构的调整。

方案三:将农民退出集体经济的权力归还农民。林毅夫先生曾经提出了一个“退出权”方案,认为农民退出集体经济的权利被剥夺是农村集体经济效率损失的原因,设计一个“退出权”便自然成为改革集体经济的手段。其具体主张是:把农民的宅基地和耕地归还农户所有,其余农业用地归集体所有。显然,这一主张是在农村建构一个新的所有制结构,虽然林毅夫先生否认这一改革的所有权改革的性质。党国英(2005)肯定这一改革设想的发展效能,认为这一改革必定大大提高农业生产效率,并促进中国农村进步,但会加强改革反对派的符号资源优势,可能阻碍中国改革。

方案四:实行土地国有化。何炼成和何林提出了农地国有化的构想,与此平行的是产权农户化或家庭化。所谓农地所有权国有化,就是将原来农

---

① 党国英. 当前中国农村土地制度改革的现状与问题[J]. 华中师范大学学报(人文社会科学版),2005(4).

村的土地集体所有制，改变成为国家所有制；所谓农地产权家庭化，就是将现行的土地农户承包责任制，转变为农业家庭占有产权制，即农户可以占有、使用和支配土地的产权，可以出让、出租、出卖、继承这些土地产权。①

党国英(2005)对土地国有化主张进行了评价：这一主张的实质是强化独立于土地所有权的土地使用权，使土地所有权纯粹形式化，并把这种形式化的所有权收归国有，建立土地国有制度；这个主张充分认识到了土地“集体产权”性质的弊端，但忽视了土地国家所有制的其他后果；实行土地国有化以后，设想通过强化土地的使用权来使国家所有权“名义化”，借此创造产权效率，似乎很有道理，但是集体产权也可以名义化，且制度操作成本可能更低，农民更容易接受；国家所有权需要在农村确定代理人，可能发生很高的代理成本，从而造成效率损失；从历史上看，土地国有制度就是一种很不稳定的制度。

我认为，其对国有化主张的评价是矛盾的，既然认识到这一主张是针对“集体产权”性质的弊端，使土地所有权“纯粹形式化”，而同时又以真实的所有权来论证土地国有制度的不可行性。依据我的理解，土地国有制的精妙之处就是在于土地国家所有制度中的行使所有权的成本高于土地集体所有制，这种成本足以阻碍所有权对使用权的控制或干预，从而使产权结构发生实质性变化，为使用权留下充裕空间。正是由于这种行使所有权的成本差异采取土地的国家所有形式较之于采取土地的集体所有制形式能取得较好的“形式化”所有权效果。

本人对这一种改革构想有所感悟。表面看来，主张土地的国有化不合时宜，这恰恰同土地私有化的主张背道而驰。事实上，当我们将土地国有化和产权农户化联系起来的时候立刻就能发现其中的玄机。依据本人的理解，这一构想具有深刻的操作内涵：这一构想的实践基础是现实经济生活中农民土地产权极度残缺，基层干部利用土地所有权任意侵蚀农民的利益，使农业承包经营的发展效能大打折扣。如果由集体所有制变革为国家所有制，就在制度层面否定了各类剥夺农民经济利益行为的合法性，以此扩张土地经营制度的发展潜力。国有化只是其表象，这一构想的实质是通过进一步虚化所有权保障农民的土地利益，可谓用心良苦。

---

① 何炼成，何林．再论我国现阶段的农地制度[J]．当代经济科学，2005(1)．

方案五:实行土地永佃制。卢小广等提出了土地永佃制构想,其框架是:以纯粹的土地国家所有体制取代现行的农村土地国家和集体混合所有体制,从根源上彻底杜绝由于农村土地集体所有体制导致的土地承包权频繁变动,以及由此而导致的对农业投资的消极影响;国家将农村土地以永久租赁的方式,一次性分配给农户用于农业生产,以后不再进行调整和分割,使农户拥有完整的土地使用权所决定的土地收益权和土地处置权,为农业发展资源的持续投入提供动力;建立以土地银行为核心的农业金融架构,以此为农业经营者提供全面的金融服务,为农业投资创造良好的资金筹集和投资获利的平台;创建农业生产要素市场,消除抑制和阻碍农业用地流通和交易的非市场力量,消除非市场力量对于农业用地交易的成本耗散。①

这一方案中的土地国家所有制设想和何炼成教授方案中的设想相同,并具有相同的思想来源。永佃制与党国英的方案没有实质性差异,只是提法不同而已,意在通过扩大经营权的利益空间使产权结构发生对农户有利的调整。

方案六:股田制。股田制是20世纪末期在经济较发达地区首先出现的一种土地经营模式。杨德才教授对股田制所下的定义是:农户将承包土地的使用权作为一种物权,以其作为资本入股参与联合创办的农场、林场、养殖场、果园、苗圃、花木等农业企业。② 他认为,无论是从理论上讲,还是从实践上看,股田制能够较好地解决当前我国农村家庭承包经营责任制面临的突出问题,是最佳的土地流转模式,应该作为我国目前最主要的农地流转形式。

对于股田制,依然存在不同认知。巫继学对股田制从本质上加以彻底否定,其目的是"在农业中实现资本土地私有制",是一个"赤裸裸地为实施资本土地私有制的浪漫方案"。③ 党国英基于对股田制运行中的风险性认知,认为建设用地不适于实施股田制,而"耕地这样搞更是荒唐",其主张不论是建设用地还是农业用地都应采取出租土地的方式。④ 何炼成教授认为,

---

① 卢小广,宋敏. 投资视角:我国农业生产制度创新研究[J]. 现代财经,2006(12).

② 杨德才. 论我国农村土地流转模式及其选择[J]. 当代经济研究,2005(12).

③ 巫继学. 国土公有制下的土地混合所有制新论[J]. 中国经济问题,2006(1).

④ 党国英. 耕地保护新思路[J]. 中国市场,2007(9).

如果“股田制”是将土地的农户家庭产权入股的话，可能是一种新的集体所有制形式。[①] 另外，股田制在实践层面也面临内部治理、农村社会保障、就业、经济发展水平、制度相容性、资本进入、收入预期、风险控制和投入机制等问题需要解决。

不难看出，股田制是农地承包权基础之上实施的一种制度创新，不触及土地所有权本身的调整，其直接指向是通过土地经营规模的扩大挖掘土地生产力。

以上改革方案就其指向而言可以概括为两种方向：土地所有权和土地经营权。其中有一种十分有趣的现象，指向土地所有权的两种改革方案事实上是为经营权服务的，而指向土地经营权的四种改革方案事实上是通过弱化所有权加以实现的。我将所有权和经营权的内在统一称之为“土地产权结构”。强调所有权，就将所有权抬得高高的，放得远远的，让它鞭长莫及，给经营权留下尽可能大的行动和利益空间；强调经营权，就将经营权在时间上扩展至100年甚至无限，在经营权权能上使之无所不能，将经营权打造得实实在在。按照这一思路，似乎可以撇开所有权问题来寻求解决土地制度变革。[②]

## 三、农业土地制度变革的基本路径

从现实来看，农业土地制度存在的问题主要表现在以下几个方面：农业

① 何炼成，何林．三论我国农地制度改革——兼及解决我国“三农”问题的关键[J]．陕西师范大学学报（哲学社会科学版），2006(5).

② 现代公司的出现似乎可以为这一思路提供依据。完整意义上的两权分离是在公司制企业中存在的，此时的所有权分割为终极所有权和法人财产权。其中的终极所有权远离经营权，而法人财产权则直接控制经营权。我们可以用终极所有权和法人财产权的变化类比所有权和经营权的变化。用历史的观点来看，终极所有权呈不断淡化的趋势，而法人财产权则呈强化趋势；终极所有权的实质在于出资，而不讲究谁出资，并且其转移也是通过股票市场自由进行，其拥有和转移均不会对公司资产运营发生影响；终极所有权是对股东既有财富的事实认定，法人财产权的运行情况则决定股东的未来利益；终极所有权是对股东个人利益的规定，法人财产权的运行则决定社会利益的增长。正因为如此，为了促进社会利益和未来利益的增长社会更加重视规范法人财产权的运行，强化法人财产权权能，使之处在一种完整的、持续的、稳定的状态。

耕地锐减①、土地资源的利用效率存在较大提高空间②、基层干部以种种理由调整土地使用权的冲动难以得到有效遏制③、土地征用过程中农民的利益不能得到有效保障④。实际上,土地问题的累积已经到了必须寻找出路加以尽快解决的程度,不论是农民的感知,还是理性的分析,还是农业发展和农民提高生活水平的现实需求,农业土地制度变革都具有现实的紧迫性。

## 1. 实现农业土地制度变革的关键问题

第一,农业剩余劳动力向非农产业的转移是必要条件。我们认为,农业土地制度变革和农民对土地的生存依赖程度高度相关,土地收益在农民总收入中的比重下降是农民脱离土地的经济机制。⑤ 我们一方面要重视农民的土地情结,使农民安心种地,乐于投入,尽可能地挖掘土地生产力;另一方面又要创造社会条件使农民成为非农业劳动者,变成市民,以较高的工资性

① 在我国的现实国情下,我们不能依赖国际市场解决吃饭问题,必须维持满足13亿人口基本生存需要的农业耕地面积。中国的人均可耕地十分有限,1996年全国土地普查的实测耕地为19.5亿亩,到2003年,下降为18.5亿亩,短短七年间,随着工业化、城镇化速度的加快,减少了一亿亩耕地,年均锐减1400多万亩。而1999年国家土地总体规划中规定,到2010年全国耕地面积总量应保持19.2亿亩的底线。现在中央政府实施严格的土地管理措施,将18亿亩作为我国农业耕地面积总量的控制红线。不仅如此,非农建设用地集中在本来比较富庶的城郊和经济发达地区的灌溉高产田。与此相关,占用农业用地必然产生失地农民,这种被动城市化的结果使农民转化为市民,由于就业机会的缺乏,这部分人的收入水平极不稳定,由此产生大量的社会问题。见张根生. 关于土地经营的调查[J]. 炎黄春秋,2005(6).

② 人们可能用农业生产的成果来说明现阶段的土地生产力,或者是农民收入水平的提高,或者是粮食产量的增加,等等。但是应该看到,现实中同样大量存在土地资源未被充分利用的现象。这一现象可以用农业劳动力大量转向非农产业得到说明,也可以用土地在解决农民生存和发展中的作用得到说明,重要则被重视,不重要则被忽视。历史上曾经出现过的土地抛荒是一个实例,取消农业税后这种情况有所缓解,但是土地较低的收益并没有将农民的关注点移向土地。

③ 2002年通过的《中华人民共和国农村土地承包法》以法律形式规定:耕地承包期限为30年,并且在承包期内发包方不得收回承包地和调整承包地。但在现实中,土地承包权的调整司空见惯,因为国家可以在法律上作出规定,但国家难以把握现实经济和社会进程中的"变数",调整土地使用权的实际权力掌握在基层。人们也提出了支持土地使用权调整的诸多理由。

④ 由于失地农民在土地被征用过程中一直处于无权地位,连标准很低的补偿金也很难拿到。据多部门多渠道调查,土地补偿金分配结果一般是各级政府拿走50%到60%,村组拿走30%到45%,农民只得到5%到10%。见张根生. 关于土地经营的调查[J]. 炎黄春秋,2005(6).

⑤ 经济发展越是落后,农民对土地的依赖性就越强,在农民不能离开土地保证基本生存条件的情况下,土地制度就难以发生实质性变革,而在现有的土地制度之下农业问题和农民问题只能处于一筹莫展的境地。在"三农"的框架内很难找到一种跳出这一循环的现实路径。现实中就事论事的思维方式表面上看是对"三农"问题的重视,但实际上很难收到预期的效果。城乡一体化发展战略对解决这一问题具有根本性意义。这也是本书的一个重要观点。

收入替代农业经营性收入,使之最终进入非农产业,离开农村。这里引申出一个重要观点:新农村建设并不是将现有的农民固定在现有的土地上,而是要加速分化,使务农者安心务农、务工者安心务工、经商者安心经商,在分化中整合,形成各得其所的劳动力资源配置结构。而要做到这一点,必然要求非农产业的发展,以给农民提供稳定的收入预期,才会淡化农民的土地情结。工业化进程自然是实现这一机制的必然选择。至于工业化当然也在农村生产力的范畴之内,与此相关的问题将进行专门研究。在中国特定的经济和社会背景中,农业劳动力转移的量特别巨大,依据张晓山(2007)提供的资料,2006 年中国非农产业占国内生产总值的比重为 88.2%,而同期的城市化率只有 43.9%(含城市流动人口),占总劳动力 40% 以上的农业劳动力提供了 11.8% 的国内生产总值。产业结构和就业结构的巨大偏差意味着农业劳动力转移将长期伴随中国的现代化进程。

第二,土地制度变革的基本指向是提高土地的生产力。土地经营规模和土地生产力之间的相互关系人们各抒己见,或许其中存在一个双方都没能跳出的陷阱——忽视结构而仅仅着眼于总体。从现有的文献来看,任何一种结论都是基于有限的观察,或是一种感知,或是特定时段,或是单个领域,或是他山之石。面对这一现状,不争论的选择最具优势,宜大则大,宜小且小,而当处在相同领域中的不同经济主体选择不同经营规模的情况下,两种不同规模之间必然产生比较,这种效应会产生一种规模导向。这种导向必然趋向于提高土地的生产力。在实际生活中,确实存在提高土地生产力的空间——相当一部分放弃耕种的土地和无力耕种的土地处在无效率状态。在这一视野下,土地流转成为提高土地生产力的一种现实选择,一些学者就此进行了相关研究。林善浪提出了土地流转中的政府作为问题,他将这一职能概括为:开展土地整理,改善农业生产条件和生态环境,为耕地集中连片、专业化规模经营和优化耕地利用结构创造条件;通过组织协调,提供流转信息和场所,扩大耕地流转的范围,协调供需双方关系,促进耕地流转顺利进行;通过规范管理,促进耕地流转的规范化,减少耕地流转纠纷;做好土地流转后经营状况监测,确保耕地不流失和农民利益不受损失。① 值得

① 林善浪. 农户土地规模经营的意愿和行为特征——基于福建省和江西省 224 个农户问卷调查的分析[J]. 福建师范大学学报(哲学社会科学版),2005(3).

注意的是土地流转并不是唯一选择。

第三,提高农业比较利益是实现农业土地制度变革的枢纽。这事实上是一个农业的产业吸引力问题,如果农业的比较利益得不到提高,即使农村劳动力大量向非农产业转移,耕地也因无利可图而无法流转,农户也就没有扩大耕地经营规模的积极性和动力。农业的"弱质性"特征使之陷入瓶颈产业境地,现实发展路径中农业对工业化的单向贡献模式加剧了农业的弱质性,如果这一现实不能扭转,市场机制就不能将先进生产力引入农业部门。①

## 2. 实现农业土地制度变革的多样化

多样化已经成为我们这个时代的基本表征,在社会基本价值观的约束之下,人们可以自主地选择其行为方式和生活方式,而对他人的"异己"选择表现出较高程度的理解。农业土地制度的变革必然是一个多样化过程。从时点上观察,这种多样性尤为明显,在经济基础较好的发达地区可能较快地、在较高程度上从分散经营的土地制度中走出来,而在经济基础较差的落后地区则可能延续较长时间的分散经营,并维持较长时间的兼业状态,以土地保平安,以务工增收益;而在地理条件迥异的不同地区之间现实的农业土地制度可能呈现出完全不同的景象,自然条件的限制可能使某些地区在一个较长的历史时期内维持现有的土地制度;即使是在同一地区农业土地制度也可能出现差异,与农业经营大户、工业资本的转入、国际资本的进入几种发展模式相适应土地制度可能迥然不同;土地经营规模上的多样性则表现得更加充分,发达国家的农业经营规模状况对我们来说是几十年甚至是上百年以后的事情,在初期阶段即使是几十亩的经营规模可能就是一种质变,关键是产生一种新的生产方式并运转起来,具有趋优动机的人们会在实践中促使之优化、长大、扩展。

农业土地制度变革的多样性特征重要的是其方法论意义。我们习惯了过去的思维方式和行为方式,惯性依然在不知不觉之中产生作用。统一固

---

① 这里存在一个两难境地:农业比较利益反映农业的产业吸引力的大小,而这一点直接决定农业经营主体和农业产业的资源流入量;如果农业比较利益确实提高了,在现有的农业土地制度之下会提高农民对土地的依恋程度,这又会固化现有的土地经营制度,对分散经营形成激励,而这一点不利于支撑农业产业发展的资源条件的形成。在这种格局中,既要提高农业比较利益,又要为改造传统农业创造资源条件,就必须借助于外力的作用以消减两者之间的矛盾,这种外力主要是国家的相关投入和工业及第三产业的较快发展。这一点同样将解决问题的思路引向社会视野。

然整齐,但只能是一幅蓝图,好看而不能实施,人们不能跳出有限理性的桎梏,不能穷尽未来的一切,不能避开成本约束。既然如此,就将时间、精力、资源等从规划世界和未来而又难收成效的"社会工程"中抽脱出来,而转向把握进程、研判趋势和引导方向上来。说不定这一转变会收到"柳暗花明"之效。今年暑期在对苏北新农村建设的再一次调研中,我们发现"村容整洁"深入推进的难度很大,基层领导同志拿着规划图不知道应从哪里着手进行规划中的村庄拆、合、建。事实上,只要方法得当,我们可以发现悄然进行中的农村居住格局的变化,只不过这一状况被试图将规划即刻变成现实的企图所掩盖了。①

我们在研读中央相关精神时注意到这样一个细节,在2006年年底召开的中央经济工作会议上中央提出了建立现代农业需要着重抓好的工作,这些工作包括:切实加大对现代农业建设的投入力度;务必高度重视并切实抓好粮食生产;加快构筑现代农业的产业体系;着力提高现代农业的设施装备水平;不断强化现代农业的科技和人才支撑;大力加强现代农业市场体系建设。② 其中没有触及土地制度问题,这是否意味着农业土地制度不存在问题,或者是土地制度问题无关紧要。我们认为,土地制度的变革是建立现代农业的一道必答题,不能回避。

既然如此,为什么中央在部署全局工作时没有提及土地制度变革问题呢?事实上,中央在工作重点中没有提及土地制度变革的原因既不是一种疏忽,也不是避讳"三十年不变"的承诺,更不是思想不解放。中国的改革从农村起步,而改革的具体形式是变革农村土地经营制度,由集体统一经营为农户分散经营,并一直致力于完善农村土地制度,用法律形式赋予农民长期而有保障的土地承包权。《农村土地承包法》明确规定,任何组织和个人不得剥夺和非法限制农民承包土地的权利。1993年党中央决定把农民的土地

① 多样性相对于单一性更具有生命力,其机制在于单一性单调乏味,没有竞争,缺少活力,而多样性则五彩斑斓,竞显所长,昂扬向上。多样性给人们提供了更多的选择机会,继而在切身的感悟中实现自我认知和灵魂的升华。多样性在现实生活中不时受到来自于行政权力的蔑视,我们没有必要通过行政手段强制农民种植某种经济作物,政府的职能是引导、劝说、示范和服务,如果这一决策是有效的,先行农民较快的收入增长会自动地产生引导作用,一部分农户的早一年进入和晚一年进入在宏观上的差异是微小的。况且,在农业市场风险显现的环境下,没有理由强迫农民将鸡蛋放在同一只篮子里面。

② 唐敏. 农业要向现代爬坡[J]. 瞭望,2007(1).

承包期由原来的15年再延长30年不变。在十届人大三次会议举行的记者招待会上,温家宝总理明确表示:农民对土地的生产经营自主权将长期保持不变,也就是永远不变。这些举措对于促进农业发展和社会稳定产生了积极的作用。我国土地经营制度的根本性变革及其后续过程的演变采取了两种截然不同的形式:20世纪80年代初期的土地制度调整是一次重大的制度变革,意在建立与农业发展水相适应的农业生产组织形式;农业土地经营制度变革之后实施的一些制度调整是在不触动基本经营制度的前提下进行的,意在稳定和完善农业经营制度,挖掘其制度潜力,使农民的土地权利得到更加完整的体现。循着这一思路,我们发现与建立现代农业相适应的土地经营制度可以在不改变现行农业经营制度内核的条件下得以实现,即中央不必利用政府强力实施进一步的土地制度变革,而是通过农民的自我选择过程形成与现代农业相适应的土地经营制度,这种土地制度并不改变我国现行土地经营制度的本质,同时其具体过程必然呈现出多样性特征。

### 3. 实现农业土地制度变革的过程形态

(1)"一体化推进型"农地制度变革。威廉姆森是新制度经济学的主要代表人物之一,他对纵向一体化、横向一体化、前向一体化和后向一体化等作出了经济解释。[①] 在现实的制度环境中,一体化可以节约交易成本是一体化存在和发展的基本原因。我们可以将交易成本理解为制度成本,任何一项现实的制度安排都存在由既定制度所决定的成本水平,这样我们就可以对不同的制度进行效率比较,如:高等学校考试选拔制度中的统考录取制和注册制、专业技术人员职称评审制和用人单位聘人制等等。一般而言,在制度效能相同的条件下,具有较低制度成本的制度安排具有制度优势。

在现有的农业经营制度中,一个个分散的农户都要面临发现市场价格、谈判、签约、执行合约、纠纷处理等交易活动;另一种选择是将这些分散农户联合起来,由一个或者是几个主体实施以上行为。后者的交易费用总量将大大低于分散农户的交易费用总量。这种节约交易费用的效能会促使分散农户之间形成某种形式的联合,其组织形式就是各种类型的农民合作经济

---

① [美]奥利弗·E. 威廉姆森. 资本主义经济制度——论企业签约与市场签约[M]. 北京:商务印书馆,2002.

组织。

据农业部统计,2007年全国具有一定规模、运行较规范的各类农民专业合作经济组织15万余个,参加农户2363万户,占农户总数的9.8%。[①]这就是说,其数量还不到农户总量的10%,但农民合作经济组织的进一步发展是不容置疑的,这建基于农民合作经济组织具有的制度优势之上。我将农民合作经济组织视做一种"准一体化"的组织形式,由一家一户的分散经营实现了在非生产环节上的联合,迈开了摆脱单干局限、开创新的农业生产方式的第一步。

或许,现阶段农民合作经济组织的经济和社会功能相当有限,谈论其未来还为时尚早。但是,农民合作经济组织所具有的学习机制可以支撑对这一组织的良好预期:农民合作经济组织是农民自己的组织,自愿参加,自我管理,自我完善,在合作过程中不仅可以分享合作的利益,还可以塑造合作的理念,形成合作的文化,历练合作的本领。我们可以设想,合作过程的博弈均衡终将合作引向不断扩展和深化。其具体机制是在合作体中逐渐形成相对稳定的分工格局,依据成员的自然特性和专长分别从事生产、销售、管理、技术等不同环节。此时,各自在自己的土地上从事生产的制度就成为一种极不经济和极不理性的选择,一家一户的农地界线将最终消失。这一变革进程当然可以用一体化理论作出解释。现阶段农民合作经济组织的"准一体化"担负着为这一进程储备能量和准备条件的重任。

我们注意到,发达国家农业发展过程始终没有改变农业生产的主体形式,发展水平较低时是家庭,发展水平较高时是"家庭农场",而在日本的农业发展过程中则保留了小农经济形式完成了农业的现代化过程。有学者认为:"家庭是一个最紧密的经济利益共同体。由于人的利益关系、心理因素和社会文化传统,任何生产只要能够在家庭内部完成,并达到一定条件下所达到的最高水平和最优状态,那么生产者将首先选择家庭经营方式而不会去与别人合作。"[②]这一现象是否意味着农业生产主体天然排斥除家庭以外的一切形式?我们认为,国外农业发展过程中出现的这一现象不能简单地当做农业发展的普遍规律加以照搬仿效,每一种路径选择的背后都存在特

---

① 张广胜,等. 农民对专业合作社需求的影响因素分析——基于沈阳市200个村的调查[J]. 农业经济问题,2007(11).

② 徐旭初. 中国农民专业合作经济组织的制度分析[M]. 北京:经济科学出版社,2005.

定的历史条件和社会背景。家庭小农经济、家庭农场经济和企业化农业经济在较长的时间内可能是一种并存格局。或许,某种互补机制和分工界定会将农业生产主体结构定位在多种形式长期并存、共同发展!

(2)"资本驱动型"农地制度变革。农业是支撑经济和社会发展的基础性产业,作为一个产业,必然存在决定这一产业发展水平的资源配置的要素结构。我国农业的要素配置结构还处在土地、劳动力占主导性地位的状态,加之经营方式上的小规模和分散性,农业发展问题依然没有从根本上摆脱基础不稳、潜力缺乏、靠天吃饭的困扰,这也是农业问题的种种担忧久久挥之不去的原因所在。

在现有的制度约束之下,依靠"土地—劳动力主导型"的农业要素结构能否继续实现农业的发展,并在此基础上完成向现代农业的转变。基于对历史和现实的感悟,我们都坚定地认为:"土地—劳动力主导型"的要素配置结构没有未来。什么可以发展农业、拯救农民、繁荣农村?

新中国成立之后的近30年时间里,农业担负起了为工业提供积累的历史任务,城乡分治的制度结构将城市和农村置于两个迥然不同的经济空间之中,虽近在咫尺,但远若天涯。这一时期,依靠行政手段完成农业对工业的支持,而工业发展的成果则为工业发展服务,由此形成相对发达的工业和极其落后的农业并存的局面。

改革开放之后的20多年时间里,工业进一步走向繁荣,城市成为工业生产力的空间载体。但是社会基本上依然运行在二元结构体制的框架之中,虽然原有的城乡格局有所松动。一方面发达的工业生产力向农业领域的转移受到二元体制的限制,另一方面落后的农业无力承接工业生产力的成果,同时农业经营方式的制度特性使工业生产力无用武之地。在这种局面下,土地和劳动力两种亘古不变的要素搭档依然充当了农业发展的主力。

新旧世纪之交,人们发现生产力发展的成果在产业、社会群体和空间上极不均衡——农业危险,农民贫穷,农村落后。这一局面促使社会转向城乡一体化发展,并提出"工业反哺农业、城市支持乡村"。"资本驱动型"农地制度变革正是基于这一社会背景提出的。

"资本驱动型"农地制度变革的实现机制可以描述为:农业基础设施环境的改善和农业及其相关领域利益空间的增大将促进农业资本(现有龙头企业相当一部分是从事农产品加工,是工业资本)的形成,其来源可能有自发形成的农业资本、社会资本转移形成的农业资本、国家投资形成的农业资本、外商投资形成的农业资本等等;农业资本的形成将自然形成一定数量的农业企业,原有农户的生产属性被剥离而变成单纯的消费单位;依附于农户的农业劳动力变成依附于农业企业的农业工人;分散的农地通过租赁或者是承包权交易等经济形式被集中起来,成为农业企业的生产资料。这时的农业是"资本主导型"的要素配置结构。

(3)"自然演化型"农地制度变革。农业土地制度的变革是一个历史过程,而这一历史过程的具体形态是演化。在所有农业土地制度变革的理论主张和实践中,虽然人们不可能完全一致,但可以肯定的是没有人主张采取急剧社会变革的形式以强制手段改变现行的农业土地制度,道理在于:土地制度直接关系到农民的切身利益,令农民普遍接受的土地变革方案很难产生。这一特征将农地制度变革的具体过程牢牢地定位于演化,从根本上排除了通过急剧社会变革完成这一过程的可能性。

演化的机制是现有制度基础之上的农民出于自身利益考虑而作出的自主选择。在现实的制度环境中,农民存在以下几种行为方式的选择:从事单纯的农业生产;以兼业方式既从事农业生产,又从事其他的生产和经营活动以增加收入;在城市从事非农产业。在这几种行为选择方式中:单纯的农业生产只能勉强维持生存;兼业方式的逻辑是农业保饭碗,兼业求发展,农村专业户的兴起基本上涵盖于此种形式中;离开农村的方式选择较之第一种选择具有经济优势,但不一定优于第二种选择,只是由于某种原因难以在农村实现发展才作出该项选择。其选择的经济意蕴决定以上选择的结构性变化,张晓山将这种趋势概括为:纯农户不断减少,兼业户大量增加,专业农户正在兴起。① 事实上,"自然演化型"农地制度变革的实现机制就体现在这种趋势中。

在现实生活中,农民是否固守土地从事农业生产和社会所提供的利益机会存在密切关系。如果土地可以提供安全保障并在所有选择集合中具有优势,农民就不愿意放弃土地;如果非农产业获得较快发展,为农民提供较多的就业机会和稳定的收入预期,使土地收益在农民总收入中的比重下降,同时社会保障制度在农村建立起来并使这一制度具有成效,此时农民就会

① 张晓山. 创新农民经济组织 发展现代农业[J]. 新视野,2007(6).

产生放弃土地耕种的动机。这种动机向现实的转化是农地制度以演化方式发生变革的基础。另外,城市化进程和其他社会性因素也会以多种渠道使农民向城市集中。在后一种状态中,以下情形就会发生:一定数量的农户在一定条件下逐渐退出土地的耕种。

此时退出耕种的土地存在以下几种归宿:以民间契约的形式在农户之间实现土地使用权的流转;由农村基层组织重新分配土地使用权;农业企业承接退耕土地的使用权。不论以何种方式,只要制度完备且具有刚性约束,这些形式均具有效率意义。但在现实生活中,前两种形式存在较多的局限,农业企业和农户之间的交易可能具有较低的实施成本和较高的效率价值。

这一过程是温和的,是渐进的,不存在外力强制。或许,这一实现路径不能满足我们在这一问题上的速度预期,但可以在稳定中向前推进,不怕路远,就怕停滞!当然,这并不意味着政府在这一问题上可以放任不管,只是存在一个管什么、怎么管的问题。建立在自我选择基础之上的政府整和将使这一过程更加具有效率。

我们将农业土地制度变革的演化状态作如下描述:

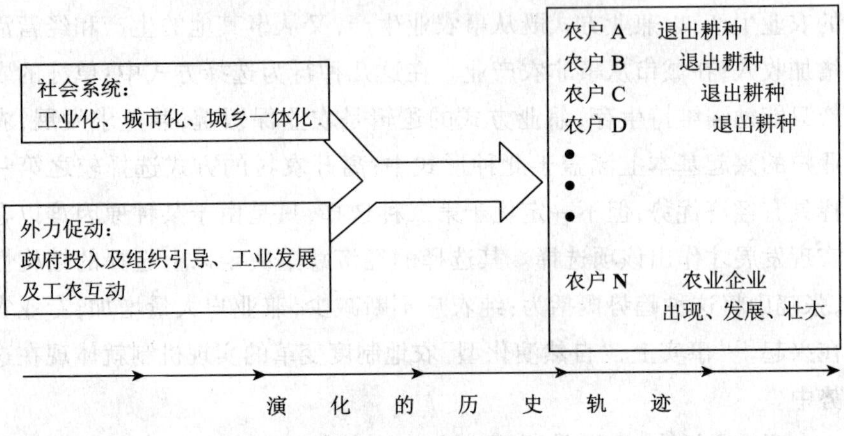


**图6 农业土地制度变革的演化状态**

我们深知,理论的描述难以囊括多彩的实践。在充分尊重农民意愿的前提下、在城乡一体化的社会背景中、通过内因和外因的结合、以演化方法论为基点描绘了农业土地制度变革的现实路径。

### 4. 实现农业土地制度变革的主体条件

在既定的制度框架中，人们基于发展的压力和冲动在实践中出现了扩充农业生产力边界的一些经营行为选择和组织形式，如：农业专业化经营、农业经营大户、各类农民合作经济组织、农业产业化等等，尤其是农民合作经济组织和农业产业化备受追捧。农民合作组织的出现提高了农业分散经营的组织化程度，降低了市场交易成本，提高了农户的经济收益，但是现有的农民合作组织不是一个生产实体，具有很明显的不稳定性；农业产业化经营是分散经营、小规模生产基础上发生的一次质的飞跃，是现代农业的外部表征，但是农业产业化的发展不能脱离农业产业主体的支撑，现实中农业产业化的尴尬就是来源于这一机制。杨国玉和郝秀英分析了“统分结合，双层经营”制度和农民专业性合作组织的积极作用和存在的问题，认为其不足以担当起发展现代农业的使命，他们将农业经营大户视做一个带根本性的制度创新，将家庭和规模经营的结合视做农业的出路所在。我认为，其观点向问题的本质靠进了一步，但是还不到位：农业大户经营可以存在于小规模分散的经营方式之中，如在流通环节的聚合，农业大户经营可能转化为生产领域中的农业规模经营主体，但其经营的稳定性和经济性在小规模分散的农业经营环境中受到很大限制。在此基础上，应该再向前推进一步：保留其体系中的规模性，而将其中的家庭演变为农业企业实体。①

### 5. 实现农业土地制度变革的社会视角

攻克我国的三农问题必须突破一个思维陷阱：在产业关联的闭锁状态中思考农业发展问题、在社会流动机制阻滞的环境中解决农民增收问题、在城乡隔离的社会结构中寻求农村发展问题。

农业土地制度变革可能触及以下几个社会层面的问题。

第一，工业化和城市化。落后地区的工业化和城市化水平相对较低，在

① 现有制度框架中的农业发展问题始终不能脱离家庭，因为从一开始到现在始终是“家庭联产承包经营责任制”，家庭是一个基本的产权单位，一个利益共同体，一个生产单位，一个消费单位，这一性质使我们收获了低成本和高产出的社会成果。农业制度中的家庭是否应该是一个一成不变的制度要素？家庭可以承担起农业发展、农民增收、农村持续稳定的历史使命吗？有没有可能在发展过程中产生一种可以对家庭实施有效替代的某种组织形式，将其生产性职能分离出来？

城镇人口中,还有相当的比例是生活在和农村几乎没有什么区别的所谓城镇中。不论是工业化为农民提供就业机会,还是城市化促使农民向城市集中都和土地制度问题息息相关。因此,这一过程必然是一个城乡之间互动、工业和农业的互动过程,现在的新农村建设决不是固化现有的城乡格局,而是将农村带入发展轨道,使先进生产力输入落后的农业和乡村。

第二,产业体系。现实的土地制度和未来土地制度之间存在一个十分明显的差别,现实土地制度对外部的依赖较小,而未来土地制度的变革必然逐渐冲破既定的环境约束,建立起与新型土地制度相适应的经济社会体系。支撑发达国家现代农业的是发达的专业化公司为其提供标准化的专业性服务,形成各产业之间的良性互动关系。也许有人会以此为根据说明我国发展现代农业的不可行性,这应该不是问题,因为市场经济会为我们解决这一问题,正像我们在某处建立了一个居民小区,不需要考虑没有卖菜的那样简单,市场机制在激发需求的同时也为我们提供了满足这一需求的供给机制。

第三,产业空间架构。毫无疑问,在推进工业化进程中,现代农业建设必然有实质性进展,这时必然出现一个不容回避的问题,产业之间的关联性在空间布局上如何实现。按照我的理解,一定存在一个较为合理的"产业—空间结构",形成各产业之间的合理布局并在发展过程中相互匹配,共同成长,而不是此消彼长的"零和博弈"。那种村村上马工业项目的发展路径肯定难以持久,在这一选择之下,哪里还有现代农业的成长空间!

# 第五章 发展现代农业中的农业社会化服务体系

发展现代农业的另一个重要问题是建立农业社会化服务体系。我国的农业社会化服务体系和农业基本制度、发展阶段、经济社会背景之间存在密切关系，计划经济体制时期和经济市场化阶段的农业社会化服务体系具有完全不同的运行方式，农业经营制度变革过程和发展现代农业阶段的农业社会化服务体系具有完全不同的内涵，城乡分割和城乡一体化的农业社会化服务体系具有完全不同的实现机制。因此，农业社会化服务体系问题的研究必须跳出就事论事的思维框架。①

① 写作过程中，曾经将这部分的题目改为《发展现代农业中的农村社会化服务体系》。我现在仍然认为将“农业”改成“农村”具有现实的合理性，“三农”本来就是一个不能分开的整体，如果研究的视野仅仅局限于农业，其社会化服务体系就会陷入“难以发育”的状态，同时也同我们在本书中坚持的整体思维相矛盾。但是，如果将“农村社会化服务体系”置于现代农业之下，似乎又欠妥当。最后还是沿用了最初的“农业”。当然，这并不排斥研究过程中将视野扩展至“农村社会化服务体系”。

## 一、准确把握农业社会化服务体系的内涵

人们依据其对农业社会化服务体系的理解，对农业社会化服务体系的内涵进行了界定，这些认知可以成为我们理解农业社会化服务体系的基础。

李丹认为："农业社会化服务体系是指与农业相关的社会经济组织为满足农业生产的需要，给直接从事农业生产的经济主体提供各种服务所构成的一个网络体系。""它是运用社会各方面的力量，使经营规模相对狭小的农业生产经营单位适应商品经济和市场经济发展的需要，克服自身规模较小的弊病，获得大规模生产效益的一种社会化的农业经济组织形式。"①这一界定的特点是概括性强，农业社会化服务体系是由为农业提供各种服务的社会经济组织构成的一个网络体系，这一理解侧重于其表象形式。但将农业社会化服务体系限定在"经营规模相对狭小的农业生产经营单位"这样一种经济环境中显然是不妥的，这种状况仅仅适合于中国现阶段的现实，如果中国终于有一天超越了小规模的经济环境，农业社会化服务体系一定具有较高的发展水平，在规模农业基础上建立起来的国外现代农业同样没有离开农业社会化服务体系。看来，将农业社会化服务体系的发展缘由锚定在农业生产力发展及其产生的专业化协作的发展上可能是一种较为合理的选择。

蔡加福和陈宜贵将农业社会化服务体系理解为：社会上的服务机构或个人为农业生产提供所必需的生产资料，农产品收购、储存、加工和销售以及生产过程中各种生产性的服务，而由这些服务的机构或个人彼此联结的网络就称为农业社会化服务体系。在此基础上，较为细致地罗列了农业社会化服务体系的动态性内涵：包括为农产品产前、产中、产后的生产及供求的信息服务；为产前供给、产中应用、产后加工、储藏等一系列技术服务；为加快农产品批发市场建设，培育农产品流通中介组织，积极拓展国内外市场

① 李丹．农业社会化服务体系的理论思考[J]．农场经济管理，2003(4)．

的流通服务；为加大农民农业技术培训力度，造就一大批有知识、有技术的产业农民而进行的培训教育服务；为加快培育农民合作经济组织，提高农民组织化程度，解决小生产与大市场有效对接的组织服务；为提供农业和农村政策和法律咨询，提高农民的政策水平和法律意识的农业法律和政策服务；为推进农村金融改革，解决农民的生产资金问题，完善农业保险功能，增强偿付能力，降低农业自然风险的农村金融和农业保险服务。① 并强调农业社会化服务体系应该围绕农业生产的产前、产中和产后三个环节，由此形成农业社会化服务体系的具体内涵，包括信息服务、技术服务、流通服务、教育服务、组织服务、法律和政策服务、农村金融和农业保险服务。其对农业社会化服务体系的界定具有动态性，这可以有助于我们把握其最新进展。从发展的观点来看，农业社会化服务的具体内涵必然处在不断的充实之中。

杨汭和罗永泰②将农业社会化服务体系的内涵表述为图7：这一表述在内容上和上一个表述相比较存在较大差别，既有遗漏之处，也加入了新的内涵。这一表述在方法上较为形象，一目了然，由此可以看到，农业社会化服务体系有一系列的支脉组成。

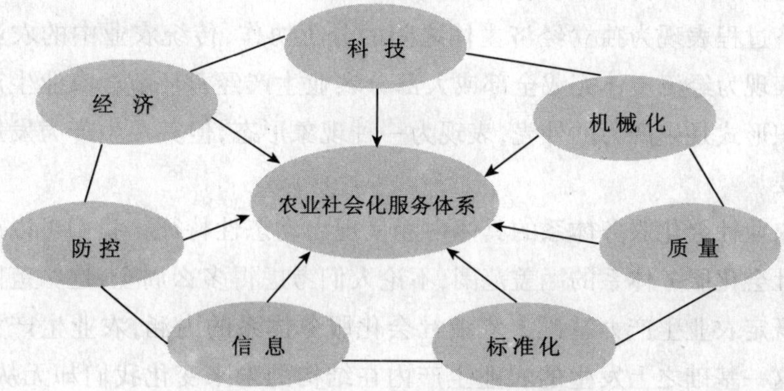


**图7　农业社会化服务体系的构成**

淳伟德将农村社会化服务体系理解为由三个系统组成的统一体，这三个系统是：直接为农业生产提供服务的农业生产服务体系、改善农村生产生

① 蔡加福，陈宜贵．建立健全福建省农业社会化服务体系的思考[N]．中共福建省委党校学报，2006(11)．

② 杨汭，罗永泰．面向新农村建设的农业社会化服务体系[J]．科学管理研究，2006(12)．

活条件的农村基础设施服务体系和为农村居民提供教育卫生等农村社会事业的服务体系。[①] 我们可以看出,这一概括貌似简单——农业生产服务体系+农村基础设施服务体系+农村社会事业的服务体系,其内涵在所有农业社会化服务体系的界定中却最为丰富。第一个是农业,第二个字面上是农村,实际上其内容是农村生产生活条件,第二个可以理解为农民,第三个是农村。其对农业社会化服务体系的理解直接指向"三农",这一思想和作者对这一问题的思考不谋而合。[②]

我将理解农业社会化服务体系的要点作如下概括:

农业社会化服务体系形成的动力机制来源于农业生产力的发展。不论在工业还是在农业领域中,生产力发展必然表现为生产专业化和生产规模化,两者的合力又能促进生产力向更高层次迈进,这一过程一方面为分工的细化提供市场条件,另一方面又使原有分工格局呈现出不经济,由此促使新的分工格局形成。这一要点的精髓是在农业生产力的发展中寻找农业社会化服务体系之源。

农业社会化服务体系是农业生产的社会组织形式,是一种经济组织结构。这种形式和传统农业存在本质性差别,农业社会化服务体系介入的农业经济过程表现为独立经济主体之间的分工协作,传统农业中的农业经济过程表现为经济主体完成全部或大部分农业生产经营环节。农业生产的社会组织形式是生产力的外壳,表现为一种现象形态,但其在生产力发展中至关重要。

农业社会化服务体系的具体内涵呈现出动态性特征。我们可以列举出农业社会化服务体系的涵盖范围,不论人们考虑得多么周全,这一范围仅仅反映既定农业生产力基础上农业社会化服务体系的内涵,农业生产力提高及在这一基础之上发生的农业生产内在结构的未来变化我们却无从知晓,起码不能完全洞察。农业生产过程结构性变化中的细微环节可能为农业社会化服务体系增加新的内涵。

---

① 淳伟德. 农村社会化服务体系建设的问题及对策[J]. 宏观经济管理,2005(10).

② "三农"必然是一个体系,农业是生产力基础,固然重要,但发展农业不可能离开农民问题,谁来从事农业?现在的"老人农业"难以孕育出现代农业。发展农业同样不可能离开农村问题,是农业的空间载体,各类发展农业的资源是否愿意进入农村并留在农村?农民是农业的资源实体,两者存在一个质量匹配问题;农村是农业的产业环境,两者存在一个环境相容问题。

## 二、农业经营制度和农业社会化服务体系

农业社会化服务体系的发展建立在农业自身发展需求的基础之上，同时和农业的发展水平存在密切关系，这两点均和农业经营制度结合在一起。分析不同制度背景下的农业社会化服务体系可以明了其发展脉络，在制度演进中把握其发展趋势和内在规定性。

### 1. 改革开放之前的农业社会化服务体系

计划经济时期的农业承担着为工业提供积累的使命，农业事实上被置于次要地位；工业自我发展的指向使先进的工业生产力迟迟不能进入农业领域，并且发展过程进一步拉大了农业和工业之间的差距；城乡分割的社会格局设置了农民进入城市的制度障碍，由此导致城市化进程大大落后于工业化进程；农业经营制度的选择严重地阻碍了农业生产力的成长。

在这一背景下的农业社会化服务体系只能处在以下状态。第一，发展水平低。农业社会化服务体系的发展最终依赖于农业发展水平，较低的农业生产力必然伴随着专业化水平低和农产品的科技含量低，农业社会化服务体系的需求基础弱小，其必然处在较低的水平。[①] 第二，运行行政化。这是计划经济在农业继而在农业服务体系中的体现，各类农业服务部门由国家财政供养，不存在市场开发、增收节支、提高效益等问题，这种运行机制使既有的农业社会化服务体系不可能发挥持续性的社会功能。[②] 第三，供给无

---

① 发展现代农业必然需要农业社会化服务体系的支撑，这一点没有争议。但是，面对现实的农业社会化服务体系一些人可能对发展现代农业失去信心，认为现代农业在这种环境中难以成长。这事实上是对发展农业社会化服务体系的一种误解。不论在何种经济体中，支撑现代农业的农业社会化服务体系都不是一种事先存在，都是在农业发展过程中通过需求激发和某种外力的助推逐渐建立起来的。因此，重要的是把握时机、充实需求基础，创造农业和农业社会化服务体系发展的经济环境。

② 家乡的“公社”拖拉机站离我家只有200米距离，站里有几台用于耕地的拖拉机。生产队想使用拖拉机要首先向生产大队提出申请，再由生产大队向“公社”拖拉机站提出申请，耕完地后带着驾驶员到小饭店吃一顿饭。由于我所在生产队的区位优势，每年可以多使用几次拖拉机耕地。由于服务能力相当有限，绝大多数耕地仍然依赖畜力解决。记得一旦有拖拉机来耕地，我们会异常兴奋地在前面撒化肥，拖拉机在后面耕地。

弹性。供给弹性是促使供给和需求相吻合的一种基本机制，对于任何一种具有供给弹性的经济品，不论其供给弹性大小，影响因素复杂还是简单，我们总是能找到增加供给的途径，以满足经济和社会发展产生的需求。但是，计划经济时期的农业社会化服务体系完全缺乏供给弹性，其供给由政府体系的供给能力和供给偏好决定，不论现实的供给能力相对于需求的差距有多大，其供给都是一个既定的量，根本不存在需求拉动的动力机制。"公社"拖拉机站的规模始终是几台拖拉机，七八个人，只是到了更新的时候才会发现新的拖拉机面孔。

这一时期的农业社会化服务体系带有鲜明的计划经济体制的色彩，从组建、运行、功能发挥及其发展莫不如此。这一特征之下的农业社会化服务体系不可能直接有效地服务于农业的现代化建设，需要加以改造乃至重建。问题在于我国的农业社会化服务体系不是在这一基础上进行的，继之而发生的农业经营制度的变革又对农业社会化服务体系发生了影响，这一时期可以视做是过渡时期，这一时期的农业社会化服务体系既不同于计划经济时期，也不同于现代农业发展时期。

如果说，计划经济时期的农业社会化服务体系还具有某种可供借鉴之处的话，我认为其主要表现为体系的完整性，对当时农业发展过程中所需要的各个支撑环节作了基础性安排，对农业发展中的各类需求有人过问，较少空白点，虽然在功能上较为弱小。这和农业经营制度变革时期的农业社会化服务体系相比可以看得更加清楚。①

### 2. 农业经营制度变革时期的农业社会化服务体系

农业经营制度的变革起始于 20 世纪 80 年代初期，在很短的时间内普及，其生产力效能迅速得到体现。在这一背景下，农业集中统一经营的模式被农户分散经营的模式所取代，这一基本点改变了农业社会化服务体系的生存环境。总的来讲，计划经济时期的农业社会化服务体系陷入生存危机，

---

① 我们注意到如下事实：计划经济时期和农业经营制度变革以后的农业社会化服务体系在需求方面的巨大差异。前者的需求具有规模性和单一性，而后者的需求具有分散性和复杂性。由此产生了在两种不同体制下建立农业社会化服务体系的不同路径和难度差异。虽然如此，基于实施农业经营制度变革对农业社会化服务体系的现实影响，我们仍然认为计划经济时期农业社会化服务体系具有较好的体系完整性。

而与此同时则孕育着新的农业社会化服务体系。

计划经济时期农业社会化服务体系陷入生存危机的机制是：

第一，在一定时期内，脱离农业社会化服务体系的农业生产力具有一定的成长空间。农业经营制度变革的发展效能主要来源于分散的农业经营制度，来源于这一农业生产组织形式与农业生产力水平的较强适应性，这种农业生产组织形式本身在一定时期内并不具有强化农业社会化服务的内在需求，而是弱化对农业社会化服务的需求。这种变革方向在原有农业社会化服务体系功能弱化甚至瘫痪的条件下仍然可以在一定时期内推动农业生产力的发展。在这种格局中，相当数量的农业生产需求可以通过农户的既有经验积累获得满足，可能偶尔还包括试错性质的技术探索，由此失去了原有农业社会化服务体系生存的需求基础。

第二，政府放手。计划经济时期的农业社会化服务体系更多地来源于行政性安排，一旦某种需求在体制中立足，后续的政策取向和资源投入就会继续保证其基本的生存需要。制度的僵化和地方利益的诉求往往使大量的资源长期处于低效状态甚至是无效状态。农业经营制度的变革为中断这一惯性提供了绝好的条件：既然农户成了农业生产经营的主体，而现实的农业生产成就又足以证明其有效性，政府在相关方面的投入已经变得无足轻重。另外，在改革进程中不时出现需要政府大量投入才能解决的经济和社会问题，这一进程中改革成本的增加也使政府所掌控的资源总量难以从容地应对来自于各方面的资源需求，这也是政府减少农业相关投入的一个客观原因。[①]

以上两点一个是需求，另一个是供给，两者在方向上是一致的，其结果是计划经济时期形成的农业社会化服务体系难以存续。但是，农业社会化服务又是农业发展的一种现实需求，这种需求在农业较为发达的地区首先出现，而满足这种需求的途径又不可能脱离现有的基础重新建立一套新的体系。这种胶着状态使这一时期的农业社会化服务体系处在一种少有的特

① 经济体制改革的重点由农村转入城市和这一问题具有相同的机制，只不过改革重点的转移具有更大的社会背景。改革重点由农村转入城市，不论在改革时机的把握，还是在推进改革开放事业等方面都无可厚非。但是，这一转变将农村的改革和发展问题更大程度上置于自发的状态，继之而起的农业剩余劳动力的大规模、持续性地流动就是对这一状态的直接反映。在后续过程中出现的“卖粮难”、农产品比价复归等现象都在一定程度上弱化了农业经营制度改革的积极成果。

殊状态:有需求但极其微弱,有投入但不足以支持发展,有事做但难以准确定位,有前途但不能留住人才。这种状态符合过渡性质的特性。

原有的农业服务体系难以支撑农业经营制度变革后农业发展对相关农业服务体系的需求,农业经营制度变革过程中孕育着新的农业社会化服务体系。在这一过程中,农业生产的专业化和农产品商品化率的提高具有决定性作用,农产品的大规模生产方式和农产品市场的竞争压力产生了对农业社会化服务体系的现实需求。①

## 三、建立农业社会化服务体系的基本方向

农业社会化服务体系的发展和农业生产力水平存在高度相关性,农业生产力发展和农业市场化相结合使农业生产的各个环节逐渐向专业化方向发展,在这一过程中形成农业生产的社会协作框架,由此产生完备的农业社会化服务体系。国外农业现代化的历史进程已经说明,农业社会化服务体系的发育程度是一国农业现代化的重要标志之一。② 特殊的经济和社会背景决定我国农业生产力还处在较低发展层次,农业社会化服务体系尚处在初步发育时期。在这种背景下,建立农业社会化服务体系的相关操作性问题可能变得更加重要,这一问题也比较容易引起人们的较多关注。但我认为,确定农业社会化服务体系的基本方向显得尤为重要。在此基础上,对相关操作性问题的研究可能会更加富有成效。

---

① 对新的农业社会化服务体系的需求反映在我国农业发展的过程之中。1983 年,在农业发展基础较好的地区首先出现了服务于农业的专业化公司;1984 年的中央 1 号文件《关于 1984 年农村工作的通知》中,提出"加强社会服务,促进农村商品生产发展";1986 年的中央 1 号文件《关于 1986 年农村工作的部署》中,提出"农村商品生产的发展,要求生产服务社会化";1990 年年底,在中共中央、国务院颁发的《关于 1991 年农业和农村工作的通知》中,提出:"稳定完善以家庭联产承包为主的责任制,建立健全农业社会化服务体系。农业社会化服务体系包括合作经济组织内部的服务,国家经济技术部门和其他各种服务性经济实体为农业提供的服务。"1991 年 10 月国务院颁发了专门性文件——《关于加强农业社会化服务体系建设的通知》,从而确立了农业社会化服务体系在农业中的地位。这一过程是农业社会化服务体系由感性上升到理性的过程,也是一个由个性需求上升到普遍需求的过程,此后对这一问题的认识不断深化。

② 宣杏云,徐更生. 国外农业社会化服务体系[M]. 中国人民大学出版社,1993.

## 1. 坚持市场化取向建立农业社会化服务体系

农业市场化是农业社会化服务体系发展的基本背景，两者在发展机制上的一致性是确保农业社会化服务体系自身发展和有效地服务于农业发展的基本要求。

现有的农业社会化服务体系是一种混合结构，其中的一部分来源于计划经济体制时期的遗留，农业经营制度变革之后弱化了对农业社会化服务体系的需求，但基于对农业社会化服务体系的基本认知又没有从现实体制中退出。在农村行政体制改革的现实环境中，这一部分没有实现由行政向市场的转变，现实农业经济活动中农业社会化服务体系存在的诸多问题均和这一状态有关。另一部分是在农业经营制度变革的过程中基于农业发展的现实需求而由民间自发创立的农业服务实体，这一部分的产生具有一个突出特点，往往避开农业服务的垄断性环节，同时又具有一定的市场空间可以为农业经济的某一个环节提供有效而持续的服务。在这种混合结构之下，客观上存在两者之间的矛盾：行政性色彩的农业社会化服务在提供一定服务的同时，实际上阻碍了市场化的农业社会化服务体系的发展。此过程中行政性色彩的农业社会化服务体系的运行低效则表现为一种社会性损失。因此，建立市场化的农业社会化服务体系首先面临一个改革问题——将那些仍然按照行政原则构建和运行的农业服务机构、组织或者是所谓实体从行政系统中分离出来，使之成为市场主体，按经济原则行事，在和新生的农业服务组织的竞争中求生存，谋发展。①

坚持市场化建设农业社会化服务体系是一种强制性选择，这种强制来源于我国经济体制的既定选择，其中的逻辑关系表现为：市场经济体制—经济市场化—农业市场化—农业社会化服务体系市场化。就农业和农业社会

---

① 对这一变革路径可以从工业的所有制变革中得到启示。一旦在所有制问题上突破了意识形态障碍就会出现两种经济形式之间的制度竞争，制度竞争的结果是显示出制度之间的优势和劣势，任何外力——不论其多么强大，偏好如何强烈——都不能从根本上改变由竞争过程所决定的相对劣势，持续性的低效率使社会难以承担由此产生的巨量社会成本。那种处于优势的经济形式就在竞争中逐渐发展起来。按照这一思考，只要制度环境是开放的，竞争过程可以作出选择，并趋向于经济效率。但是如果听任市场的独立作用，这一过程可能要经历较长的时间，其间必然加大社会成本。因此，主动地调整较之被动地“臣服”具有经济和社会价值。

化服务体系之间的关系而言，市场化的农业不能和非市场化的农业社会化服务体系实现有效对接，当农业生产力发展在某个环节已经呈现出一定规模的市场容量的时候，面对这种需求非市场化的农业社会化服务体系可能无动于衷，这就会绊住农业进一步发展的脚步。

在这一问题上还可以从一般性角度加以解释——市场化的农业社会化服务体系具有效率潜力，这一规定来源于市场机制的天然本性。人们总是过高地估计个人所拥有的知识，似乎仅仅依靠其个人知识可以无所不能——物质需求、安全需求、发展需求等。但是，现代世界中的个人知识在满足其个人需求和社会需求上的功能是相当有限的，铅笔生产的过程（见本部分附加资料）足以使任何一个"学富五车"的人失去对自己的信心，何况那些支撑现代社会运行的众多的庞然大物！既然个人的知识及其建立在知识基础之上的能力是极其有限的，到底是什么突破了个人知识和能力的限制并将分散的知识转化成支撑现代文明的物质成果和精神成果。经济学家发现了劳动分工及其协调劳动分工的社会机制——市场制度。劳动分工是一种知识增进过程，也是一个知识整合过程，而市场交易使各类知识受到检验，并孕育出新的知识，使新知识得以扩展。经济学家将市场制度的这一功能概括为"通功易事（catallaxis）"。①

市场制度的这一功能在现阶段是不可替代的，我认为这也是我们选择市场经济体制的最根本原因。我们这里的研究对象是农业社会化服务体系，构成这一体系的是无数个善于发现市场机会并将这一机会变成商业利益的独立的经济主体，农业社会化服务体系和农业自身的发展存在高度相关性，这一过程中的知识整合、知识发现和知识扩展事实上就是传统农业向现代农业的过渡，市场化的农业社会化服务体系可以为这一进程提供制度支持。

### 2. 坚持分工原则建立农业社会化服务体系

农业社会化服务体系是一个庞大的系统，从内容来看涵盖于农业生产相关的所有方面，并且会随着农业生产力的发展出现新的服务领域；从结构

① 柯武刚教授在其著作《制度经济学》中将此解释为：人们在交易和交往中能够彼此增加各自知识和财富获得更多的好处。他在该书的后续内容中，尤其是在解释资本主义经济制度时多次使用了这一概念。见柯武刚，史漫飞．制度经济学［M］．商务印书馆，2000.

来看农业服务领域在发育程度、进入门槛、控制成本等方面的存在差异。基于这一现实，难以依靠单一的制度性安排提供充足的服务供给，发展农业社会化服务体系必然是一个分工界定和相互协调的过程。

一提到分工，人们会自然而然地想到很多麻烦事，分工意味着在特定职能领域中的独立性，可以各干各的，责任和利益明确。问题在于，任何分工都不能超越整体而存在，分工的作用只能通过分工环节之间的有效协调来实现。人们青睐分工，但对与分工共生的协调总是存在一定的畏惧心理，因为基于各分工环节的思维方式和行为方式极易诱发冲突，由此产生“摩擦成本”。在这一格局下，分工所带来的收益自然要被协调的成本部分抵消。从经济性考虑，如果分工的收益大于协调产生的成本，分工将会得到实施，反之，这种分工将会被延迟。一个有效的社会生产系统，一定在提高分工收益和降低协调成本两个方面均居优势，分工收益在较大程度上受制于技术经济条件，其确定性程度较高，而协调成本取决于制度文化和现实的制度结构，不同制度背景下的协调成本可能会有天壤之别，一项具有技术可行性的分工模式在协调成本较低的制度环境中可以被使用并取得经济和社会收益，而该分工模式在协调成本较高的制度环境中将无法得到施展。因此，技术是重要的，但技术的重要性只有在与技术相适应的制度框架内才能体现出来。①

坚持分工原则建设农业社会化服务体系，首先是界定政府和市场的分工，这一问题是政府和市场的职能界定在该领域中的体现。坚持市场化取向建立和发展农业社会化服务体系并不是排斥政府在发展农业社会化服务体系中的作用，而是指在基础层面应该坚持以市场化的理念、手段和机制促进农业社会化服务体系的成长，在中国经济市场化的背景之下只有坚持市场化的道路才能使农业社会化服务体系融入农业和整个经济之中。这一点在理论上类似于我们对市场经济体制的认识：市场经济是一种资源配置方式，就是发挥市场在资源配置中的基础性作用。这种理解本身并不是将政府排斥在经济活动之外，国内外的经济发展实践已经证明，经济振兴和社会发展依赖于市场和政府的结合，脱离了市场的政府和脱离政府的市场都是

① 我们期待没有协调的社会生产模式，但这种模式缺乏效率；我们期待只有分工没有协调的社会生产模式，但这种模式根本上就不存在。如果效率不是可有可无的，我们就要追求社会分工的发展，同时接受协调的考验，培养协调意识，历练协调文化。

无效率的。①

或许坚持政府和市场的分工发展农业社会化服务体系人们较容易接受,但在如何分工问题上可能存在较多的疑问。我对资源配置市场化的理解适应于对这一问题的界定。②

这就是说,凡是市场能做的事情就交给市场,在实践中出现了一种农业服务的需求,首先应该想到的是市场可以提供并满足这种需求吗?如果是肯定的,政府就不应该担当直接的"生产者"角色。如果通过市场方式可以满足这种需求,但是在某一环节上可能出现问题,这种问题可以通过政府监管加以控制,在这种情况下市场方式仍然是一种理性选择。如果通过市场方式不能满足特定的农业服务需求,其原因可能是:

存在较大的外部性,私人投资者不能按照市场原则补偿其成本并获得适度赢利。

存在投资障碍,私人投资者难以在现有的金融环境下获得特定领域所需要的门槛资本。

存在技术障碍,私人投资者所有的技术资源和环境资源不能满足特定服务的技术要求。

……

在这种情况下,政府就应该成为一个"生产者",为农业提供市场所不能为的相关服务。这时的政府身兼"管理者"和"生产者"的双重角色。按照这种分工格局,农业社会化服务分为由市场提供的农业社会化服务和由政府提供的农业社会化服务,前者通过市场交易获得,后者作为一种公共产品通

---

① 经过十几年的对外开放,中国最终迈入了市场经济轨道,我们的基本路径是在计划经济的基础上逐渐引入了市场。西方的基本路径是在市场经济的基础上逐渐引入了政府。值得注意的是西方社会的经济绩效和社会发展成就的取得依赖于以下事实:在引入政府并使政府作用得以扩张的同时并没有否定市场经济的基本规定性。政府和市场之间的明确分工及两者之间的有效协调保证了政府活动和市场调节的绩效。中国由计划经济走向市场经济,并不意味着可以将经济使命和社会使命一股脑儿地压给市场,政府可以袖手旁观。这当然不应成为政府"不放手"的借口,而是应该转向"该干"的领域,做好"该干"的事情。从文化层面考虑,我们总是不自觉地陷入"对立性思维"之中,确定了什么就什么都好,看不到不好的一面,在这种情形下,不好的一面可能不断滋长;否定了什么就什么都不好,看不到好的一面,在这种情形下,好的一面得不到彰显。文化的包容性事关一个民族能否兼收并蓄!

② 所谓"发挥市场在资源配置中的基础性作用",就是市场尽其所能,能走多远就走多远。这里包含着市场的现实发育问题、政府和市场的职能分工问题,也包括了动态性的考虑。

过社会渠道获得。除此之外,可能存在处于两者之间的农业服务,对于此类“准公共产品”应尽可能地采用市场方式,并积极创造条件使之步入市场化轨道。还有一种农业服务形式,就是农业的自我服务,这种形式虽然不属于农业社会化服务的范畴,但它是一种现实的农业服务形式,这种服务形式可能会随着专业化的发展而减少,但却始终是一种现实存在。

这样,就出现了分工的三个层次:坚持分工是第一层次,如何分工是第二层次,分工的动态性是第三层次。现实分工的具体条件决定了分工的具体格局,而这些具体条件是变化的。在体制变革的环境中,政府的既定职能必然有一部分被逐渐剥离出来,交给可以担当此任的社会组织或者是市场,这种形式和政府体制改革相关;市场的发育使本来由政府承担的服务职能交给市场完成,这一种形式可能会成为现阶段的主要形式,此时的政府可能会承担新的服务职能;由于经济条件的变化原来由市场完成的服务职能难以继续通过市场方式获得转由政府提供这一服务。引入动态性之后,在分工、分工原则、分工格局的基础上又出现了分工格局的调整问题,由此引申出农业社会化服务体系建设的有效衔接和连续性问题。

目标是重要的,但是实现目标的过程更加重要,需要实实在在地付出,需要持续性的努力,需要面临诸多不可回避的现实问题。

## 四、农业社会化服务体系的成长机制

农业社会化服务体系存在决定其发育和成长的内在规定性。我们已经在一些方面触及这一问题,但还不能说明农业社会化服务体系的成长机制,该问题的设置将使对这一问题的研究更加全面和具体。

### 1. 农业社会化服务体系成长的经济机制

任何一个产业领域的发展都经历了一个历史过程,这一过程的基本状态是:在发展水平较低时,全部或大部分生产环节由生产主体独立完成,随着发展水平的提高,越来越多的生产环节被分离出去,转由其他经济组织或个人来完成。生产的社会化就是专业化协作发展的累积结果。农业社会化服务体系是农业生产专业化和农业生产协作化发展的产物。

问题在于,原本由生产者完成的生产环节为什么会从原有生产过程中独立出来? 这是农业社会化服务体系成长的经济动因。

生产者所面对的任何一个生产环节都有两种解决途径:内部和外部。不论是通过何种途径都存在一个成本问题,内部解决途径的成本包括直接的生产成本、人际协调成本、内部管理成本等;外部解决途径的成本包括市场调查、信息搜集、作业质量监督、条件谈判、讨价还价、起草合同、违约风险损失、购买产品或劳务的成本等。① 这两种解决途径的成本是一种现实存在,但是在一项交易发生之前其成本往往难以准确计量,实际生活中这种选择建立在经济主体对内外两种解决途径的感知基础之上。一个具有独立经济利益的经济主体将最终选择具有相对交易成本优势的交易途径。如果内部解决具有交易成本优势,企业规模就会因此得以扩大;如果外部解决具有交易成本优势,专业化协作就会得以发展,生产的社会化程度获得提升。

这样,农业社会化服务体系的发展事实上就归结为降低专业化协作的交易成本,以此诱导农户或者是农业企业将原来由企业内部完成的环节转由市场完成。曹光乔和易中懿列举了水稻生产的例子说明这一过程:很长一段时间内,稻农依靠自己完成育秧环节,农户平均种植面积小,同样的工序,要花1~2个月时间进行管理,于是出现了专门为稻农提供秧苗的专业育秧户。虽然同是自然生产环节,如果把水稻育秧阶段的生产交给专门的育秧基地完成,则分离出去的这一部分叫做育秧服务。专业育秧户为了发挥专业分工的优越性,他可能也不是所有环节作业完全自己操作,而是把田间耕整地交给农机大户,把秧苗的调运交给运输公司。② 完成以上几步的条件是:育秧专业化为稻农节约了成本,土地耕整专业化和运输专业化为育秧专业户节约了成本。

因此,农业社会化服务体系的发展取决于社会能否以较低的成本提供农业的专业化服务。试想,如果交通条件极其艰难,如果不能对异地的信息有基本的了解,如果交通管理部门随意罚款,如果农民接受服务后不给钱或

---

① 在制度经济学中,每一个环节的完成都是借助于交易实现的,故将这里的两种成本都称之为交易成本。科斯教授在《企业的性质》中,将内部和外部两种解决途径上升到资源配置方式的高度,前者是利用企业内部的行政机制配置资源,后者是利用社会的市场价格机制配置资源,由此发现,企业的本质属性是对市场的替代。对这一问题的系统研究见本人论文. 企业替代市场的制度意蕴[J]. 社会科学战线,2004(4).

② 曹光乔,易中懿. 农业机械社会化服务若干问题的探讨[J]. 农业经济问题,2006(1).

者是少给钱，如果各地规定要办几个费时的手续并擅立收费项目，农机专业户还会购买农机设备吗？农机跨区作业还有现在的规模吗？[①]

### 2. 农业社会化服务体系成长的制度创新机制

从动力机制考虑，农业社会化服务体系和制度之间存在密切关系，拥有较低实施成本的制度将会促进农业社会化服务体系的较快发展。这里所讲的制度创新主要着眼于通过制度创新增加农业社会化服务的供给能力。

庞晓鹏通过细致的调查得出结论：我国目前农业生产经营的社会化程度还很低，农业社会化服务供求结构差异较大；在当前和今后相当一段时期内面临的主要问题是农业社会化服务供给不足；现阶段农业社会化服务体系存在的突出问题是农户获得各种服务的渠道较少、农户及村干部对现有服务项目的满意程度较低、农业社会化服务组织体系不健全，组织制度不完善。[②] 面对这一现实，可以通过既定制度结构的调整和制度创新为增加农业社会化服务的供给增加创造条件。

蔡加福和陈宜贵介绍了福建省南平市实施科技特派员制度的基本情况。1999 年到 2005 年的七年间，福建南平市市委、市政府共选派 6790 人次的科技人员，到 1447 个村担任科技特派员，其派出范围覆盖了闽北 88% 以上的行政村。这一制度的实施，给闽北农村带来了明显的变化：全市农林牧渔业总产值从 2000 年的 92.68 亿元增加到 2005 年的 148.22 亿元，年均递增 5.8%，农民人均纯收入从 2735 元增加到 4070 元，增幅连续几年居全省前列；科技对农业增长的贡献率从 40% 提高到 50% 以上。他认为，科技特派员制度将新技术、新品种引向农村，促进了农业产业结构的调整和传统农业的转型，提升了农业产业化程度和农民生产的市场化、组织化程度。预示着

---

① 对这一问题的思考，可以扩展到整个社会领域。现实生活中，经常出现一种现象：一种社会性需求已经达到一定的规模，但是在既定的社会结构中就是难以产生满足这一社会性需求的社会机制。在这种情况下，可能产生较为广泛的社会性埋怨，对社会来说，这是一种社会成本。制度性梗阻的存在可以对这一现象作出解释，“梗阻”的存在加大了当事者的成本，当一个又一个“梗阻”累加起来的时候就会挤压经济行为主体的利益空间，使其经济行为不具有经济合理性。在现实中，需要对制度梗阻产生的成本进行结构性分析，是一次性的？还是重复性的？是近期就能解决的？还是长期存在的？是个人或群体可以克服的？还是个人或群体根本就对其无能为力？结构性分析对经济主体的行为选择具有重要意义。

② 庞晓鹏．农业社会化服务供求结构差异的比较与分析——基于农业社会化服务供求现状的调查与思考[J]．农业技术经济，2006(4)．

一个新型的社会化农技推广体系正在形成。① 厉以宁教授曾经在一个讲座中讲到了这一案例。科技管理部门发起，首先在农业院校和农业科研院所中向科研教学人员宣传科技特派员制度，号召有专长的人员申报，将他们派下去帮助农民提高收入。他举了一个例子，一位科技人员擅长葡萄种植，被派往种植葡萄的地区。发现当地农民种植的葡萄根本谈不上拥有科技含量，完全凭经验种植，生产出来的葡萄又小又酸，很少有人买，商业价值很低，0.5 元就可以买到一簸箕。他向农民传授种植方面的科技知识，在葡萄种植和管理的各个环节认真细致地展示技术规范和方法，当年生产出来的葡萄又大又甜，产量也大大提高。同时，也对出售环节进行了根本性改造，确立了葡萄的品牌，并在新闻媒体播出了广告，对产品进行了适度包装，3 元钱一盒，结果当年的葡萄很快就被订购一空，农民的收入水平大大提高。每出售一盒葡萄为这位农业科技人员提取 0.1 元，由此提高了其收入，形成一个多赢的利益共同体。在这一讲座中，他还将各类农民合作经济组织的发展和公司进入农村大片地租用农民土地共同称之为值得关注的农村新现象。

这里所说的制度创新仅仅是农业科技服务一种形式。事实上，有多少个农业服务领域就有多少个制度创新的领域，关键是要有制度创新的理念——在现实的约束条件下有没有什么办法可以把这件事做得更好——科学设计制度环节及其机制，将制度创新理念变成富有成效的制度创新实践。

人们可能因为对创新艰难性程度的认识错误而对创新不屑一顾，相当数量的人认为创新异常艰难，现实的选择只能是与别人以同样的方式做同样的事，这种理解自然与创新无缘。事实上，创新不仅仅是从无到有，更是从小到大，从低到高，从慢到快，从存在管理漏洞到该漏洞变小或消失，从一定效率水平到更高效率水平。虽然人们对约瑟夫·熊彼特的创新理论较为熟悉，这里还是想将其创新的基本观点加以引用，这对于启发农业社会化服

① 蔡加福，陈宜贵．建立健全福建省农业社会化服务体系的思考[N]．中共福建省委党校学报，2006(11)．

务体系中的创新具有积极意义。①

这种对创新的认识可能有助于人们建立对创新的信心。由于生产力水平及其社会化水平的局限，在农业领域中则存在较大的创新空间。

### 3. 农业社会化服务体系成长的产业机制

现实中存在一种十分值得注意的问题：农业发展水平落后已经构成对国民经济持续高水平发展的一个瓶颈，但在谋求农业发展时又将发展的视野局限在农业内部。“解铃还需系铃人”，我国的农业发展问题是工业化道路选择、城乡二元结构体制及农业经济制度等因素共同发生作用的累积结果，仅仅在农业领域内寻求农业发展的出路是没有出路的。与这一问题相类似，农业社会化服务体系属于农业的一部分，相对于农业生产而言只能处在国民经济的边缘层次。就事论事模式中的农业难以发展，就事论事模式中的农业社会化服务体系更加难以发展。该问题的设置来源于此，试图在国民经济的产业系统内说明农业社会化服务体系的成长机制。

第一，生产和服务孰轻孰重。在传统的经济理论中，生产创造价值，而服务是不创造价值的，由此衍生出服务相对于生产来说不重要的概念。在短缺经济环境中，生产的重要性是显而易见的，我国相当时间内的短缺状态强化了这一概念，短缺经济环境中，任何社会都会将资源更多地投放于生产领域，而较少地投入服务领域，不论在计划经济体制中还是在市场经济体制中都是如此。短缺的经济环境一旦改变，我们就会发现资源配置的结构在悄然改变，微观效益对生产的依赖性趋于下降是资源配置结构变化的经济机制。因此，如果将生产和服务当做两个独立的部分，生产比服务更重要的结论也是站不住脚的。

---

① 他认为，创新是生产手段的新组合，“生产意味着把我们所能支配的原料和力量组合起来”，这种意义下的创新包含五种情况：“（1）采用一种新的产品——也就是消费者还不熟悉的产品——或一种产品的一种新的特性。（2）采用一种新的生产方法，也就是在有关的制造部门中尚未通过经验检定的方法，这种新的方法决不需要建立在科学新发现的基础之上，并且，也可以存在于商业上处理一种产品的新的方式之中。（3）开辟一个新的市场，也就是有关国家的某一制造部门以前不曾进入的市场，不管这个市场以前是否存在过。（4）掠取或控制原材料或半制成品的一种新的供应来源，也不问这种来源是已存在的，还是第一次创造出来的。（5）实现任何一种工业的新的组织，比如造成一种垄断地位（例如通过‘托拉斯化’），或打破一种垄断地位。”见熊彼特．经济发展理论[M]．北京：商务印书馆，1990：73.

事实上,将生产和服务分隔开来是不正确的。任何一个服务领域中的服务环节都可以还原为生产的一部分,前文中提到的育秧专业化以及育秧专业化中的土地耕整专业化和运输专业化都是稻农生产的一个环节;就现阶段发展水平来讲,在农业生产的很多环节上都存在进一步专业化的可能性,如种子供应专业化、喷药治虫专业化、收割专业化、储存专业化等等,有多少个生产环节就有多少个可能的专业化,这种可能性在具备一定条件时就可能发生。由此可以发现,生产和服务是不可分割的整体,不存在孰轻孰重的问题。

第二,将农业社会化服务体系的发展置于产业系统之中。从字面意义来看,农业社会化服务体系当然是为农业服务的,其发展就只同农业有关,或者说和农业的关联性较强。我只能说这仅仅说对了一半。投入产出表曾经用来作为国民经济管理的一个重要手段,这一手段在现实的体制变革潮流中已经难以发现继续被运用的踪迹,因为人们相信市场机制可以更加便捷、更加经济地解决投入产出表所阐述的问题。但是,投入产出表毕竟形象地揭示了经济各部门之间的内在关联——每一个部门都同时存在输出和输入问题。农业社会化服务体系为农业提供各类产品或服务,这是其输出,以此显示农业社会化服务对农业发展和国民经济发展的贡献。农业社会化服务还依赖于其他部门,获得别部门的产品或劳务,这是其输入,以此显示农业社会化服务体系对其他经济和社会部门的依赖,也是其他经济和社会部门对农业社会化服务体系的贡献。如果因为农业社会化服务体系发展滞后,成为农业发展中的瓶颈,很有可能问题存在于另外一极。支撑农业社会化服务体系的物质基础和智力资源中的相当大的比例来源于农业之外。

第三,构筑农业社会化服务体系的产业吸引力。农业市场化的选择自然将农业社会化服务体系的发展纳入市场化轨道,农业社会化服务体系自身具有的产业吸引力成为其发展的决定性因素。在农业生产力水平较低的情况下,农业社会化服务体系的发展不可能超越现实的农业生产力,这种环境下的“农业社会化服务体系的产业吸引力”是否必然陷入空谈?这种疑问具有坚实的实践基础——中国的农业社会化服务体系处在较低的发育水平。产业吸引力并不是仅仅适应于高水平发展的状态,处在较低发展水平的产业也存在一个产业吸引力问题,差别只是在于高水平发展状态的产业可能具有较强的产业吸引力,而低水平发展状态的产业可能具有较弱的产业吸引力。“高水平发展状态的产业”和“低水平发展状态的产业”我都使用了“可能”二字。这是出于以下考虑：产业吸引力和发展水平之间不一定一致。

不论发展水平高低，都应该将农业社会化服务体系视做一个产业加以谋划和规整，聚合资源和有效利用资源发展农业社会化服务体系，使之：形成规模，以较低成本提供农业各类服务；扩展服务领域，提高服务水平，争得较高的社会认可度；加强内部治理，降低运行成本，增大农业社会化服务利益空间并使之具有持续性。

### 4. 农业社会化服务体系成长的社会机制

发展现代农业和支持现代农业的农业社会化服务体系是在特定的社会背景下进行的，现实的社会背景蕴涵着将发展农业社会化服务体系融入现实社会性取向的可能性，这将更加有利于农业社会化服务体系的发展。

在现阶段，我国处理城乡关系的基本导向可以概括为工业反哺农业、城市支持农村，这对我国未来的经济和社会发展进程具有战略性意义。朱四海出于工业反哺农业和城市支持农村的效果考虑，将反哺区分为政府反哺和社会反哺两种形式，在分工与协作的视野内构筑了实现两种反哺的制度框架。① 依据研究的需要，他将现阶段工业反哺农业的需求归纳为表2。他认为，政府反哺应该围绕农村公共品供给、粮食安全、生态安全以及政府对农业的支持与保护“四项基本任务”展开；而社会反哺应该围绕农业市场服务体系、农业社会化服务体系和农业生态服务体系“三大体系”展开。至于各项反哺需求的具体分工不是我们关心的问题，我们注意到在其所列举的各项反哺需求中，绝大部分在农业社会化服务体系的涵盖之中。我们由此得到一个启发，农业社会化服务体系的建设和发展竟然和社会进程的战略导向具有高度的一致性，由此拓宽了发展农业社会化服务体系的视野。

① 朱四海．政府反哺与社会化反哺：分工与协作[J]．经济学家，2006(3)．

**表2　现阶段工业反哺农业的反哺需求**

| | | |
|---|---|---|
| 农村公共品供给 | 公共基础设施 | 农村公共交通<br>农村给排水<br>农村三电、农村新能源<br>农村公共信息服务 |
| | 公共事业 | 农村义务教育<br>农村公共医疗卫生<br>科技、教育、文化、体育事业 |
| | 社会保障 | 新型农村合作医疗<br>农村养老保险<br>农村最低生活保障<br>农村社会救济、社会互助 |
| 农业生产 | 粮食安全 | 种粮农民补贴<br>粮食生产及政府专项转移支付<br>基本粮田建设<br>粮食储备 |
| | 农业市场服务体系 | 农产品市场<br>农业生产资料市场<br>农村要素市场<br>农业产业化 |
| | 农业社会化服务体系 | 农村集体经济组织<br>农民专业合作组织<br>各种涉农 NGO、NPO |
| | 农业政策支持保护体系 | 国家宏观支农政策<br>农产品市场价格保护<br>农民收入支持 |
| 农业的非商品性产出 | 生态安全 | 生态移民<br>生态补偿<br>政府间生态专项转移支付<br>区域间生态利益 |
| | 农业生态服务 | 绿色产品服务<br>环境容量<br>农业的能源服务<br>舒适性服务<br>生态贸易 |
| | 生态市场服务体系 | 生态认证<br>环境使用权交易<br>农业生态旅游 |

发展农业社会化服务体系和社会发展导向的一致性，一方面说明农业社会化服务体系的建设具有较高的社会收益，其意义远远超出农业社会化服务自身和农业领域；另一方面也意味着农业社会化服务体系建设的资源条件将获得社会性支持，这可能孕育着农业社会化服务体系的根本性变化和实质性提高，农业和农业社会化服务体系的主体要充分认识到这一优势，抓住机遇，利用有利的社会环境和资源条件促进农业社会化服务体系的发展。

**资料：铅笔传奇 作者：伦纳德·E. 里德**

我是一支铅笔——所有孩子和能读写的成年人都很熟悉的那种普通木制铅笔（我的官名是“蒙格尔482”。我的许多配料是由位于宾夕法尼亚州威尔克斯—巴雷的埃伯哈德费伯铅笔公司装配、组合并抛光的）。

书写既是我的专业，也是我的副业；那是我所做的所有事情。

你可能很想知道，我为什么要写一份家谱。那好，现在就开始吧，我的故事很有趣。并且，我是一个谜——要比一棵树或一次日落、甚至一次闪电更神秘。但糟糕的是，那些用我的人视我为自然天成，好像我只是小事一桩，毫无来历。这种目中无人的态度把我打入了凡夫俗子之列。这是一个令人痛心的错误。带着这样的错误，人类不可能长期平安存续。因为，如一个明智的人，G. K. 切斯特顿，所观察到的：“我们正为缺少惊异感而不是缺少奇迹而枯萎。”

我，铅笔，仅仅通过我显露的样子，就值得你惊讶和敬畏，这是我将试图证明的一点。事实上，如果你能懂得我——不，这对任何人来讲都要求太高——如果你能知道我所象征的神奇之处，你就能有助于挽救人类正在不幸地失去的自由。我要讲授一条意味深长的启示。并且，我能比一辆汽车、一架飞机或一台洗碗机更好地讲授这条启示，因为——完全是，因为我看上去如此简单。

简单吗？然而，并非地球上的每个人都知道如何制作我。这听上去很离奇，不是吗？尤其是当你认识到，美国每年生产出的我的同类大约有15亿支。

请拿起我，看着我。你看到什么了？所见无多——只有木头、漆、印制的标签、铅芯、一点金属、一小块橡皮。

**不计其数的祖宗**

正如你不可能追溯你的家庭谱系至很遥远的过去一样，我也不可能列举并说请我的所有祖宗。但我愿意举出足够多的祖宗来，使你对我的背景之丰富和复杂留有深刻印象。

我的家庭谱系实际上始于一棵树，一棵纹理笔直的雪松，它生长于北加利福尼亚和俄勒冈。现在，请细想一下所有的锯子、卡车、绳索，以及在收获和运送雪松木材至铁路支线中所使用的无数其他传动装置。想想所有参与装配这些设备的人员和所投入的无数技能：采矿、炼钢并将它们加工成锯子、斧子和汽车；种植大麻并经过各道工序将其做成重而结实的绳索；带有卧室和食堂的采伐营地、烹调和生产所有食物。噢，还有，在伐木者所喝的每一杯咖啡里发挥过作用的无数人！

园木被送到加州圣利安多的工厂。你能想象那些制造平板卡车、钢轨和火车头的人吗？你能想象那些建筑和安装附属通信系统的人吗？这些军团都属于我的祖宗。

请想一想圣利安多的木材加工厂。雪松原木被截成铅笔那么长的小板条，它们的厚度不到一英寸的1/4。这些板条被送进窑里烘干，然后被着色，这么做的理由与女人在脸上化妆一样。人们喜欢我外表美观，而不是乏味的木本色。这样的板条要被上蜡并再次烘干。为了着色和烘干，为了供应热能、照明和电力、传送带、汽车，以及所有该工厂所需要的东西，要投入多少技能啊？该工厂里的清洁工是我的祖宗吗？是的，而且还要包括那些为太平洋煤气电力公司的水电站大坝浇筑混凝土的人。这个水电站是为木材加工厂供应电力的。还不能漏了另一批当代的和过去的祖先，他们参与了横跨美国将大量板条从加州运至威尔克斯－巴雷的活动。

**复杂的机械**

一旦进入铅笔厂——400万美元的机械和建筑，我那节俭而不断储蓄的双亲所积攒起来的全部资本——有一台复杂的机械在每块板条上开出八条细槽，然后另一台机械将铅芯放在其他的各块板条上，涂上胶水，再将另一块板条盖在上面——可以说是一个铅制三明治。机械从这块“木夹”三明治中切出了七个弟兄和我。

我的“铅芯”本身——根本不含任何铅——极其复杂。石墨开采于锡兰（斯里兰卡的旧称）。请想一想那些矿工、那些为矿工制造许多工具的人、装运石墨的纸袋的制作者、制作扎纸袋细绳的那些人、将石墨装上轮船的那些人,以及建造这些轮船的人。甚至看守灯塔的人也在一边帮助着我的诞生——还有港口领航员。

石墨中掺有来自密西西比的黏土。这种黏土在精制过程中使用了氢氧化铵。然后加进了润滑剂,如磺化脂——与硫酸进行过化学反应的动物脂肪。在通过了众多机械之后,最终的混合物被不间断地挤压出来——就像从一台香肠机中挤出来那样——再按尺寸切断,晾干,并被送入华氏1850度的高温中烘烤。为了增强铅芯的强度和光滑度,它们要经过炙热混合气的处理。它包含产自墨西哥的candililla wax、石蜡和氢化动物脂肪。

我的雪松要接受六层漆制外衣。你知道漆的所有成分吗?谁会想到蓖麻籽种植者和蓖麻油提炼者会与漆有关?他们的确有关。知道吗,即使是将漆做成一种漂亮的黄颜色,其工艺也要涉及一个人举不胜举的个人技能!

请看标签。那是将混有树脂的碳黑加热后形成的一层薄膜。你如何制作树脂?并且,求求你,什么是炭黑?

我的一点金属——那个金属箍——是黄铜制的。请想一想所有采掘锌和铜的人,想一想那些有技术能用这些自然物生产出闪亮铜片的人。我的金属箍上的那些黑环是黑镍。什么是黑镍?它是如何被使用的?完整地说清为什么我的金属箍中央没有黑镍,需要整整几页纸。

然后是我的加冕典礼。我的冠冕在这个行业中被不雅地称为“橡皮”,人们用我来擦去自己写错的地方。一种被称为“硫化油胶”的成分就是负责擦去字迹的。它是一种像橡胶那样的产品,要用荷属东印度(印度尼西亚)出产的菜籽油与氯化硫反应后制造出来。橡胶,与流行的概念不同,只起凝结的作用。这里,也有许多种的硫化剂和促进剂。浮石产于意大利;而为“橡皮”上色的颜料是硫化镉。

**浩瀚的知识之网**

我在前面曾经断言,地球上无人知道如何制造我。对此,有谁想否定吗?

实际上,千百万人参与了创造我的过程。在这些人之间,每个人都只能认识极少的几个人。现在,你可能会说,我把原在巴西的咖啡豆采摘者和其他地方的食物生产者与铅笔制造联系起来,扯得太远了;这是一种极端见解。但我要坚持我的主张。在这千百万人中间,任何一个单独的人,包括那家铅笔公司的总裁,都只能提供极少的一点点知识。从诀窍的角度来看,锡兰石墨矿工与俄勒冈伐木者之间的唯一差异在于诀窍的类型。矿工和伐木者都是不可缺少的,正如工厂中的化工师和油田中的工人也不可或缺一样——石蜡就是石油的一种副产品。

这里有一个惊人的事实:油田的工人,化工师,石墨或黏土的采掘者,任何制造或驾驶轮船、火车的人,操纵机械在我的小金属片上滚花的人,以及公司总裁都不是因为他需要我而执行其独特任务的。他们中的每个人对我的需要可能都不会超过一个一年级孩子的需要量。事实上,在这茫茫人海中,有些人从来也没有见过一支铅笔,也不知道如何使用一支铅笔。他们的目的不在于我。事情很可能是这样的:这千百万人中的每一个人都知道,他能用他的些许诀窍换回他所需要或想得到的商品和服务。而我可以在也可以不在他们所需要的物品之列。

**无人指挥**

还有一个更惊人的事实:没有指挥者,对于使我诞生的不计其数的行动,没有任何人的命令或强制指令,也无从发现这样一个指挥者的任何痕迹。相反,我们看到的是苏格兰经济学家和道德哲学家亚当·斯密那著名的"无形之手"在市场中发挥作用。这就是我前面提到的那个奇迹。

曾有人说:"唯有上帝才能造树。"我们为什么同意这个说法呢?难道不是因为我们认识到,难道不是因为我们认识到,我们自己不可能造出树来吗?实际上,难道我们能描述一棵树吗?我们不能,除非用一些很肤浅的词汇。比如,我们可以说,一种特定的分子结构表现为一棵树。但是,在人中间,什么样的大脑能记录,更别提指挥,分子在一棵树的整个生命周期中所发生的持续变化?这种功夫根本不可想象!

我,铅笔,是一个多么奇迹的复杂组合;树、锌、铜、石墨等等。但是,在这些显现于自然的奇迹当中,还要加上一个更不同寻常的奇迹:创造性人类能力的形成——不计其数的琐碎之事,在无人指挥的情况下,按人的需要和愿望自然、自发地形成着!既然只有上帝才能造树,我就要坚持,只有上帝才能造我。人不可能指挥无数琐碎的知识以创造出一支铅笔来,正像人不可能将分子合在一起创造出树来。

正是为了说明这一点,我才在前面写道:"如果你能知道我所象征的神奇之处,你就能有助于挽救人类正在不幸失去的自由。"因此,如果一个人意识到，这些琐碎的知识将根据人的需要和需求自然、自动地——即没有任何政府的或强制的指挥——按创造性和生产性模式组合起来，他就具备了一种拥护自由所绝对必要的条件：对自由人的信念。没有这样的信念，自由是不可能的。

一旦政府垄断了创造性活动——例如，邮件的传递——多数个人就会相信，邮件不可能靠自由行动的人来高效率地传递。还有一个理由：每一个人都承认，他自己不懂得如何去做有关传送邮件的所有事情。他还认识到，也没有任何其他的个人能做到这一点。这些假设是正确的。任何个人所拥有的知识都不足以完成全国性的邮件传递任务，正像任何个人所拥有的知识都不足以造出一支铅笔来一样，在对自由人缺乏信任的情况下——不懂得千百万琐碎的诀窍将自然而神奇地形成并配合起来满足这一需要——个人只能得出一个错误的结论：只有靠政府的指挥，才能传递邮件。

**证据比比皆是**

如果只有我，铅笔，能证明当人可自由尝试时所能做到的事情，那么不具有这种信念的人就会振振有词。然而，证据比比皆是；且在每一方面都与我们有关。在与诸如制造汽车、计算机、谷物收割机、粉碎机或数以千万计的其他东西相比，传递邮件实在是简单至极。

传递？哎呀，在任人们自由尝试的当今时代，他们能在不到一秒钟的时间里将人的声音传遍全球；他们用变动的视觉图像将正在发生的事件传送至任何人的家里；他们在不到4小时的时间里将150名乘客从西雅图送到巴尔的摩；他们在没有补助的情况下以难以置信的低价将煤气从得克萨斯送至一个人家里的煤气灶或纽约的高炉；他们将四磅石油从波斯湾送至我们的东海岸——绕了半个地球——所收取的平均费用少于政府将一盎司信件送过马路的收费。

**让人们自由**

我要讲授的启示就是，让所有创造能量无拘无束。请用完全与这条启示相符的方式组织社会，展开行动。让社会的法律装置尽可能地清除所有的障碍。要允许创造性知识自由流动。应坚信自由人会对“无形之手”作出回应。这一信念将得到证实。我，铅笔，尽管看似简单，但却提供了我的产生这一奇迹来证明，这是一个实在的信念，就像太阳、雨、雪松树和美好的地球一样实在。（本文发表于1958年）

# 第六章 发展现代农业中的农民合作经济组织

在通过行政手段实施农村经营制度变革的过程中，制度设计者已经明确地意识到这一变革可能产生的后续性问题，将变革后的农业经营体制称之为“统分结合，双层经营”。依据本人的理解，这一制度设计首先体现了科学性，在决策者的理念中体现了一种思维逻辑：由集体统一经营变为农户分散经营可能出现经济盲区，即农业生产的发展必然出现农户不愿办、办不好、办不了的事情，而这些事情又是农业发展中的客观要求。可以认为，这种逻辑就是“统”的由来。另外，这一制度设计在当时的政治环境中避免了可能出现的政治性责难，原有体制中的集中成分包含在新体制之中。客观地说，制度设计之始决策者对于诸如统的主体是谁、统的具体形式、统和分之间的关系等问题没有明确的构想，即使有一些方向性的见解，这些见解变成实践也要服从农业经营制度的变革。[①] 农民合作经济组织就是在这一背景中产生并逐渐发展起来的。

① 虽然在初始的制度设计中为“统”保留了位置，但在当时的环境下“统”不是问题的主要方面，制度的基本取向是变革农业经营制度，通过新的经营制度使被压抑的农业生产力得以释放，以求得农业发展和农村稳定。这一基本目标可以仅仅通过“分”加以实现。这就是说，制度中的“统”事实上被忽略了。从现实来看，在当时的环境下，村级集体经济被寄予希望可以担负起这一职能，但是现实的经济和社会进程将对村级集体经济的希冀成为泡影：经济较为发达的地区和经济落后地区的村级集体经济发展极其悬殊，大面积的经济落后地区不具备这一条件；农业经营制度改革过程中村级集体经济的实力被大大弱化；人民公社体制的瓦解事实上使原有的农村集体经济难以在既定体制的基础上继续存在；经济市场化进程中出现的改制风潮最终将农村集体经济拉入了私有制轨道。依据张晓山(2007)提供的资料，在原有的制度设计中曾经设想地区性合作经济组织可以作为统的组织载体，但实践证明，大部分的地区性合作经济组织担当不了统的职责。这样，谁来担当农业生产力成长过程中的统的职责就成为一个实践性问题。

## 一、合作需求产生的经济逻辑

正如我们所指出的那样,农民合作经济组织在初始的制度设计中并不存在,其出现是对村级集体经济和地区性合作经济组织的替代。这种组织形式可以起到农民增收之效,农民因此而接受和参与;这种组织形式可以收到农业发展之效,国家因此而认可并予以积极扶持。① 我们在想,农民合作经济组织的生命力到底来源于哪里? 我们认为,不论是寻找农民合作经济组织发展的原因,还是为农民合作经济组织的进一步发展开辟道路,都不能离开现实的农业基本经营制度,如果是超越也只能是农业基本经营制度的自然扩展。

### 1. 产业视角

农民的合作需求不是中国现阶段农业发展过程中的特殊现象,在已经实现农业现代化的发达国家中农民合作经济组织已经成为支撑农村经济和社会发展的一支不可替代的力量,而在众多的发展中国家也表现为一种普遍需求。② 由此

① 在现有的管理体制下,各部门提供的数据具有差异,这里应用农业部的统计数据:至 2006 年底,全国具有一定规模、运行较规范的各类农民专业合作经济组织 15 万余个,参加农户 2363 万户,占农户总数的 9.8%。政府出台了一系列政策措施鼓励农民专业合作社的发展壮大。《农业法》(2003 年 3 月 1 日施行)明确提出:"国家鼓励农民在家庭承包经营的基础上自愿组成各类专业合作经济组织",《中华人民共和国农民专业合作社法》已经于 2007 年 7 月 1 日正式施行。事实上,我对农民合作经济组织的总量规模不是很感兴趣,因为现实的统计口径和对合作经济组织的没有边界的扩大已经使统计数据失去了意义。但是,我并不否认这一组织创新的存在以及这一创新中所蕴涵的生产力成长的契机,况且就现有的统计数据来说加入各类合作经济组织的农户数量还不到 10%。

② 我国现阶段的农民合作经济组织所发挥的功能是极其有限的,这和农业生产力和农业社会化水平存在相关性,这预示着农民合作经济组织在我国还有相当大的发展空间。引用几组数据可以说明农民合作经济组织在现代经济中的作用:"在美国,由合作社加工的农产品占农产品总量的 80%,合作社提供的化肥、石油占 44%,贷款占 40%。在法国,由合作社收购的农产品,牛奶占 50% 以上、谷物占 71%。法国食品出口中,通过合作社出口的谷物占 45%、鲜果占 80%、肉类占 35%、家禽占 40%。在日本,市场销售农产品绝大部分是由农协提供,其中:米面占 95%、水果占 80%、家禽占 80%、畜产品占 51%;提供生产资料,肥料为 92%、饲料为 40%、农机为 47%、农药为 70%。合作社在金融和保险以及社会服务等领域也占有重要地位,发挥重要作用。"(见农业部网站)在这种背景中,农民合作经济组织几乎是无所不在,无所不能,除了农业直接生产过程之外的所有与农业相关联的环节上农民合作经济组织均大有可为。

产生了一个带有共性的问题，农民合作经济组织在农业部门中生存和发展的经济原因到底是什么？从产业角度应该如何解释这一经济现象？

只要对发达国家农业发展的轨迹稍加注意就能发现一个现象，农业发展过程并没有改变农业生产的主体形式，发展水平较低时的农业生产主体是家庭，发展水平较高时的农业生产主体还是家庭，只不过后者的家庭变成了“家庭农场”，而在日本的农业发展过程中则保留了小农经济的形式，完成了农业的现代化过程。小农业变成了大农业，小农经济变成了现代经济。“家庭”这一社会形式适应了农业生产力成长。这一现象是否意味着农业生产主体天然排斥除家庭以外的一切形式，只能由家庭来承担？[①] 对这一问题需要作进一步的专门研究。

不论在这一问题上持什么意见，我们都可以对国外农业发展中呈现出来的这一现象作出解释。从现有的研究成果来看，人们将这一现象解释为家庭生产是一种与农业生产特点有较好适应性的生产组织形式：家庭生产可以解决农业生产产生的一系列问题——持续性的管理和照料、劳动质量显现的滞后性、劳动过程的监督和对劳动效果的计量等。“家庭是一个最紧密的经济利益共同体。由于人的利益关系，心理因素和社会文化传统，任何生产只要能够在家庭内部完成，并达到一定条件下所达到的最高水平和最优状态，那么生产者将首先选择家庭经营方式而不会去与别人合作”。[②] 这一特点决定，农民合作经济组织很少在生产环节上出现。农民合作的需求、农民合作经济组织的发展以及在农村经济社会发展中的作用就是来源于这一基点。[③]

---

① 国外农业发展过程中出现的这一现象不能简单地当做农业发展的普遍规律加以照搬仿效，每一种路径选择的背后都存在特定的历史条件和社会背景。如果不作具体分析，就可能扼杀了中国现实条件下更有效的发展路径。在这一问题上坚持实事求是、坚持多样化原则、坚持竞争原则可能是一种明智的选择。让家庭小农经济、家庭农场经济和企业化农业经济并存有什么不好？或许，某种互补机制和分工界定会将农业生产主体结构定位在长期并存、共同发展！

② 徐旭初．中国农民专业合作经济组织的制度分析[M]．北京：经济科学出版社，2005.

③ 徐旭初在该处写道：“事实上，世界上几乎所有国家的农业生产都是以家庭制的形式进行的，不雇工或少量雇工，少量雇工也只是发生在农忙季节。即便在土地规模经营、机械化程度较高的条件下，也依然以家庭生产为主。”他以家庭形式的特性解释发达国家农业发展中的“家庭轴线”是可以接受的，但是使用这里引用的观点证明家庭生产的存在则是不能接受的。其阐述问题的思路极易给人这样一种印象，家庭生产就是家庭成员完成所有或绝大部分生产环节，不然的话就不是家庭生产。他没有提及支撑家庭生产存在并使家庭生产有效的社会化的农业服务体系。好像将这一因素引入就否定了家庭生产，事实上家庭生产和社会化的农业服务体系可以实现统一。

尽善尽美总是让人向往,这大概来源于尽善尽美总是难以实现。家庭生产在农业生产环节中的效率提高显现必然伴随着家庭生产在其他环节上的效率损失。农业生产是一个系统、单纯的生产效率,可能被非生产环节的效率损失所消减,甚至消失。面对自然、面对充满不确定的市场、面对各类发育成熟且有相当实力的社会组织,分散经营的家庭生产可能经常面临众多不经济的被迫选择。问题的关键在于家庭生产不是全能的,即使是单纯的生产环节也不能离开社会性支持,在生产环节之外还存在大量的交易,作为生产主体的家庭难以对各类交易实施有效驾驭。这时存在两种选择:一种途径通过外部形式满足非生产环节的各类需求,但要接受由此产生的"弱势损失";另一种途径是通过生产者之间的联合建立一种组织满足生产者生产过程之外的各类需求。当现实经济活动中的组织创新成本和组织运行成本低于"弱势损失"时,这种由农民自己创造、管理并由此获得经济收益的组织就产生了。

### 2. 组织视角

从产业视角观察,农民合作经济组织的产生来源于农业生产的特性,这一特性决定生产环节的分散进行具有比较效率,而分散的生产主体面对大量的非生产性环节时却不得不承受效率损失,市场主体之间的合作可以在一定程度上缓解这种效率损失,同时保有生产环节的比较效率。现在的问题是,为什么农民合作经济组织具有避免或减少非生产环节效率损失的功能,厘清这一问题的内在机制可以使农民合作经济组织的认知站立在更加理性的理论平台之上。

一般认为,农民合作经济组织衍生于20世纪80年代初期的农业经营制度的变革,这一变革"解决了劳动监督的问题,减少了劳动监督的成本;解决了土地的产权问题,调动了农民生产、经营的积极性和主动性;促进了农业生产的发展和农民生活水平的提高"。[①] 而这一变革存在一些制度上缺陷:

---

① 这里对农业经营制度变革的其他表述均无异议,但是认为农业经营制度的变革"解决了土地的产权问题"是不妥当的。从理论上说,产权处在残缺状态可以认为是一种常态,完整的产权往往受制于大量的经济和社会条件而不能实现,在这个意义上说,产权残缺程度较小的产权结构具有比较效率;从实践上说,农业经营制度变革之后出现了大量的侵蚀农户经济利益的现象,这些现象的持续存在和严重性程度从本质上讲是产权问题。因此,只能说农业经营制度的变革优化了产权结构,使既定的产权结构向更加有利于效率提高的产权结构转变。显然,土地产权问题仍然任重而道远。

"农业生产的高度分散性造成规模不经济、作为单元农户的农民获取市场信息和科学技术的能力差、作为单元农户的农民吸纳社会及金融资本能力弱。"①农民合作经济组织的出现和发展可以弥补这些制度缺陷。除此之外,支撑农民合作经济组织存在的理论还有:小农户大市场理论、利益保护理论、公共产品理论等。这些理论从不同角度对农民合作经济组织存在的理由作出了解释。以下的阐释力求在现有的理论基础上更加全面而明确地说明这一问题。

(1)规避风险。几乎在所有领域都存在着风险,只是在不同的领域中风险的来源及其对风险的可控性具有差别而已。农业区别于其他产业部门的一个重要特点是风险来源于自然,其可控制性程度较低。不仅如此,在市场化农业的背景之下,农业的风险又雪上加霜,即使在生产环节中有效地抵御了来自自然的风险,农民也不一定能够从农业丰产中获得丰收,市场风险将农民置于更加不确定性的境地,或是供大于求,或是产销不对路,或是出现了更适宜的替代品,或是源于消费观念的转变等。自然风险是单一的,而市场风险是多向的,在这个意义上市场风险相对于自然风险更加难以把握和控制,近年来在不少地方出现了农民对市场风险的反映行为——砍掉种植多年的桃树、苹果树等,前一年种植大蒜获得较好的收成,但第二年就可能一无所获。自然风险和市场风险的叠加对农业生产和农民利益的威胁,使农民产生了极其强烈的规避风险需求。分散经营的农民通过某种形式的联合可以从外部获得更多的市场信息,获得适应市场生产的更多技术性支持,可以更加便捷地实现分散农户和市场的连接。人们理解农民合作经济组织规避风险的功能,主要是从农民和市场的联系中加以解释,但我认为对自然风险的规避也具有积极的作用,而这一点人们往往避而不谈。②

规避风险可以理解为人的一种本能,这一功能在各种类型的合作经济

---

① 庄小琴. 农民合作经济组织发展与政府角色定位[J]. 兰州大学学报(社会科学版),2006(6).

② 农业生产环节的分散性使各自劳作成为一种常态,当自然灾害降临时相互之间的合作往往具有经济性,办成在分散状态下做不到的事情,或者是可以以较低的成本对付自然灾害。如遭遇涝灾的时候,比较一下分散的农户之间和具有某种合作关系的农户之间的状态我们就能体验出合作的经济价值。这种合作虽然没有直接进入生产过程,但完全称得上是由流通领域向生产边缘的延伸。因此,从规避风险角度来说,合作的经济效能已经浸润至生产领域。我们更加关心的是在什么条件下可以实现分散农户在生产领域中的合作。

组织中具有支柱性作用，只要合作可以给人们一种安全感，人们就愿意为购得这种安全感付出成本，何况在相当多的情况下并不需要为此付出代价。已经持续了二十余年的民工潮仍然在继续之中，每年都可以看到从四面八方赶回家过年的民工，或者是春节刚过又奔向外地的民工，他们成群结队充满对来年的企盼年复一年地东奔西走。或许他们的结伴而行没有任何明显的经济意义，各自买票，各自吃饭，但是每一个人都能从这种群集中获得一种安全感，而这种收益是不需要成本的。

(2)新市场进入。新市场的进入是市场化农业经营过程中经常会面对的一个现实问题，当原有市场不能容纳既定生产规模下农产品数量时会产生对新市场的需求，当然这里的农产品数量不可能来源于某一个农户的生产；当出现更好的市场机会时生产者可能欲尽早占有这种利益机会而转向新市场。进入一个新市场，往往面临诸如产品价格、运输通道、佣金提取、交割方式、市场管理等具体问题，而其中的任何一个问题都可能在农产品的销售过程中出现障碍，由此形成销售环节的中断，降低预期收益。试想，单个的农户要进入一个新的市场必须逐一解决这些问题，为此必须付出时间成本，必须付出资金成本，必须付出关系成本，当然还包括一定的风险成本，除此之外还存在不确定性。更加令人担心的是农产品从田间到餐桌的时间间隔具有一定的时限，特别是鲜活的农产品。这足以吓退单个农户进入新市场的冲动。在实际生活中，出现不少进入一个新市场不成功的例子，赢利甚少，甚至血本无归。还是这些问题，当单个的分散农户通过某种组织形式联合起来的时候，一极的单个农户便成了有多个农户所组成的联合体，双方力量的对比发生了根本性变化，虽不能说问题迎刃而解，但风险、成本、畏惧等阻碍单个农户进入新市场的因素大大降低了。

(3)获得规模经济。在农户经济的框架内，就其绝对量而言始终存在一个规模不经济问题，他向市场提供的农产品和他向供应者购买的生产资料以及农业生产机械的使用等只能被限定在其生产方式和农户经济实力的界限之内。从相对地位考虑，分散生产的农户众多，但生产规模相对较小，而在另一极是人数较少而购买数量较大的农产品中间商，这种市场格局使分散农户处在极其不利的市场地位。农民合作经济组织的出现将众多的分散农户组织起来，由此形成较大规模的农产品提供能力，增强在既定市场格局中的议价能力，增大分散农户的利益空间；形成购买生产资料的较大规模，降低农业生产的成本,即使农民合作经济组织不直接经营生产资料,仅仅是较大规模的生产资料购置所产生的经济利益也是可观的;形成有利于较大型农业机械使用的经济条件,使先进的生产力进入农业成为可能。[①] 不论在哪一种情况下,由农民合作所产生的农产品供应规模的扩大、购买生产资料规模的扩大和使用农业机械基础性条件的变化都对分散农户发生了有利的影响,这种影响赋予农民合作经济组织以效率意义。

(4)节约交易费用。交易费用是新制度经济学中的一个基本概念,具有十分丰富的经济含义,正是因为如此,在交易费用基础之上发展起来的新制度经济学才具有超乎想象的学术魅力。从容易理解的角度,我们可以将交易费用解释为制度成本。市场是一种制度安排,当人们利用市场机制满足各类生产和消费需求的时候需要在既定的市场制度中思维和行动,我们会发现,一个市场秩序紊乱、缺乏诚信、法制缺失、商业文化不健康的经济环境必然给人们的市场交易活动带来较高的成本,在这种情况下人们进入市场将面临较大的风险,而在相反的经济环境下则可以为人们进入市场提供更大的确定性和安全感。同样,企业也是一种制度性安排,运用这一制度安排同样存在成本,如产权界定和保护、人际关系的处理和各项管理活动等。和市场制度的不同之处是企业制度内发挥调节作用的是行政机制,而市场制度中发挥调节作用的机制是市场价格机制。我们会发现,一项经济活动既可以通过市场价格机制完成,通过市场购得,也可以通过企业机制来完成,由企业自行组织生产。具体选择何种机制完成相同的一笔交易,取决于两种机制完成这一经济活动所产生交易成本的比较。显然,理性的选择是选

---

① 农业的技术装备水平应该成为农业发展水平的一个标志,但是农业技术装备的使用和农业经营制度高度相关,农业经营主体之间越分散就越不利于农业技术装备的运用。正因为如此,人们将现行的农业经营制度作为不适应农业高水平发展的一个依据。农民合作经济组织在一定程度上消减了农业机械使用过程中成本和收益不能明确界定对使用农业机械的限制,但是这种作用不是无限的,这一问题并没有从根本上得到解决。在现行的农业经营制度框架内解决这一问题的思路是将大型农业机械当做社会共用品,由社会无偿提供,社会承担成本,农民普遍获得收益,不然的话,就会因为成本和收益的界限模糊而阻碍其使用。另一种使用路径是形成企业化农业的格局,农户农业变成了企业农业,或者说是大量分散的农户通过某种社会机制被农业企业"内部化"了,此种格局中的使用农业机械的成本和收益都归企业。在现实的状态下,发展小型农业机械当然是一种效率逼近,但这不能排除可以生产出来的农业机械不能被实际运用于农业生产过程的情况存在。当然,现阶段的这种选择可能具有比较效率。

择交易成本较低的制度形式，由此产生了“企业替代市场”的问题。[①] 将交易费用理解为一种制度成本，不仅可以理解这里所说的市场配置资源还是企业配置资源的问题，还可以利用这一理论研究任何一项其他的制度安排，如一党制和多党制、民主制和独裁制、高等学校考试选拔制度中的统考录取制和注册制、专业技术人员职称评审制和用人单位聘人制等，事实上，任何一项现实的制度安排都存在实施这一制度的成本。一般而言，社会将趋向于具有较低制度成本的制度。制度经济学的学科意义及其发展潜力正是体现在这里。

当对交易费用的内涵有了基本的了解之后，我们就能理解农民合作经济组织具有节约交易费用的功能，这对社会来说表现为一种效率改进。试想，一个个分散的农户都去发现市场价格、谈判、签约、执行合约、纠纷处理时将要产生的交易成本总量，而将这些分散农户联合起来的时候，就有一个或者是几个主体实施以上行为，这时的交易费用总量将大大低于分散农户的交易费用总量。这种交易费用的节约，不仅仅体现在农户一极，那些与农户发生交易的经济主体也节约了交易费用。如果不是这样，农户经济发展中的金融瓶颈可能不会长期存在，金融部门与分散农户之间的交易将面临极高的交易成本。

（5）弥补市场失灵。市场化农业是农业发展模式的基本方向，应在农业的各个环节尽可能地发挥市场的调节作用。但是市场机制在农业中面临较之其他部门更多的“无能为力”。市场失灵不是农业部门所特有的一种经济现象，在以下情形下都有可能存在并难以及时得到克服：如果一项经济活动存在较大的外部性，为实施这项经济活动所付出的成本不能通过市场途径予以收回并使其投资者获得与其他部门大致相同的经济回报，这种情形下的投资活动将被抑制；技术障碍是市场失灵的又一来源，某一领域对社会来说是重要的，但是依靠独立经济主体的经济行为难以达到这一领域所要求的最低限度的技术门槛，这一领域就难以通过市场机制建立起来；某一产业存在与当时技术条件下相适应的投资门槛，如果经济主体的经济资源及其

① 一些从事社会科学——包括从事经济学——教学和研究工作的人，由于缺乏对新制度经济学基础理论的了解，不能理解“企业替代市场”理论，总是认为企业是利用市场，两者相互补充，怎么能是“企业替代市场”？这一问题的关键是没有进入新制度经济学中交易费用理论的思维框架，在这种状态下自然不能利用新制度经济学的理论和方法研究现实的经济和社会问题。

通过社会途径的融资渠道仍然不能达到这一资源数量要求，将阻碍经济主体进入这一领域；产业特性也会产生市场失灵，如果一个产业先天具有弱质性，产业成长缓慢，而一旦下滑自我恢复能力极弱，社会需要为此承担巨量的恢复成本，这类产业往往需要持续性的外力扶持；如果某项经济活动利润空间狭小，不足以产生足够的吸引力将经济主体留在该领域中，这一点可能和产业特性有关。①

农业中的市场失灵主要来源于产业特性。与分散的单个农户打交道提高了交易对象的交易成本，从而降低了利润空间；农产品的季节性和存储特性往往将农户置于一种极其不利的市场地位，从而扭曲市场调节的结果；农产品加工企业是应对农业风险和提高农业收入的一条现实途径，但是分散的农户无力承办，而外部进入往往又受到产业吸引力和既定经济和社会环境的制约；农业是一个基础性产业部门，需要广泛的社会性合作，其整个生产过程包含众多的服务环节，如储藏、加工、运输、市场、种子、育苗、农业机械、农业技术等，在一定时间内的社会化服务不一定能够满足农业的现实需要。农业经济活动中存在现实需要而不能通过市场机制满足这类需要，通过农民合作经济组织可以在一定程度上克服市场失灵对农业发展的不利影响。②

---

① 面对市场失灵，必然出现应对市场失灵的经济和社会选择以满足社会的各类现实需求。早期的经济学认为，克服市场失灵的唯一办法是政府介入，这也成为国家干预理论及其各项干预政策的理论依据。新制度经济学提供了另一种解决市场失灵的思路，通过市场经济主体之间的交易可以在一定程度上解决这一问题，关键是具有清晰界定的产权基础。这一思路将解决市场失灵的办法依然限定在市场的轨道之上，在一定程度上将可能导致产权再分配和使预期紊乱的政府干预“拒之门外”。之后发展起来的公共选择理论证明，由政府实施的政治性集体行动所产生的社会成果同样面临一些限制，这是对新制度经济学理论的有力支持。

② 写到这里，我隐隐地感觉到存在一个农业社会化服务体系和农民合作经济组织之间的关系问题，这一问题需要有一个基本的界定。我们可以设想，农业社会化服务体系可以通过市场机制在每一个需要农业服务的领域建立起来并有效运行，此时农业生产主体的所有服务都可以通过市场而获得。但是现实不是这样，只有一部分农业服务可以通过市场化途径解决，而另一部分农业服务不能通过市场化途径形成。这就产生了一种分工格局：凡是通过市场化方式可以提供的农业服务属于农业社会化服务体系，而不能通过市场化方式提供的农业服务可以通过农民合作组织加以弥合。如果将两者的分工纳入新制度经济学的思维框架，可以这样认为，农业社会化服务体系是一种市场性安排，而农民合作经济组织是一种准企业性安排，这里的“准”揭示的是农民合作经济组织和完全意义上的企业相比具有相对的松散性。由此还可以延伸出一个结论：社会化服务体系和农民合作经济组织之间存在一定的替代性。农业社会化服务体系越发达，农民就会更多地接受由此提供的社会化服务，同时减少或降低农民合作经济组织的功能。因此，两者之间在一定的区间内存在此消彼长的关系，因为现实中两者之间的完全替代是不可能的，交易费用的内在调节机制将会将两者定格在同时存在。

以上是较为常见的对这一问题的解释，除此之外还存在利益保护机制①、产业协调机制②和竞争促进机制等解释。利益保护机制定位在社会转型的特定背景之下，这一时期的农民经常面临来自社会各方面的利益侵占，此时通过农民合作组织可以联合抵御各类利益侵占行为以保护农民利益；产业协调机制来自于农民合作经济组织的整合功能，将分散农户生产环节中的各个因素加以聚合，如生产要素、技术支持、农产品数量、服务需求等，以此实现农业和其他产业之间的对接和协调，由此降低了分散农户状态下产业协调的成本，提高了产业协调的效能；竞争促进机制理论认为，农民合作经济组织的作用将提高农业生产和经营绩效，由此激发非合作的农业经济行为提高绩效。这些理论可以拓展对农民合作经济组织的功能性认识。

## 二、农民合作经济组织发展的相关因素分析

在现实的制度结构中，农民合作经济组织扩展了分散农户的发展效能，但在总量和结构上还存在相当多的发展限制。在建设新农村的背景中，农民合作经济组织在促进农民增收、农业发展和农村稳定等方面具有较大的潜力，农民合作经济组织发展相关因素的分析将为实现这一功能提供操作性思路。

### 1. 农户理性还是非理性

农民合作经济组织建立在农民合作的基础之上，而农民合作又是以农民自身对农民合作经济组织的经济价值判断为基础的——加入农民合作经济组织会给农户带来或多或少的经济利益，或某种便利，或安全感等。农户

---

① 曹锦清曾经讲过："自从分田单干以来，在各自独立的农户间客观上存在着超家庭联合的必要性，因为在生产、供销、农田水利建设及对付地方官吏的侵权诸多方面，唯有自发地联合起来才能解决问题。"见曹锦清．小农的出路[J]．新西部，2001(12)．

② 在现实的农业经营制度中，人们对龙头企业在农村发展中的作用给予充分肯定，"公司＋农户"是其具体的组织形式。但在实践中，农民处在分散状态，龙头企业可能利用其强势地位，市场不景气时往往通过种种手段损害农民利益。在市场环境对农户有利的时候，农户往往突破与龙头企业签订的订单约束，由于农户的分散性，在出现这一情况时，企业也无能为力。这一状况的原因在于农业产业化链条中间环节主体缺位。发展农民合作经济组织可以使上述矛盾得以缓解。

加入或不加入农民合作经济组织是不是这一“算计”机制发生作用的结果？肯定的结论和农户的理性相吻合，而否定的结论和农户的非理性相吻合。[①]

在现有的研究文献中，人们对农户是否理性的问题进行了大量的研究，问题在于存在两种截然相反的观点。[②] 我认为，农户理性是理解我国现阶段农民问题和农业问题的基础。

农业经营制度变革之前，农户仅仅是一个消费单位，即使是这时的农户也不是完全非理性的，需要依据当年的年景尽可能合理地安排家庭消费，以获得在既定条件下最大化的消费满足。[③] 农业经营制度变革之后，原有的社会结构发生了根本性变化，农户由单纯的消费单位变成了消费单位和生产单位的合体，此时的农户不仅需要算计消费，还要算计生产——从市场出发选择生产什么，算计收益，算计成本，算计来年，在年复一年的算计和比较中规划并不断修改着未来的致富之路。农民对“算计”备加珍惜，有一句广泛流行于民间的顺口溜：吃不穷，穿不穷，算计不到会受穷。这同时也说明，在收益增长但仍然有限的条件下，“算计”对保障和提高农民生活水平的重要性。但是，这并不意味着收入水平提高之后“算计”会在农户的经济行为中消失，事实证明，“算计”的压力始终存在，只不过其具体内容发生了变化：日子过得去——日子过宽裕——日子过富裕；解决温饱——体面的生活——丰富的生活。总之，改革开放以来的中国农户在“算计”的历炼中逐渐成长为具有理性的经济主体。

从实践来看，只有农民理性假设才能对大量的经济和社会现象作出合理的解释。农业经营制度变革之后，为什么会发生大规模的持续性的农村

---

① 在不少人的研究中，可能出于习惯，往往使用“农民理性”。但是，我认为使用“农户理性”更加贴切，因为个人理性和群体理性在实践中存在较大差异，虽然农民个人决策和农户决策在很多情形下的利益是一致的。当然，使用“农民理性”在实践中并不会发生歧义，人们仍然将个人理性视之为农户理性。现实生活中个人理性和农户理性之间的冲突会被农户这一利益共同体所熨平。

② 胡敏华. 农民理性及其合作行为问题的研究述评——兼论农民“善分不善合”[J]. 财贸研究，2007(6).

③ 农户理性的表现并不体现为具有重大经济或社会意义的行为，这也是一些人得出“农户非理性”结论的原因之一。在当时的背景下一年能够获得多少粮食和经济收益是一种外生变量，单一农户的主观愿望和努力程度几乎不对此发生影响。农户的理性只能表现在安排其家庭消费。我清楚地记得两种消费理性形式：有的农户小麦分下来就全吃白面(这可能是没有其他存粮只能如此)，吃完了一年的小麦就全吃粗粮，这种消费方式在农村较少；另一种形式是全吃白面的时间很少，总是白面和粗粮掺合着吃，一年到头总有白面吃。农村中往往将第一种情况称之为“不过日子”。如果第一种选择不是一种强制，也可以将此理解为一种理性选择——“好日子先过”。

劳动力转移？以至于其后续过程对中国的经济和社会进程发生了实质性影响。这种现象只能在农户理性的框架内才能得到解释。农业经营制度变革之后，一度出现极其严重的土地抛荒现象，表面看来这一行为极不理性，尤其是从社会角度看更是“离谱”——土地是一种宝贵的经济资源，怎么能将土地弃之不种呢？但是，正是被农民祖祖辈辈当做命根子的土地却真真切切地出现了大面积抛荒，并在全国很多地区存在。事实上，这一现象是农户理性的反映，农业比较收益下降、种植成本上升、各类经济提留、工业化中呈现的较多利益机会等因素的汇合使土地这一社会性资源对农户的经济价值下降，不再具有资源的社会利益和具体使用该资源的经济主体利益的耦合基础，在农户看来，继续实施对土地的耕种是不理性的，一个从社会视角看来极其不理性的经济现象却是农户理性的直接结果。林毅夫(1988)揭示了这一现象的本质——许多被视为非理性的小农行为却恰恰是外部条件限制下的理性表现。

发展经济学家舒尔茨(T. W. Schultz)曾经讲过：“在自己土地上的普通农民，具有超过来自富国的仅仅懂得经济学的专家的优势。他熟悉他的小块土地和当地气候，而且他能预期他的辛勤劳动将取得什么成功，而所谓的专家却一无所知。默默无闻的农民是农业现代化中的不可或缺的主体，他是以分厘而不是以元角为单位来计算边际成本和收益的。他和我们一样关心改善自己的命运和下一代的命运。”①

农户理性问题首先是一个事实性问题，这可以为过去提供解释；农户理性问题还是一个政策性选择问题，这决定未来的政策取向及其具体选择路径，这一问题较之事实性问题更加重要。如果农户是非理性的，既有的农村经济和社会进程就来源于一个超越农户选择之上的外力安排，其魔力之大足以忽略农户意愿、农户利益、农户行为等基础性问题，依靠这种力量就可以完成包括农民合作经济组织在内的所有的经济和社会工程！

我们所生活的时代已经彻底地告别“救世主”，代之而起的是千千万万个具有理性的经济主体，他们的趋利行为在社会利益和现实制度结构的约束之下正在转换成社会发展的不竭动力，来自于社会的外力只能顺势而行才能有用武之地。

---

① 迈耶. 发展经济学的先驱理论[M]. 昆明：云南人民出版社，1995.

## 2. 农民善分还是善合

在近几年农民合作经济组织的研究中，农民善分还是善合的问题也备受关注，这一问题直接关系到农民合作经济组织的发展基础，因为谁都知道，我们不可能通过强制形式将分散的农民组织起来。农民若是善分，则会加大农民分散经营的惯性，并在所有可能的农业环节尽可能地通过自我服务形式满足各类需求；农民若是善合，则可能以较低的成本将分散的农民组织在一起，推进农民合作经济组织的发展。

从现有的理论趋向来看，多数人坚持“农民善分不善合”的观点。曹锦清十分鲜明地表达了这一观点并被多次引用，他写道：“中国小农的最大特点是‘善分不善合’。‘善分不善合’是农民的一般特征，还是中国农民的特殊性，我没有作过比较研究，难以判断。”①从全文来看，作者的用意不在于表达其这一观点，而在于说明农民“善分不善合”是一个基本的出发点，应从此出发考虑如何走出这一局限，建立起农民自愿为基础的自治性的契约组织。但是，对农村的考察令他“极度失望”，现实中的农民合作大多局限于传统范围——家庭式、宗族式或依赖于清官能人。一些人用传统文化解释“农民善分不善合”，如胡敏华(2007)认为：关于农民合作难的观点也并不是空穴来风，它确实有一定的历史文化渊源。中国传统文化似乎对此早有定论：一个和尚挑水吃，两个和尚抬水吃，三个和尚没水吃。这其中就隐含了一个现实命题：中国农民合作化事业的发展前景不容乐观。② 姑且从文化视野理解这一问题，但是任何文化都有其产生的特定时代背景，将具有特定时代含义的文化不加选择地运用于另一个时代，则可能出现“文化谬误”。产生于特定时代背景之中的某种文化可能具有超越时代的特性，但其具体含义或者其

---

① 曹锦清．小农的出路[J]．新西部，2001(12)．

② 不少人引用“一个和尚挑水吃，两个和尚抬水吃，三个和尚没水吃”，并以此说明中国传统文化中缺乏合作的理念。每当看到这种表述，总会在心中涌起很多联想，这真是中国传统文化中的内容吗？至于其中的技术性问题不必细究，社会存在的分工基础也不加以讨论，我认为之所以会出现这种合作结果主要问题在于缺乏合作的制度基础，如果第二个和尚有明确的公共事务，并且第一个和尚可以从这一公共事务中获得一定程度的某种满足，第一个和尚就会坚持自己挑水，当然也不会出现“三个和尚没水吃”的尴尬。因此，我欲将这一隐喻从中国传统文化中拉出来，将之植入制度框架之中。

表现形式也会发生变化。① 或许我对文化及其变化的理解受到文化修养等方面的限制，但是我直感用传统文化说明中国农民"善分不善合"的特性有失恰当。

人们得出农民"善分不善合"的结论并使这一观点为不少人所接受可以由实践原因作出解释：从宏观层面来说，较为规范和具有一定规模的农民合作组织所吸纳的农户还不到农户总量的10%，并且还不同程度地存在运行机制问题，现有的农民合作组织的功能并没有为分散的农户所普遍感知，在这一背景下，自然每遇一家一户不能解决的问题就求助于传统的合作形式；从微观层面来看，分散生产的农户对于其生产收益和生存境况的改善还处在较为满意的状态之中，合作的瓶颈已经在总体上呈现出来但还没有被农户普遍感知，"基本满意"的现有格局较之合作后的境况具有更大的确定性，更多的农民趋向于"安于现状"，这一情形可以用"路径依赖"作出解释。

因此，"农民善分不善合"不能作为发展农民合作经济组织的依据，农民的"善分"是对既定经济环境和制度结构的反应，20世纪80年代初期的农业经营制度变革迅速普及并产生了相当巨大的、持续性的经济收益和社会收益，这似乎应该成为"农民善分不善合"的最有力的证明，甚至其中的"不善合"应该修改为"厌合"，而现在仍然存在的"善分"趋向则可以理解为既定制度对于农民来说仍然具有效能潜力，而另一面则是其他制度形式还没有产生足以替代现行制度的经济吸引力。这里我们事实上给出了"农民善分"向"农民善合"转变的经济和社会条件，这里既包含"显规则"，更重要的可能

① 在可能超越时代的文化种群中，"孝敬父母"可以称得上备受尊崇。请想一想：在子孙满堂的传统社会和在独生子女盛行的现代社会里，"孝敬父母"没有变，但其形式却大相径庭，如果一个孩子因为坚持将父母养在身边，吃喝及大小事务终日服侍而放弃大量的经济和社会性选择，这种方法可能被很多人称之为"愚孝"。当然，这种方法并无可指责之处。传统文化还可能因为社会发展水平和社会的制度结构而发生变化，较低发展阶段和较高发展阶段上的"孝敬父母"具有极不相同的内涵，社会保障制度缺失和具有成熟的社会保障制度之下的"孝敬父母"具有完全不同的选择空间。

还包含"潜规则"层面的东西。[1] 社会应该努力地减少"潜规则"的存在，使其向人人皆知并引导人们行为的"显规则"转变。

### 3. 路径依赖

在相当长的时间里，人们总是认为人类社会在竞争法则的作用之下总是收敛于一个方向，尽管具体的过程有先后之分，有快慢之别。但是，当多元的世界格局形成之后，人们发现现实的情景不是这样：有的国家迅速迈向了高速发展之路，有的国家则陷入贫穷难以自拔；有的国家社会稳定，有的国家则长期动乱。这一现象引起经济学家们的极大关注，诺斯教授在对经济史的开拓性研究中利用路径依赖理论阐明了这一问题。

路径依赖（path dependence）是指"人们过去的选择决定了他们现在可能的选择"。[2] 在通俗的意义上说，可以将路径依赖理解为物理学中的"惯性"，意指在特定历史背景中某项经济或社会事务一旦进入某一个轨道，就会在这个轨道上持续地运行下去，即使既定的进入轨道与人类的本质诉求背道而驰也是如此，制度经济学家们将这一现象称之为"锁定"。路径依赖理论揭示了历史性选择对今天乃至后续选择的重要性。

将路径依赖理论引入农民合作经济组织的研究之中，我们会发现农民分散生产是一种既定的农业制度选择，这种制度选择已经运行了30多年，并且其制度效能仍有一定的空间，至少就农民目前的认知是这样。十分重要的是这条制度路径给世世代代为温饱而辛勤劳作的中国农民带来了从没有过的生活富足和安定，这一点在相关问题的研究中都十分重要，农民不愿意轻易接受可能危及现有状况的所有制度性安排，即使这些安排可能会给他

---

① 表面上看，已经具备了发展农民合作经济组织的经济和社会条件，但是农民合作经济组织就是发展不起来，这可能和一些不能摆在桌面上的事情有关，这就是"潜规则"在发生作用。如果现实中存在以下事实：拥有某种政治强势的个人或群体从不放过一个利用公共事务为个人或群体谋取私利的机会，且这一牟利行为可以实现，并且很少受到追究。这一现实给农户一种坚定的心理暗示——参加任何组织农民都无利可图。这种心结使大量的分散农户远离任何形式的合作组织。"潜规则"的存在对各类经济和社会事务施加了大量的社会成本，如"民主集中制"是党内生活的一条重要准则，据此每一个领导班子成员都可以发表自己的观点，在此基础上集中决策。但是，如果你真的在会上谈你自己对问题的看法，既不揣摩一把手的喜好，也不看一把手的脸色，也不花费精力去摸清问题背后的背景，你注定会被"边缘化"，虽然你对形成的"集体决定"坚决执行。一个"潜规则"占居主导地位的社会，必然助长投机，扰乱预期，增大社会成本，增强社会的无序状态。

② ［美］道格拉斯·诺斯．经济史中的结构与变迁［M］．上海：上海三联书店，1991.

们带来新的利益。由此看来，在农民合作经济组织问题上产生的路径依赖还没有达到“效率锁定”的状态。但是效率下降的趋势已经明显显现，如果不能将分散的农户采取适当的形式组织起来，农业生产力的持续成长空间就会变得越来越小。按照常理，只要是陷入路径依赖，制度选择就会持久地锁定在这一路径之上，就会排斥可能更有效的其他选择，如果既定的选择具有一定的效率，社会损失将较小，如果既定的选择无效率，社会将为此支付巨大的社会成本。

路径依赖是一种现实存在，既有的思维方式和行为方式总是成为面对新问题时的首选。而在另一方面，路径依赖必然出现效率损失，即使历史选择了一条具有初始效率的轨道，这时的效率损失表现为创新的缺失。这就自然将思绪引向破解路径依赖的方向，社会或许不能超越路径依赖，但一个理性的社会又不能任由路径依赖所摆布，在既定的轨道上年复一年，不论这个历史的选择曾经给社会带来了多么丰厚的回馈。

从实践来看，现实的选择是通过各种途径建立一批符合农民意愿、农民自己管理并切实给农民带来经济收益和社会收益的农民合作经济组织，通过其示范作用对既定农业经营方式之下的农民形成视觉冲击，逐渐改变其思维方式和行为方式，为各类农民合作经济组织奠定社会基础。①

### 4. 农民合作经济组织的构建

在一般性意义上阐述农民合作经济组织的经济和社会功能是需要的，但是停留在这里则远远不够，因为实现这些经济和社会功能必须以农民合作组织的本质性规定为前提。如果具备这些本质性规定，农民合作组织的经济和社会功能有可能在较大程度上实现，否则，所有功能都只能是纸上谈兵。另外，农民合作经济组织经济和社会功能的实现还是一个具体的社会

① 新中国成立之后的农业制度选择是第一次选择，中国在这一轨道上运行了将近30年的时间，这一进程中存在路径依赖的现实，但用路径依赖解释这一历史进程显得牵强，毕竟这一进程具有很强的“非自然”色彩。走出初始选择的社会机制是剧烈的社会变革，通过这一变革中国步入了新的制度轨道。如果第二次制度选择存在变革必要性的话，我们还能期望利用剧烈社会变革的形式实现这一变革吗？我认为，现实的中国已经不具备实现急剧社会变革的社会基础，况且也存在一些具体的问题——变革方向？变革的实施者？变革的效能？等等。急剧的社会变革是推翻旧的，重建新的，而现实的制度变革是新旧并存，并利用某种社会机制促使由旧至新的转变，建立起支撑更高效率的制度结构。

过程,这一社会过程包含着既定农民合作经济组织运行机制扭曲的可能性,即使农民合作经济组织的本质性规定在制度本体上存在。这就是说,在方向性问题解决之后还存在一个农民合作经济组织自身的构建问题——我们需要建立一个什么样的农民合作经济组织?①

农民合作经济组织从本质上说应该是一个超越家庭关系、宗族藩篱和传统合作的契约性组织。人们可能会说,农民之间的合作大量存在,农民遇到家庭大事的时候左邻右舍蜂拥而至,而不像城市里发生类似事情时冷冷清清。这的确是事实,并且在这种场合具有细致的分工,几十个人甚至是上百人在严密的组织下运行得井井有条。在农村里,如果谁家遇到了婚丧嫁娶之类的事情周围邻居都不到场帮忙,那是一件极其尴尬并且十分丢人的事情,说明你家没有人缘。但是,这种合作是基于亲情和乡情而存在的。农民之间的合作还可能较多地出现在农忙季节和农户出现资金短缺的时候,这些都具有互助性质。农忙季节时的互助是劳动力短缺的农户由这种互助得到劳动力支持以完成某个生产环节,资金短缺时的互助使农户获得资金支持以度过暂时的经济困难,婚丧嫁娶时的互助是农户群体向事主提供的一种人力支持。这些互助形式的共同逻辑是:每一家都会遇到需要别人帮忙的时候。这些合作从基本面而言具有:临时性——需要帮助时合作才会发生,事情一旦完成合作即告消失;不平等性——有需求的一方获得众人或他人的帮助,被助方事后难以摆脱“人情债”的重负。显然,如果农民合作经济组织中的“合作”仅仅停留在这一层面上,农民合作经济组织的建设早就完成了,因为这种合作是农民自组织的结果且早已有之。

① 在每一个领域中都存在将原则性问题具体化的必要,因为具体的过程可能将既定原则抛至九霄云外:计划经济体制中的计划优越性取决于如何计划和计划的科学性,现实分配中的平均主义使按劳分配的本质荡然无存,权力行使过程中的失去约束使本应“为民所用”的公共权力大打折扣。由原则到具体过程、由框架到清晰界定对我们这个时代尤其重要。我们不必要回答战略和细节哪个更重要的问题,我们要的是战略方向正确基础之上的细节和细节完美支撑之下的战略。我们常说,教师是人类灵魂的工程师,但是什么样的老师才能匹配这一称号很少被人提及,不同的内涵可能有不同的行为结果。因为现有的教育制度结构中几乎不存在对教师的评价机制,即使有也是形同虚设,能走上讲台会说话就是一个合格的教师,在相当多的情形下甚至能成为优秀教师的充分条件。2006 年曾经给我自己出了一个题目——《高校繁荣幕帐掩盖下的改革压力》,由于种种原因没有启动。我不知道每一个学校每一年的改革成就是怎么编撰出来的,但我知道这些改革成就的汇集至今尚未触动中国高等教育的本质性问题。在这种局面中,凭着各自的良心做事成为人们普遍的行为方式选择,而高等教育的社会功能就是这种“凭良心做事”行为方式选择的自然汇聚。

因此,农民合作经济组织的建设应该实现三个转变:

由基于乡情、亲情向经济主体地位转变;

由临时性互助向永久性合作转变;

由不平等联合向平等合作转变。

完成了这三个转变,农民合作经济组织才具有契约组织的雏形,支撑现代农业和农村生产力发展的农民合作经济组织才能步入成长轨道。

从农民合作经济组织的运行结果来看,这种组织必须给参加者带来经济利益,这当然不是指每一笔交易,也不是指任一时点,但是应该在一个可以预见的未来使农民存在对合作经济组织的利益预期——明年一定能从中有所收获,如果它今年不能的话。这一要求事关农民合作经济组织的生存和发展,因为一个契约性组织中的"退出权"是每一个参加者随时可以利用的权力。农民自我管理是农民合作经济组织存续的一个重要条件。或许人们可能以农民素质低、不愿管理(如果是自己的组织并对此寄予厚望就不会如此)、不善管理(如果我们心无旁骛地发展农民合作经济组织,农民通过实践完全可以习得这些知识和经验)等为由以各种方式介入其中,此时农民合作经济组织的运行机制就会发生扭曲。①

由此自然引发农民合作经济组织在政府层面的问题。庄小琴(2006)教授将政府在农民合作经济组织中的角色定位概括为五个方面:做好宏观调控,使农民合作经济组织成为"桥梁";尽快加强立法和政策支持,给农民合作经济组织发展创造必要的法律和政策环境;加大信贷投入,放宽税收政策;广泛宣传,推广典型,积极引导;因势利导地加强农民合作经济组织的制度建设。显然,这些概括不涉及农民合作经济组织内部的问题,这和农民自我管理是不矛盾的。但是,具体而全面的界定农民合作经济组织发展中的政府角色是困难的,即使一种界定符合现实,但五年以后甚至是三年以后原

① 毫无疑问,农民的自我管理在起步阶段会发生一定的效率损失,但是任何一种替代形式都不能保证没有效率损失。在农民自愿基础上形成的农民合作经济组织中,农民自我管理具有明显的优势,管理的民主和公开是管理活动的必然选择,内部运行将由此获得可信赖性。如果不是农民的自我管理,将会由于信息的不对称性产生极其高昂的运行成本,现实存在的"不论如何,就是不信"的思维定势将危及农民合作经济组织的生存和发展。从制度经济学的观点来看,只有博弈行为的参与者之间达成的博弈均衡才是一种稳态结构,借助于外力形成的暂时的、表象的良好状态可能孕育着不稳定。这里的自我管理是仅就农民合作经济组织内部而言,并不排斥社会层面的管理活动。

有界定就可能不符合现实,需要在一些方面作出调整。[①] 不论在何种情况下,记住一般规则是必要的:市场尽其所能,能走多远就走多远。让市场主体自由选择,让市场信息自由流动,让市场机制自由发挥,政府只做那些独立经济主体不愿做、做不了、做不好和能扩充经济活动正向效果以及降低经济活动负向效果的事情。

事关农民合作经济组织的所有层面最后都会表现为农民合作经济组织的制度成本,高成本意味着吸引力下降,农民的收益空间变小,农民合作经济组织难以发展;低成本则意味着较大的吸引力,农民的收益空间扩大,农民合作经济组织将因此获得较大的发展动力。降低农民合作经济组织的制度成本是发展农民合作经济组织的一个重要视角。

### 5. 社会结构和农民合作经济组织

农民合作经济组织的发展还存在一个超越农业、农民乃至农村的极具现实性的问题——社会结构。我们长期生活在一个只有国家和分散个体的社会之中,按照这种社会的制度结构设计,一切经济、政治、文化和社会性事物都有一个超越个人之上的核心及其群体进行设计,并通过其组织体系贯彻其国家意志,个人只要按照这一既定的设计俯首听命就可以实现社会的有序运转。

经济市场化进程逐渐将这一社会的结构性缺陷暴露出来:在规模、效率和能力等现实的限制之下,国家面对日益不堪重负的社会管理压力,而无数分散的社会个体由于长期处在“听命他人”的文化熏陶之中,同时也面临将无数个体组织起来的高交易成本障碍,个体对这些问题缺乏敏感性,更严重的是难以产生解决这些问题的主观意愿。国家难以管理和个人不愿管理的结合势必加剧社会的无序状态。

当一个社会能够从社会结构层面观察其现状的时候,这个社会才有可能步入长治久安。观察一个健全的社会,我们会发现在国家机器和无数分散状态的个人之间存在一个个人自由集合而产生的“群”,这个组织形式在社会结构中发挥着至关重要的作用,它是一个克服政府有限理性、节约制度成本、实现社会协调的装置。如果缺少这一层级或这一层级发育不成熟,政

---

① 管理的魅力大概就是体现在这里。在符合管理本质性规定的前提下,按一定之规的管理优于无一定之规的管理,而权变性管理又优于按一定之规的管理。管理效率来源于一定之规,但又超越既定之规。

府就会直接介入社会的各类事务，同时渐渐失去社会的自主性功能，社会管理者也会失去一个极其重要的缓冲空间。人们往往将这些社会性组织当做社会稳定的消极面，这是各类社会组织多年以来承受的天大冤枉，正在进行的社会实践已经显示出社会体制发育以及各类社会组织所具有的经济功能。[①]。鲍威尔森（J. P. Powelson）曾经说过：国家过分控制别人生活的权力足够分散，是保证制度的效率与公平之重要因素。因此，在长期的经济发展和社会发展中，必须建立一种恰当制度，其中心作用是在不同社会集团之间，如贵族与农民之间，建立权势平衡，并确保下层次的集团拥有"杠杆"，即他们能从上层权势集团那里得到支持。只有当权势得到扩散，才会出现基础广泛的持久经济发展。[②] 而赵泉民（2007）认为，这一"恰当制度"的实质，就是促进中间层的培育。[③]

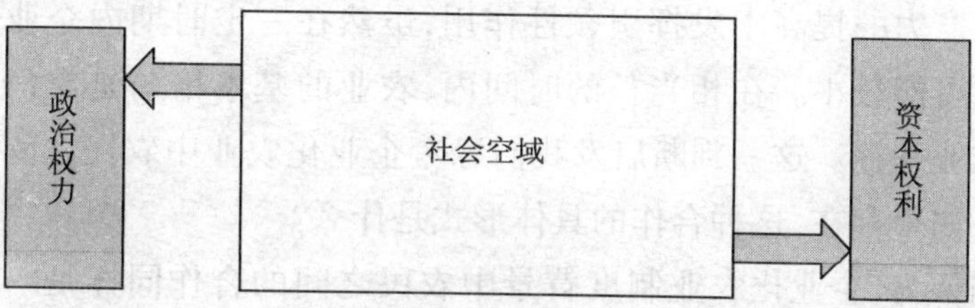


**图 8　社会结构示意**

中国的农业和农村发展过程只能在与社会进程的联系中才能实现，农民合作经济组织是这一社会框架中的一部分。很显然，现实的社会结构以及在这一结构之下形成的制度文化对农民合作经济组织的建立及其发展是

---

① 在我国的经济和社会变迁中，政治力量始终存在，政治权力是这一力量中的公共资源。在经济体制改革之前，经济权利和政治权力是合一的，这种集合体就是国家政权及其体系。经济体制改革过程中，逐渐形成了独立于国家政权的经济力量，这就是各类非公有制经济的成长，此时的格局是政治权力和经济权利在相当程度上实现了主体的分离。由此提出了一个极具现实性的问题：社会应该怎样进行规制以阻止政治权力和经济权利之间的合谋。因为不论是政治家的"以权换钱"，还是资本家的"以钱换权"都会招致严重的经济和社会后果。实践证明，对付类似问题的现有制度集合难以取得令人满意的结果，总是"按下葫芦浮起瓢"，甚至是浮起两张瓢。这里所讲的社会结构问题将为这一问题提供一条现实的解决思路：通过社会结构的调整建立起完备的社会体系，使这一体系横亘在政治权力和经济权利之间以阻断两种力量联手的可能性，确保政治权利和经济权利的固有本质不被侵蚀。我用图 8 表示这一思想。

② 王亚南．中国官僚政治研究[M]．北京：中国社会科学出版社，1981.

③ 赵泉民．二重社会制度结构的困厄——对 20 世纪中国乡村合作经济困境的一种尝试性诠释[J]．财经研究，2007(9).

一种限制，就是这样一个环节都能反映出经济和社会发展对政治体制和社会体制的变革诉求。社会已经进入一个不容薄弱环节长期存在的发展阶段，这大概是协调理念的应有之意吧！

## 三、一个农民合作的实践发展框架

农民合作经济组织是在分散经营农业基本制度之下的一种组织创新，其经济和社会功能通过由分散到合作的转变加以实现。而一旦脱离分散经营这一制度背景，合作还会出现在另一种制度背景中吗？

农业的另一种制度背景是企业化农业，企业化农业不是对现有农户型农业的完全替代，这种农业形式可以在现有农业经营制度的基础上产生，并在农业生产力的提高中发挥引领性作用，虽然在一定时期内企业化农业占有的比重可能较小。在相当长的时间内，农业的基本格局是农户型农业和企业化农业并存。这一判断启发我们思考企业化农业中农民之间的合作还存在吗？如果存在，这种合作的具体形式是什么？

我们认为，企业化农业制度背景中农民之间的合作同样是一种现实存在，其合作形式表现为在同一农业企业内部农业工人（农民）之间的合作，或许现在在同一农业企业的农业工人在进入这个农业企业之前从事农业的不同环节，或种植，或养殖，或运输，或销售。这样，就在分散的农户经营和集中的企业经营两种农业经营形式之间建立起某种联系，企业化农业是农户型农业一体化的直接结果，这符合农业产业组织发展的逻辑关系。[①]

还有一种合作形式不论在农户型农业中还是在企业化农业中都始终存在，这就是社会性合作。

农户型农业中社会性合作的存在主要表现为以市场化形式为农业提供服务的企业和以非市场化形式为农业提供支持的机构。

企业化农业中社会性合作的存在主要表现为各类企业（当然应该包括农业企业在内）之间的合作，这种合作是以市场化形式进行的，另一种社会性合作的形式也是以非市场化形式为农业提供支持的机构。表面看来，农

---

① 农民合作经济组织是介于市场和科层之间的一种组织形式，是一种“准合作”形式，一旦具备“一体化”条件，无数分散的农户及其合作组织就会演化成一体化的组织形式。

户型农业和企业化农业中的社会性合作是相同的，其实不然。农户型农业中社会性合作的第一种形式的两极是“分散农户——企业”，而企业化农业中社会性合作的第一种形式的两极是“企业——企业”；农户型农业中社会性合作的第二种形式往往占有较大比重，这是因为分散农户和农户自组织的农民合作经济组织所能提供的各类功能具有较多的限制，而企业化农业中社会性合作的第二种形式占有的比重较小，因为企业与企业之间的合作扩展了功能空间，使原来以非市场化形式存在的社会性合作转由市场化形式实施，这实际上意味着农业发展社会成本的降低。

按照这种逻辑思维关系，我们得到了一个农民合作实践发展的逻辑框架：

分散农户——农民合作经济组织——农业企业内部农业工人（农民）之间的合作——农业企业与农业企业之间的社会性合作

在此过程中，非市场化形式的社会性合作始终存在，但其规模在不同的阶段具有差异。

在这一框架中，每一步合作进程都具有效率取向，其效率内涵是决定这一实践框架的关键所在。在我国现阶段而言，这种效率内涵体现在由分散农户到农民合作经济组织这一环节上，当然还包括这一阶段社会性合作的两种形式——一部分企业与农户之间的合作和社会性支农机构和农户之间的合作。从发展的观点来看，现阶段农民在合作经济组织框架内的合作会在一定条件下向企业内部的合作转化，企业内部的合作、企业之间的合作以及各类非市场化形式的社会性合作互补形成新的社会合作体系。[①]

这一社会合作体系形成的理论脉络是清楚的，至于其内在机制还需要作进一步的研究。

① 各种变革的同步是不可能的，多样化始终是把握我国经济和社会进程的基本特点之一。

# 第七章
# 农村生产力发展中的农业劳动力转移

改革一经启动，人们发现现实的经济和社会过程不可避免地进入了一个难以驾驭的轨道，由此所形成的冲击力往往使既定的社会控制模式束手无策。能够充分说明这一现象的莫过于农业劳动力的转移。家庭联产承包经营责任制使长期处在压抑状态的农业生产力得到迅速释放，农业的要素配置结构通过这一制度性调整呈现出新的状态，其基本情形是农业劳动力大量过剩。从那时起，农业劳动力的转移及由此所产生的经济和社会问题就再也没有离开过我们的视野，诸如：农民工工资问题、农民工权益保障问题、农民工生存状态问题、交通压力问题、城市治安问题、户籍制度问题、“38、60”问题、留守老人的照顾问题、留守儿童的教育问题、农村社会保障制度建设问题，等等。一个简单的经济现象——农民通过各种形式的非农化行为以谋求较高的经济收益，改善其生存状态——何以衍生出一个具有如此丰富内涵的社会万花筒？

## 一、农业劳动力转移的基本评价

在我国的现实国情下，农业劳动力转移表现为一个持续时间长、转移规模巨大的社会过程，这一过程影响广泛而深刻。这一特点决定人们对农业劳动力转移必然存在不同认知。有人认为，农业劳动力的流出在农业技术水平较低、主要依靠劳动力的背景下必然对农业生产的发展产生不利影响(孙自铎，2004)，新农村建设和发展现代农业的任务提出之后，这一观点得到了较多的社会回应——农业劳动力的转移使大量素质较高的劳动力流向非农产业，而从事农业的劳动力群体主要是老人、妇女和儿童，现代农业可能在这种状况下实现吗？更多的人认为，农业劳动力转移在支撑经济增长和社会发展中发挥了重要作用(蔡昉，2004)。在一个国家的同一时期对同一经济现象产生了两种截然不同的评价。在此背景下，农业劳动力转移何去何从：听其自然？全力推进？适当抑制？还是结构调整？

就农业劳动力转移这一基本事实而言，以下几个方面应该成为人们的共识：

第一，农业劳动力转移背景中的农业发展。只要我们踏进农村就能即刻感觉到一个事实——年轻力壮的农业劳动力所剩无几。给我的印象是下至十几岁，上至五十几岁的农业劳动力大部分都不在家务农，这一现象已经持续多年。但是，农业产出却没有因之下降，相反，农业产出保持了稳定增长的基本趋势：1978 年和 2007 年的粮食产量分别是 6095 亿斤、10030 亿斤，在 30 年的时间里，粮食产量增加了将近 65%。况且，粮食产量的增加是在耕地面积不断减少的情况下实现的，这只能归之于土地生产率的提高。这就是说，农业劳动力转移并不必然带来农业产出的下降，这一结论同人们的主观感知不一致。

盛来运(2007)从以下几个方面对这一现象作出了解释：农业劳动力转

移催生了农业机械化;[①]农业劳动力转移加快了农业新技术的应用;[②]农业劳动力转移提升了人力资本;农业劳动力转移促进了土地制度和农业生产方式的变革。[③] 在这些解释中,各自的解释力呈现出较大的差异性,其基本状态是由前至后逐步递减,其中的人力资本效应相当弱小,农业劳动力转移的直接指向是获取较农业领域中更多的经济收益,农村教育事业的发展落后使转出的农业劳动力不具备较高的学习能力,加之产业限制和职业教育的落后状态,现实中的人力资本聚集基本上还处在极其原始的状态;至于土地制度和农业生产方式的变革则仍然处在襁褓之中,农业劳动力转移产生这一效应的机制是土地流转,如果说取消农业税之前还存在土地流转的经济动因的话,取消农业税之后这一经济动因已经变得不复存在,农业的要素配置结构还没有发生实质性改变,资本成为农业主导性的要素还遥遥无期。

我认为,对农业劳动力长期大量转移背景下农业产出依然增加的解释诉诸于农业经营制度可能更加具有说服力。实施农业经营制度变革以来,虽然既定的产权结构不能完全排除来自于各方面对农民利益的侵蚀,但是,这种行为在实践中受到了农民的顽强抵制,尤其是中央对"三农"问题的持续性重视和维持农业基本经营制度的坚定决心有效地抑制了侵犯农民利益行为的扩展和蔓延。可以这样认为,不论面临怎样的经济和社会环境,农业经营制度的内核——农民利益和土地之间的高度相关性——被基本完整地保留下来。有了这一认知,农业发展进程中的很多问题都可以得到解释:务

① 1990 年农业机械总动力是 28780 万千瓦,2005 年增加到 68398 万千瓦。2005 年的机耕面积占粮食总播种面积的 60%,机播面积占 40%,机收面积占 30%。他将这一现象的出现归之为农业劳动力机会成本的提高。

② 主要表现为农民加大了农业科技投入和农业生产资料投入两个方面。其机制解释是:非农收入为增加投入提供了资金条件,非农经历和经验增强了家庭对农业技术的应用偏好。

③ 我认为,他对这一现象的解释可以归结为这些变化实现了对农业劳动力的有效替代,这在一定程度上说明了这一问题。但是,到此为止,对问题的认识并没有结束。在既定的制度环境中,农村的社会保障制度近乎空白,这也是人们将土地视作农村基本生活保障的原因所在。城市劳动保障制度中的 55 岁或者是 60 岁退休的规定在农村根本不存在,农村中的已经超过退休年龄的绝大多数并没有退出农业劳动力的行列,依据我的感知,只要身体状况允许,70 岁以下的老人依然是全日制的农业劳动力,当然这并不排除他们在某些劳动环节中的无能为力,这种结构性问题可以通过农民之间的传统合作和劳务购买予以弥补。因此,农业劳动力的转移对农业生产的负面影响在相当程度上被弱化了,除了其他的替代形式之外,超过"劳动年龄"的农业劳动者仍然是现实的农业劳动力是一种重要的替代形式。当然,即使考虑了这一替代形式之后也不能完全排除农业劳动力转移对农业的负面影响。见盛来运. 农村劳动力流动的经济影响和效果[J]. 调研世界. 2007(11).

工还是务农、就地打工还是异地打工、耕种还是抛荒、种植还是养殖、多投入还是少投入。就农业本身而言,即使其相对于其他领域可能比较利益较低,但是,在其他收入来源既定的条件下,种地比不种地收入多,种好的地比种不好地收入多。正是这种收入效应支撑了农业产出的增长趋势。

第二,农业劳动力转移和农民生存状态。增加农民收入一直是农村经济政策的基本目标,在城乡一体化发展的背景之中这一目标在短期内不会改变。依据相关资料,2007 年我国农民人均纯收入数量是 4140 元,虽然这一过程起起落落,但是农民收入的持续性增长为中国社会的基本稳定奠定了基础。

家庭联产承包经营责任制实施之初,农民收入的结构单一,农业经营性收入占绝对比重。但是,随着经济市场化的推进,农业经营的环境发生了根本性变化:一方面,经济发展和城市化进程为农民增加收入提供了较多的市场机会;另一方面,农产品价格下降和农业生产资料价格上涨降低了农民的农业收入空间,既定的收入数量难以维持基本的生产和生活条件,由此产生了较大的生存压力。这两个方面的结合会聚成农业劳动力转移的社会洪流,工资性收入开始进入农民的收入结构,并在收入总量中的份额不断增加,与此同时农民的农业经营性收入比重持续性下降。1997 年到 2003 年,农民人均纯收入共增加了 532 元,工资性收入在其中的贡献是 404 元,在增加的收入中有 76% 来自于工资性收入。而在工资性收入的增长中,农民外出务工收入呈现出不断增加的趋势,2001 年农民外出务工收入占工资性收入的比重是 36.5%,2002 年是 47.5%,2003 年是 61.4%,2004 年这一比重达到了 70%。这里有一点值得提及,现实经济和社会环境中外出务工农民不可能发生技术结构和知识结构的根本性改变,务工的产业领域和所处的产业环节也不会发生根本性改变,这就是说,农民工资性收入的增加主要来源于农业劳动力转移数量的增加。

我曾经和在本人居住城市谋生的多个老乡交谈过,他们从事的职业包括:开出租车、为私人公司开运货车、给居民送饮用水、给居民家里送奶、建筑、在居民区里收废品、服务性经营,等等。他们从事的职业存在收入和劳动强度等方面的差别,但是每一个老乡都将正在从事的职业作为支撑其家庭生计的一个重要来源,有的甚至还依靠其收入供养孩子上大学,用他们的话说,有这一万块钱还过得去,有的年份还不错,要是没有这一万块钱肯定过不去。农民离乡背井，就是为了这个处在临界点上的万儿八千块钱。虽然农民离富裕还有较远的距离，他们甚至在心里面不存在这种企盼，但是还是日复一日地辛勤劳作，只是为了“过得去”和“少作难”。感谢现实的社会结构，为农民提供了免受苦难的机会，我多么期望他们能够“过得好”、“不作难”。

第三，农业劳动力转移和城市化。改革开放以来，城市化率得到了迅速提升，1990 年我国的城市化率只有 18.9%，2004 年提高到 41.8%，2006 年达到了 43.9%，专家预计我国已经步入城市化高速发展阶段。与这一数量相适应的是城市化发展过程中在功能、布局、规划、管理、城市体系之间的协调等方面的质量提高。近年来，每到一个你曾经到过的城市你几乎都会发出“变化太大”的感叹。

城市化本身就是农业人口向城市的集中，农业劳动力转移对城市发展的作用则体现在由此所衍生的多个方面：城市建设的力量、满足工业发展对劳动力的需求、为各行各业提供消费动力、降低城市的发展成本，等等。

在论及农业劳动力转移和城市发展的关系时，一些人可能用农业劳动力进城的负面效应对此提出异议。我认为，诸如交通拥挤、社会治安、城市管理等方面存在负面效应，是一个客观事实。但是，这一事实建立在“必经阶段”和“不可避免”的前提之上，认识和研究农业劳动力转移发生的现实问题，不应该对农业劳动力转移本身发生质疑，而应该指向尽可能地创造条件以较低的社会成本解决这些问题。①

一位从事建筑业的农民工曾经风趣地对我说：每一栋房子盖好都是我们“先住”，小区建了一个又一个，房子盖了一栋又一栋，但至今没有一间房是自己的。但愿这种辛酸的调侃不再，但愿再过几年他可以在城市拥有自己的第一套房子，也许不大，可能较为偏远。毕竟未来不同于从前，工业反哺农业和城市支持乡村一定会在这些为城市发展作出贡献的农民工身上得

---

① “有序流动”是针对农业劳动力转移提出的一条应对措施。就其本身而言，倒没有什么值得指责的地方，如果能做到这一点，农民可以免受处处找工作的舟车劳顿之苦，同时也降低了农业劳动力转移的成本，城市也可以获得与城市发展相适应的劳动力数量和劳动力质量，确实可以减少一些负面效应，农业也不会因为农业劳动力的过量转移和结构偏向而受到不良影响。问题的关键是依靠什么手段和措施去实现“有序流动”。表面看来，只有政府可以对农业劳动力的社会性流动作出安排，撇开其有效性不论，这一行政性诉求同我国现阶段经济体制的基本走势是不相吻合的。当然，这并不是说政府可以在未来的农业劳动力流动中无所作为。

到体现。

第四,农业劳动力转移和社会发展。劳动力是经济发展的基本要素,每一个时期的经济发展是各类要素贡献份额的累积。依据孙自铎(2004)的研究,外来劳动力创造的国内生产总值在以下几地的份额是:北京 32%、上海 31%、广东 30%、江苏 11%、浙江 17%、福建 16.8%,外来农业劳动力对沿海经济持续性地高速增长产生了重要作用。

农业劳动力转移是在二元经济和社会结构的现实社会环境中发生的,农民或许缺少这样一种宏观概念,他们只知道待在农村依赖土地难以维持基本的生计,"等、靠、要"对他们来说无济于事,只能走出去,捕捉任何一个可以改善其生存状况的机会。正是这种简单理念支配之下的个体行为的累加撬动了中国既定的社会结构,城乡一体化逐渐成为 21 世纪执政党的一个重要的战略性选择,这一选择将在未来中国经济和社会发展中具有导向性作用。①

农业劳动力转移的积极效应还会继续存在并以各种方式扩大。

中国现阶段的农业劳动力转移体现了经济和社会发展的一般规律。发展经济学家们曾经围绕发展问题提出过一系列假设:农业劳动力比重可以用来衡量一个国家的经济发展水平、不同的经济发展水平必然表现为三大产业间的结构差异、发展过程中的就业结构变动的基本趋势是农业劳动力的转移、工业化过程是农业劳动力就业比重的下降过程。这些假设已经得到西方大多数国家经济发展进程的验证,中国的经济和社会发展进程具有同其他国家不同的背景和特殊性,但这些特性不足以超越一般性,只能是一

① "农民工"的内涵已经今非昔比,不少地方已经将他们称之为"市民"。当然,这并不意味着差别的实质性消失。在一个较长的时期内,对"农民工"的歧视几乎是一种普遍的社会心态,他们干最脏最累的活,拿少得可怜的工资,即使这样还经常面临不公正的克扣和拖欠。总理给农民工讨要工资及由此引发的农民工权益保护"运动"是这一问题严重性程度的集中体现。客观地说,这一问题已经在文化层面上得到良好的控制。事情虽然已经成为历史,但我仍然为这一段历史的存在耿耿于怀,甚至有点羞愧难当——我们的社会怎么能走到这一步,使劳动者为得到自己应该得到的收入而四处奔波,有时简直是无路可走。当农民大量而持续性地涌入城市之际,我们为什么不能想到可能由此引发的问题,并针对这些问题进行制度调整?我好像隐隐感觉到,中国现实的制度调整缺乏甚至是没有主动性可言,始终处在被动的境地,只有当问题滋生得难以为继才"不得不动",社会为此承担了巨量的社会成本。我并不认为社会的一切事情都能做在前面,但是如果一切事情都不例外地落入这种被动模式之中,我们怎么应对这个开放而又富于竞争的社会?当我们了解了中国现实的制度改革状态以后,就能对农业劳动力转移和中国社会发展之间的关系有更加深刻的理解。

般性约束之下的特殊性，如果特殊性将一般性排斥得无影无踪，人们就会失去理性选择的基础。

我们不能以“城市人”自居看待农业劳动力转移，好像上述提及和没有指出的很多问题都是由农民进城引起的，我想提醒的是，想一想：如果没有农民进城市，你的生活会怎样？我们不能以“农业人”看待农业劳动力的转移，好像农业劳动力的流出减少了农业生产的要素投入，实际上存在的替代机制可以消减这一影响。我们也不能以“公安人”看待农业劳动力的转移，好像农民进城加重了社会治安问题，或许在一定时期内进城农民的犯罪率高于城市居民，但这种现象具有必然性。我们应该作为一个“社会人”观察农业劳动力的转移，成就和问题都在视野之内，充分肯定而又正视问题，采取积极的姿态扩大成绩，解决问题。

## 二、21世纪的农业劳动力转移

农业劳动力的转移几乎伴随改革开放的全部历史进程，农业经营制度的变革为农业劳动力的活力释放提供了可能，而继农业经营制度变革之后启动的城市经济体制改革使农业劳动力向城市转移提供了可能，改革进程一旦使农业劳动力在城市有立锥之地，中国农民就义无反顾地踏上了艰辛而漫长的城市之旅。面对新的世纪，农业劳动力转移的经济和社会效能将在未来得到完全地显现，同时也会出现新的问题。

### 1. 农业剩余劳动力的数量

鉴于农业劳动力转移对中国经济和社会发展的持续性影响，人们试图通过对农业剩余劳动力数量的估计为农业劳动力转移提供一个概念性框架。现有的估计方法主要是从农业生产（托马斯·罗斯基、罗伯特·米德，1997）和社会对农产品需求（钟甫宁等，2004）两个角度展开的。何如海和叶依广认为，农村富余劳动力的数量在很大程度上取决于农业生产和城市化的发展状况，应该从两方面统一的角度估计农村富余劳动力的数量。① 他们对农村富余劳动力的存量和增量分析的结果如表3和表4。②

**表3 1988—2003年我国农村富余劳动力的估计值(万人)**

| 年份 | 农村富余劳动力估计值 | |
|---|---|---|
| | 农业生产角度 | 城市化发展角度 |
| 1988 | 13716.92 | 8133.67 |
| 1989 | 14811.09 | 8457.61 |
| 1990 | 15049.43 | 10122.77 |
| 1991 | 16026.81 | 11056.78 |
| 1992 | 15907.80 | 12734.28 |
| 1993 | 15471.40 | 14357.67 |
| 1994 | 14965.20 | 15927.46 |
| 1995 | 13828.86 | 17194.08 |
| 1996 | 14336.98 | 17869.98 |
| 1997 | 14090.93 | 18472.34 |
| 1998 | 16495.08 | 18927.57 |
| 1999 | 18037.97 | 19288.51 |
| 2000 | 18522.64 | 18928.12 |
| 2001 | 18561.09 | 19583.74 |
| 2002 | 19604.26 | 20325.35 |
| 2003 | 17239.45 | 21297.75 |

① 作者在文章开始就注意到了如下一个现实：农村劳动力应包含农村的农业劳动力和非农业劳动力，然而，从我国的现状来看，农村从事非农生产的劳动力不仅不多，而且还需不断充实，因此，对我国农村富余劳动力的存量和增量分析主要基于对农业富余劳动力展开。这一思考当然是正确的，但作者在文中又一直使用"农村富余劳动力"，虽然我们可以将两者视为等价。我们认为使用"农业富余劳动力"更为准确。

② 何如海、叶依广．我国农村富余劳动力的存量和增量分析——基于城乡发展的综合视角[J]．农业经济问题，2005(9)．在这些预测数据中，2004年的农业富余劳动力数量为20189.58万人，较上一年增加920.98万人。

**表 4　2004—2010 年我国农村富余劳动力的预测值(万人)**

| 年份 | 富余劳动力数量 | 较上年增加值 |
| --- | --- | --- |
| 2004 | 20189.58 | 920.98 |
| 2005 | 20524.25 | 334.67 |
| 2006 | 20830.91 | 306.66 |
| 2007 | 21109.58 | 278.67 |
| 2008 | 21360.25 | 250.67 |
| 2009 | 21582.93 | 222.68 |
| 2010 | 21777.60 | 194.67 |

不论是存量还是增量,农业剩余劳动力数量的增加趋势十分明显,这可能和我国人口总量的增加趋势有关,尤其是和增加人口的城乡分布有关。依据我们的观察,开始于 20 世纪 70 年代末期的计划生育政策有效地控制了我国人口总量的较快增长,但从人口增长结构上考察,各项计划生育政策在城市得到了较好的落实,而在农村则存在较大的折扣,即使是在一系列鼓励政策和惩罚办法的激励之下,"一对夫妇只生一个孩子"在农村基本没有得到落实。问题还在于在较低的城市化率的社会背景下,既定数量人口的大多数生活在农村,这两个方面的结合使农业剩余劳动力数量在较长的历史时期内居高不下。[①] 即使是在县城,"一个孩子"的政策导向也基本没有落实,人们总是能够通过种种手段获得二胎准生证,在我所熟知的居住在县城的同龄人中,如果没有异常情况几乎不存在一家一个孩子的情况,起初我以

① 人们可能将农村人口的较快增加归结为农村计划生育政策贯彻不力,其依据是相同的政策为什么产生了不同的结果?我曾经在农村看到一些计划生育的宣传标语,仅举几例:"喝药不夺瓶,上吊就给绳"、"宁可家破,不可国亡"、"宁添十座坟,不添一个人"。我认为,不应该由这些标语引申出过多的联想,只是计划生育工作在中国农村现实状况下艰难程度的反映,而这些现象在城市是不存在的,绝大多数人都能接受"一个孩子"的政策导向,虽然一定数量的城市居民更趋向于两个孩子。计划生育政策在城市和农村执行的不同结果似乎只能在二元经济和社会结构中寻求答案,谁也不能超越既定经济和社会发展水平及由此决定的人们的价值观念。有了这一理念,我们就能理解上述标语所具有的社会意蕴,这一进程中的很多现象——"超生游击队"、"黑人(没有户口的人)"、"名人超生"、"权力超生"等——都能得到解释。有必要提及近两年来普遍存在的一种社会现象,在"以人为本"和"和谐社会"的基本社会氛围中正在陆续出现从根本上危及这些重要理念的现象。以人为本不是满足每一个人的任何一种需求,和谐社会也不是回避矛盾,更不能丢弃广泛的制度约束。反映在人口问题上,或许既定政策没有发生大的变化,但在执行层面却出现了又一个人口出生高峰的迹象。这一现象是经济发展和社会繁荣的体现,但对未来、可持续性以及各类经济和社会关系的协调构成了挑战。

为肯定是超生,还问他们因之受到了何种处罚。① 县城的人口增加不会增大农业劳动力转移的数量,但这一现象通过劳动力总量规模的扩大加大了就业压力。依据现有的估计,本世纪中叶中国人口将达到16亿,这意味着在以后的几十年里,中国的农业人口还要继续增加,农业劳动力向非农业领域劳动力的转移仍然是一个基本的经济和社会现象。

按照他们的估计,农村富余劳动力数量将在2016年前后出现下降趋势,此时的农村富余劳动力数量大致为2.2亿以上,此后的农村富余劳动力将会逐步减少,各种相应的社会矛盾和经济发展瓶颈也将随之得到逐步缓解。这就是说,至少在10年时间内农业劳动力转移仍将面临较大的压力,10年时间转瞬即逝,我们已经在农业劳动力转移之路上行进了接近30年的时间,这是否意味着从现在起应该将农业劳动力转移的下一步纳入我们的研究视野?这种研究将使新阶段的农业劳动力转移更加富有理性!

### 2. 农业剩余劳动力转移的质量

客观地说,农业剩余劳动力的转移就现阶段而言还停留在数量阶段,各地在总结农村工作的成就时肯定少不了农业剩余劳动力转移的数量。这一方面是因为现阶段的农业剩余劳动力转移首先是数量问题,大量的农业剩余劳动力不仅是生产要素的闲置,产生农业生产资源的负效率,也对保持社会的基本稳定构成了负面影响;另一方面,也说明社会对农业剩余劳动力转移的质量重视程度不够。如果说,之前的农业剩余劳动力转移主要依赖数量推动,那么,之后的农业剩余劳动力转移则要转向数量和质量的并重,而在某一个拐点上,农业剩余劳动力转移则会转向主要依赖质量推动。

就现实而言,提高农业剩余劳动力转移的质量可以从以下几个方面

① 这一现象足以使人浮想联翩。我国的经济和社会发展是与制度转轨并行的,遇到的首要问题是没有制度,但是当某一领域中的制度建立起来之后,我们庆幸制度的诞生,现实的制度可能会存在瑕疵,但有制度总比没有制度好。原以为可以在制度的引导之下使社会逐渐步入正常轨道,但是这一企盼并没有实现。制度出现之后,我们的社会受到了制度刚性的严峻挑战,一些人以种种理由将制度视作自己的囊中之物,任意揉搓,以至于制度的本质性规定荡然无存。杂乱并不可怕,关键是有章可循就有希望,有章而不循则会从根本上动摇人们的制度信心。制度刚性和自由裁量、个人利益和社会利益、当下利益和长远利益、社会统治和个人服从、公域和私域、权力行使和权力约束,等等,这些在制度框架内必须解决的理念和机制并没有真正建立起来。人们对制度应该有敬畏之心,社会应该利用正确的方法倡导制度理念,培育健康的制度文化。

着手。

第一，提高农业劳动力转移的稳定性。在现有农业剩余劳动力转移的数量统计中，凡是不从事农业生产劳动的农业人口都计算在内，甚至还包括那些还在农村从事非农产业的那一部分农业人口。这种统计口径事实上使农业劳动力转移的质量大打折扣。我们所期望的方向是转移出去、有一个较为稳定的工作和工资性收入、在所工作的城镇长期居住。因此，按照这一定义的农业劳动力转移数量要大大少于现有的统计数量，真正的农业劳动力转移应是这种含义。朱臣(2007)在研究这一问题时指出："尽管许多农民已不再从事农业甚至已不居住在农村，却仍然拥有土地，大多数农民每年往返于城乡之间，依然是农忙时种田，农闲时外出打工。他们在外打工三五年后'回流'，即使在城市时间较长的打工者，其'回流'的比例也相当高。由于他们并没有把户口迁移到城市，也没有在城里购买固定的住所，因而农业剩余劳动力的转移或迁移，到目前为止还没有真正实现。"①在这里，他将农业剩余劳动力转移界定为工作、生活和居住都离开农村。我接受这种观点，因为农业劳动力转移的本质规定性只有在达到这一状态时才能够真正实现。

但是，应该看到农业剩余劳动力转移是一个社会过程，这一过程中的农业劳动力转移具有多样性特征，一切从事非农性经营和劳务的农业人口都是农业劳动力的转移，不论其是否离开农村，也不论其是暂时离开农村，还是永久离开农村，其中的逻辑联系可能是：从事农业经营——在农村从事非农经营——暂时离开农村从事非农经营或提供劳务——永久离开农村。当然，现实中不可能按照这一顺序循序渐进，一个从事农业经营的农业人口可能跳过在农村从事非农经营直接进入城市，这一顺序只是按照农业劳动力转移的程度由低到高的排序。事实上，在农业劳动力转移的过程中，前一个选择可能孕育着实施后一种选择的条件。因此，我们的主张是尽可能地创造条件使农民完成由前至后的过渡，迈出每一步都值得鼓励和支持。至于文中提到的"农业剩余劳动力转移的真正实现"，不能使用是否在城市居住加以衡量，"农业剩余劳动力转移的真正实现"只能是一个包含多样性的社会过程的最终结果，这一结果的出现可能要经历一个相当长的历史时期，这

① 朱臣．日本农业劳动力转移对中国的启示[J]．世界农业，2007(6)．

一历史时期将弥合城乡之间的经济和社会发展差距、农业和工业发展的差距。①

第二,提高城市化水平。我在本书的其他地方不止一次倡导从社会视野研究问题,在本问题的研究中,社会视野的重要性被体现得淋漓尽致。农业劳动力的转移归根到底取决于经济和社会发展究竟能够为农业剩余劳动力提供多大的就业空间,能够使走出来的农业剩余劳动力留得住,而这一点和一个国家的城市化水平有密切关系。在这个意义上说,提高城市化水平可以成为推进农业剩余劳动力转移的一个重要视角。

钱纳里通过大量的历史统计提出了反映经济发展与城市化水平之间关系的"标准结构"。其结论是:

**表 5 城市化与经济发展水平间的关系**

| 人均 GDP(美元) | <100 | 200 | 300 | 400 | 500 | 800 | 1000 | >1000 |
|---|---|---|---|---|---|---|---|---|
| 城市化率(%) | 12.8 | 22.0 | 43.9 | 49.0 | 52.7 | 60.1 | 63.4 | 65.8 |

从表 5 可以看出,经济发展水平和城市化率之间存在高度相关性。这种"标准结构"是否同中国经济发展和城市化的状态相吻合?表 6 是 1978—2006 年间的中国 GDP、人均 GDP 和城市化率,从中可以看到,经济发展水平和城市化率之间的相关性特征和"标准结构"相吻合,但是相对于一定水平的人均 GDP 来说,中国的城市化率大大低于样本国家的一般状态。人均

① 决定农业劳动力转移的基本因素是经济收入,就现阶段而言,农业的劳动生产率相对于其他领域而言处在较低的发展水平,劳动力要素在非农产业中可以创造较之农业更高的价值,农业劳动力也可以获得较高的收入。这种状态是决定农业劳动力转移至非农产业的基本动力。这一点可以对产业发展不均衡状态下的劳动力要素的流动作出解释。而在我国特定的经济环境中,决定农业劳动力流动的还有一个重要的现实因素,由于特定工业化道路的选择,中国的工业化超前于城市化,大量的农村人口积聚于农业产业之中,农业劳动力总量相对于农业中的其他要素而言表现为严重过剩,此时,一定数量的农业劳动处在一种"无效率"甚至是"负效率"状态。在这种状态之下,农业劳动力的转移就不能用非农产业比农业产业提供较高的收入加以解释,只要从事非农产业可以获得收入,与此同时农业收入可以不减少,农业劳动力的转移就可能发生。甚至在农业收入减少的情况下,只要从事非农产业的收入超过农业收入的减少,农业劳动力转移也具有经济合理性。以上两种情况中任意一种情况的存在都会发生农业劳动力的转移,这无异于说,农业和非农产业之间的发展大致均衡、农业劳动力的过剩状态基本得到解决才能形成城乡之间劳动力要素的基本均势,此时劳动力的自由择业才会走出单向流动的状态,而呈现出城乡之间的双向流动。这是理解农业劳动力流动必须同时使用的两把钥匙。

GDP 达到 1000 美元时的城市化率为 63.4%，而我国在 2003 年这一指标就超过了 1000 美元，而此时的城市化率只有 40.53%，大致相当于"标准结构"中人均 300 美元时的城市化水平。

**表 6　1978—2006 年中国 GDP、人均 GDP 和城市化率**

| 年份 | GDP(亿元) | 人均 GDP(元/人) | 城市化水平(%) |
|---|---|---|---|
| 1978 | 3645.2 | 381 | 17.9 |
| 1979 | 4062.6 | 419 | 18.96 |
| 1980 | 4545.6 | 463 | 19.39 |
| 1981 | 4891.6 | 492 | 20.16 |
| 1982 | 5323.4 | 528 | 21.13 |
| 1983 | 5962.7 | 583 | 21.62 |
| 1984 | 7208.1 | 695 | 23.01 |
| 1985 | 9016.0 | 858 | 23.71 |
| 1986 | 10275.2 | 963 | 24.52 |
| 1987 | 12058.6 | 1112 | 25.32 |
| 1988 | 15042.8 | 1366 | 25.81 |
| 1989 | 16992.3 | 1519 | 26.21 |
| 1990 | 18667.8 | 1644 | 26.41 |
| 1991 | 21781.5 | 1893 | 26.37 |
| 1992 | 26923.5 | 2311 | 27.63 |
| 1993 | 35333.9 | 2998 | 28.14 |
| 1994 | 48197.9 | 4044 | 28.62 |
| 1995 | 60793.7 | 5046 | 29.04 |
| 1996 | 71176.6 | 5846 | 29.37 |
| 1997 | 78973.0 | 6420 | 29.92 |
| 1998 | 84402.3 | 6796 | 30.4 |
| 1999 | 89677.1 | 7159 | 30.89 |
| 2000 | 99214.6 | 7858 | 36.22 |
| 2001 | 109655.2 | 8622 | 37.7 |
| 2002 | 120332.7 | 9398 | 39.1 |
| 2003 | 135822.8 | 10542 | 40.53 |
| 2004 | 159878.3 | 12336 | 41.7 |
| 2005 | 183084.8 | 14040 | 42.99 |
| 2006 | 209407.0 | 15931 | 43.9 |

资料来源：中国统计信息网、全国 1% 人口抽样调查主要数据公报、历年国民经济和社会发展统计公报

这就是说，中国经济发展对城市化的促动相对于其他国家而言敏感性较差，城市化水平一定程度的提高意味着需要付出更大的经济发展的努力。问题还在于，经济发展和城市化率之间的关系是双向的，城市相对于乡村而言具有较强的经济功能，这种经济功能通过要素的聚集和整合、产业结构、创新能力等方面表现出来。城市化率越低，这种功能就越弱，由此产生的城市吸纳就业的能力就越小。因此，提高城市化水平的经济和社会功能远远超出城市自身的发展。

推进城市化是重要的，但是城市化的质量同样不可忽视。在城市化过程中存在一种值得注意的倾向——被动城市化。在现实的城乡发展格局中，人们愿意由农村人口变为城市人口，在城市工作和生活，按照这一判断，一旦具备了在城市工作和生活的条件，农村人口就会迁入城市，这一过程被称之为“主动城市化”。“被动城市化”是指在不完全具备或者是完全不具备由农村迁入城市的条件下，由于城市发展的需要将原来的农村人口划入城市人口，其耕地同时转变成城市发展用地。在这种情况下，被戴上“城市居民”帽子的人口往往存在就业问题，即使是那些有工作可做的人也可能陷入收入窘境，这种方式的城市化往往隐藏着长期难以解决的社会问题。因此，减少农村人口只是城市化的表象，最为根本的问题是健全城市功能、增加就业机会、形成吸引农村人口并使之安居乐业的经济环境。

中国的现实国情决定，城市化率的提高需要经过一个较长的历史过程。依据表六的数据，相对于前一年的城市化率增长超过一个百分点的年份只有七年，其余均低于一个百分点，甚至有的时期3年才跃过了一个百分点，近五年来的城市化率提高基本上维持在一个百分点上下。在我国，城市化率提高一个百分点意味着有1300多万农村人口进入城市，只要我们想一下1300多万进入城市对经济和社会发展产生的影响，考虑到现阶段的现实环境，只要每年将城市化率提高0.7～0.8个百分点，就会有1000万人完成由农村向城市的迁移。我认为，经济增长速度在短期内不可能大幅度下降，但是经济高速增长不可能无限期地延续下去，这意味着经济增长速度会逐渐慢下来，这一因素可能会使城市化水平的提高受到影响。

第三，提高农业劳动力转移的社会统筹水平。如前所述，农业劳动力转移在今后几十年的时间里仍然是我国基本的经济和社会现象。劳动力转移对农村人口状况、产业结构、经营方式、乡村治理以及城市管理等都会带来深刻的变化和影响，这种影响是深层的、全面的、长期的。从另外一点来看，中国农业剩余劳动力的流动基本上处在自发状态，外出还是在家？务工还是务农？去哪里？干什么？所有环节上的所有问题都由农业劳动力的自我感知决定，获得信息的渠道极端缺乏，微观层面上的农业劳动力转移存在较大的盲目性。① 从实际情况来看，农业劳动力转移确实产生了一些值得关注的问题，农业部孙政才部长将这些问题归纳为：外出务工农民的素质和技能还不完全适应二、三产业发展的需要，不少外出务工农民就业不充分、收入不稳定、权益保护亟待加强；在农村从事农业生产越来越多的是妇女和中老年，农业劳动力素质呈现结构性下降；部分农户因劳动力外出，对农业生产的某些环节无力顾及，经营比较粗放，土地生产率、劳动生产率得不到有效提高；因务工务农收入存在差异，一些农户退出传统的农业生产领域，如农村出现了生猪散养户不断减少的现象。② 事实上，农业劳动力转移出现在社会层面上的问题远远不止这些，如转移农民的子女教育问题、进城农民的社会融合问题等。

在这里，我们只能指出提高农业劳动力转移社会统筹水平的方向性选择，对各自方向的操作性问题不作展开：依据人口统计数据及其城乡结构，对农业劳动力增长作出动态性估计，以把握农业劳动力转移的基本趋势；依据经济增长的区位性移动，对农业劳动力转移的区域走向作出预测，为农业劳动力的转移提供方向性引导；依据城乡一体化发展战略实施的内在规律性，分析新时期的农业劳动力转移可能对经济社会发生的影响，尤其是关注劳动力的社会性流动对既定社会体制的深层触动，并通过相应的制度变革迎合这些体制性冲击；实施教育体制改革，由“升学导向型”的教育体制转向“就业导向型”的教育体制，提高农业劳动力的产业素质，保持社会的劳动力资源和产业结构不断升级之间的协调性。

① 农业劳动力转移的基本模式仍然是农户（农民）自主决策并独立实施，这一点无论怎样调整都不可能发生变化。我们指出农业劳动力转移存在自发性，并不是主张对农业劳动力转移实施社会统治，不论是理论分析，还是现实的社会实践，统治型的农业劳动力转移都无法有效实施。但是，让农户或者是农民自主决策并不意味着社会可以对此放任不管。我总感觉到存在农业劳动力转移做得“再好一点”的空间。提高农业劳动力转移的社会统筹水平，其用意正是体现在这里。

② 孙政才．深入研究现代农业建设中的新情况新问题［J］．农村经营管理，2007(9)．

### 3. 农业剩余劳动力转移的结构

就现阶段来说,人们对农业剩余劳动力转移的认识还基本停留在数量阶段,而对其中的结构性问题还没有引起足够的关注。这种状态的出现和我国需要转移的农业劳动力的庞大规模有关,农业劳动力转移的数量效能掩盖了这一过程中的结构特征。基于这一现实,人们在肯定农业劳动力转移的时候,事实上是仅就其数量方面而言的,地方政府也将多少农民外出打工当做政绩。例如,盐城市"大力推进农村劳动力转移,2006 年新转移农村劳动力 15.5 万人,其中对外输出 9.2 万人,全市累计转移农村劳动力 159.7 万人,占农村劳动力总数的 58%";连云港市 2007 年提出:"继续实施百万农村劳动力大转移工程,培育适应市场经济社会发展的有文化、懂技术、会经营、守法纪的新型农民";淮安市在 2006 年新增加农村劳动力转移 10.2 万人、转移总数达 130 万人的基础上,提出 2010 年实现"应转尽转"的目标。农业劳动力外出就业,缓解了农业劳动力过剩的压力,增加了农民收入,为城市和发达地区提供了劳动力资源。这些应该给以充分肯定。在此基础上,还要对农业劳动力转移的结构进行具体分析。

我们可以从以下几个维度研究农业劳动力转移的结构性问题:

第一,农业劳动力的就地转移和异地转移。就地转移和异地转移是我国农业劳动力转移的两种基本模式。从现有的文献来看,人们将在县域范围之内农业劳动力转移称之为就地转移,而将超越了县域范围之外的农业劳动力转移称之为异地转移。依据我的理解,之所以以县域划分农业劳动力的就地转移和异地转移,是因为从地理意义上县域范围之内的农业劳动力转移可以以较低的成本来往于家乡和非农就业地两地之间,如此状态下的农业劳动力转移可以较多地关注农业生产,在农忙季节可以投身于农业的收、种等关键的农业生产环节。在这个意义上似乎可以将就地转移等同于兼业状态。而异地转移不能兼顾非农就业和农业生产。与就地转移和异地转移的这一特点相适应,农业劳动力转移的一个次生结构是年龄较轻的、家里无牵无挂、离开农村不会对农业经营发生明显影响的农业剩余劳动力多数是异地转移,而具有相反状况的农业剩余劳动力多数是就地转移。

在不少人的心目中,往往认为农业剩余劳动力的转移是由大中城市完成的,而对就地发展非农产业和中小城镇转移农业剩余劳动力不屑一顾,这种认知来源于大中城市的集中和县域以及农村的分散。事实上，就地转移的农业劳动力始终占有重要地位：现在我国农业劳动力转移的数量大约为2亿，大中城市吸纳的总量约为1.2亿左右，县域范围内吸纳的总量约为0.8亿，即异地转移占转移总量的60%，就地转移占转移总量的40%。在经济发达的广东、江苏、浙江、山东等省份，县域范围内吸纳的农业剩余劳动力占农业剩余劳动力总量的65%。这一数据给了我们一个启发，就地转移还是异地转移同当地的经济发展水平存在密切关系。这一结论在现实中极易得到解释：经济发展水平越低，非农产业的发展和城镇化水平的发展就越落后，当地所能吸纳的农业剩余劳动力的能力就越低，此时的农业劳动力的转移就只能采取异地转移的模式；而那些经济发展和城镇化水平较高的地区则具有较强的吸纳农业剩余劳动力的能力，这为更多地选择就地转移提供了可能。在农村调研中，这一状况得到了验证：江苏的邳州市官湖镇，已经成为全国著名的板材基地，围绕这一产业的前向和后向拓展形成了较为完整的产业体系，因此提出了对劳动力的大量需求。我们去年年底去考察的时候，每一个企业的大门外都赫然写着招工启事，一位私企老板在介绍情况时说，本地的农业劳动力出去打工的很少，基本上都是在本地的企业做工，当地的农业劳动力不能满足发展对劳动力的需求，还吸引了一定数量的外地劳动力来当地就业。

从个体意义上说，大城市的繁华、较多的就业机会、见世面的心理诉求、较高的经济收入可能使异地转移维持较大规模；但在宏观意义上，异地转移可能包含着较大的转移不彻底性，可以在城市就业，获得收入，但很难在城市站稳脚跟，安家生活。另一方面，异地转移的宏观效应当然存在，但是对于缩小城乡差别、促进农村的经济和社会发展相对于就地转移而言则较弱。

第二，农业劳动力转移的素质结构。农业劳动力转移的素质结构是指离开农业从事非农产业的农业劳动力具有什么素质特征，其素质结构可以使用转移农业劳动力的年龄特征、文化水平、心理素质等方面加以标示。

农业劳动力转移的素质结构在很短的时间内就已经引起了社会的关注。人们发现，较早率先走出农村的农业劳动力多是那些思维、行为等方面均具有优势的劳动力，而后续发生的更大规模的农业劳动力转移则将具有较高素质的农业劳动力群体引向非农产业，走出农村，进入城市。与此相对应，素质较低的农业劳动力则留在农村，从事农业经营。由此形成一种至今依然存在的现象，老人、妇女和孩子留在农村从事农业，人们因之发出了对农业发展的担忧。我认为，这一结构的形成具有必然性：农业劳动力转移的基本指向是获得较农业更高的经济收入，而在现实的发展格局中，非农产业特别是工业的发展水平高于农业，工业及非农产业对劳动力素质有较高的要求。这就是说，决定较高素质的农业劳动力群体转入非农产业的最终力量是工业和其他非农产业对劳动力素质的较高要求。从实践过程来看，我国的农业劳动力总量严重过剩，在农业劳动力转移的起步阶段，或许农业劳动力转移的结构状态不明显，各种素质的农业劳动力都同时涌向非农产业，但后续的过程表现为较低的农业劳动力不能适应非农产业的经营理念，缺少相应的能力，这一部分农业劳动力就逐渐退出非农产业，回归农业，而那些拥有较高素质的农业劳动力则较为稳定地实现转移。不断重复和不断修正的经济过程形成了现实的匹配结构——农业产业领域中的高素质农业劳动力存量越来越少。

事实就是这样，人们以这一事实为依据的担忧与日俱增，问题的严重性还在于这一现象仍在继续。现实的问题是如何将那些较高素质的农业劳动力留在农业部门内部安心地从事农业。这一问题的思索将解决问题的思路引向产生问题的源头——在城乡一体化的发展模式中重构城乡关系，建立工业和农业的互动机制，缩小工业和农业的发展差距。①

第三，农业劳动力转移的产业去向结构。在农业剩余劳动力的转移中，似乎形成了一种概念，只要从事非农产业不论是从宏观上还是微观上都具有积极意义。这种概念来源于农业劳动力转移的实践，人们总是能通过劳

---

① 阿瑟·刘易斯和西奥多·舒尔茨对发展经济学的贡献举世公认，但他们从不同视角研究了发展中国家的经济转型问题，两人因之同时获得了诺贝尔经济学奖。刘易斯认为，农业部门中存在的无限供给的劳动力如果能够向城市工业部门转移，将会有效促进工业资本的积累，继而创造更多的就业机会。与此同时，农业劳动的效益和报酬逐渐提高，农业劳动与非农业劳动的比较效益趋于平衡，劳动力的部门转移逐渐减缓。西奥多·舒尔茨的主要观点是：发展中国家农村经济落后的主要原因不是劳动力过剩，而是人口质量低与劳动力以外的其他生产要素投入不足，改变这一状况的途径是提高人口质量，并向农村输入劳动力以外的其他生产要素。我国农业劳动力转移的历史过程证明了刘易斯的基本观点，农业劳动力持续性地大规模转移和农业生产的增长同时发生，但是在结论上不一致，农业劳动力的转移并没有产生农业和非农产业之间发展差距的消失，城乡之间的差距依然存在，并出现扩大趋势。因此，问题的根本解决还需要回到农业自身的发展上来。在本书的体系设计中设立了“农业生产力发展中的资本酵母”一章，这一设想和舒尔茨的观点一致，我们试图通过这一机制的解析将这一观点基础之上的发展思路引向深入。

动力的转移获得经济收入的改进,而在宏观上农业劳动力的近乎无限供给也支撑了这一概念的形成。在这种情形下,人们对于农业劳动力转移从事非农产业的具体结构往往不予关注,或许仅仅在从事不同行业经济收入的动态差异上关心这一问题。

撇开农业劳动力转移的行业选择产生的收入差异不说,农业劳动力转移的产业去向对于经济社会发展具有不同的效应。一般而言,如果工业部门吸纳了较多的农业剩余劳动力,农业剩余劳动力的转移将会在较高程度上推进工业化进程;再进一步,如果这种工业化进程的推进主要是通过农村工业化实现的,农业劳动力转移就会产生缩小城乡发展差距的宏观效应,反之则会扩大现有的城乡差距,这种情形同农业劳动力的就地转移和异地转移问题相交叉;如果服务业吸纳了较多的农业剩余劳动力,农业剩余劳动力的转移将会在更大程度上促进第三产业的发展,这对于优化产业结构具有积极意义;如果农业劳动力转移较多地从事和农业、农民和农村相关的工作,农业劳动力转移就会对这一国民经济的瓶颈环节产生较大的带动效应。①

在农业劳动力转移的实践中,我们主要是从总量角度认识这一现象,而忽视了结构性观察。肯定农业劳动力的总量转移,同时从结构视角分析农业劳动力转移将会加深对这一现象的认识,提高农业劳动力转移的经济和社会效能。我们认为,较好的劳动力转移结构应该是:就地转移的比重逐渐提高;一定数量的较高素质的劳动力转移至非农产业,而一定数量的高素质劳动力从事农业;农业劳动力转移的产业领域和农业具有较强的产业关联。依据我们的思考,农业劳动力的转移过程特别应该关注以下几个拐点:由异地转移为主转向就地转移为主、由较多的高素质农业劳动力单向转出到一部分高素质劳动力留在农业内部甚至是出现一定数量的高素质劳动力回流到农业内部;更多的农业劳动力从和农业较少产业关联的领域转向和农业具有更加密切产业关联的领域。当然,这几个拐点出现的时间可能存在

① 农业劳动力转移的产业去向表面上看处于一种无序状态,劳动力自身根据各自的产业偏好,尤其是对各产业的收入预期选择产业领域,其产业去向就是无数个这种选择的集合。事实上,决定农业劳动力转移的产业去向的支配性力量是产业结构的变化规律。这一规律可以表述为:随着经济发展水平的提高,工业部门所需要的劳动力越来越多,而农业部门所需要的劳动力会越来越少;此后,伴随着现代部门的扩张,工业部门吸纳农业劳动力的能力下降,此时服务业成为吸纳农业劳动力的主要领域。因此,农业劳动力转移的产业选择只是产业结构变化规律框架内的个人选择。

差异。

农业剩余劳动力的流动必然由“实现较高要素价值”的取向所决定。据此，我们可以将农业劳动力的流向及其结构作为检验新农村建设是否成功的一个重要信号。

### 4. 农业剩余劳动力转移的社会视野

农业剩余劳动力的转移对我国的经济和社会进程产生了全面而深刻的影响，这种影响正在向深度推进，这一过程是一个量的累积和质的飞跃过程。这一过程的终结还依赖于我们艰辛而持续的努力。

(1)推进劳动力要素的自由流动。劳动力是一种基本的生产要素，某一产业中的劳动力过剩将使这一产业的边际生产率处在极低甚至是负效率状态，某一产业中的劳动力不足将提高这一产业发展的人力成本，使其他要素的经济功能受到抑制。从社会视野观察，任何一种生产要素都要在地区之间、产业之间流动，效率、活力和竞争力都来源于此。只有满足了这一条件，市场机制提高资源配置效率的功能才能得到发挥。

在现实的制度环境中，人们感觉不到对农业劳动力流动的制度性限制，因为人们可以在全国范围内不受任何限制地寻找工作、旅游或探亲。这就是说，农业劳动力流动的限制不是来自于直接的限制性规定，而是来自于间接的、隐性的制度性“死结”。[①] 例如，在城市就业的农业劳动力，孩子上学的问题解决了吗？似有似无的户籍制度有时候不起作用，一些人也认为户口已经无关紧要了，但有时候户籍不同又有天壤之别！土地制度表面看来和农业劳动力转移没有牵扯，但事实上，土地收益如果只能通过直接地耕种土地才能获得，这会在很大程度上绊住农业劳动力迈向城市的双脚！

因此，劳动力要素在全社会的自由流动不是政治上具有人身自由就能解决的问题，这是一个制度体系，任何一个环节的“不到位”都可能是一个转移还是不转移的临界点的转换，多个环节的“集结”则会减缓乃至阻断前进中的经济和社会进程。

---

① 我之所以称之为“死结”，是因为旧体制中的不少内容已经有所触动，但是触及层次处在浅表，好像解决了，事实上没有解决，一遇到具体问题，人们就会发现“还是老样子”。但是，谁也不想动，乃至是谁也动不了，就停留在原地踏步，故称“死结”。这种状况的形成和我国体制改革的不深入性、不彻底性存在密切关系。

(2)以健全的社会保障制度更多地留住已经走出来的农民。国有企业的改革过程使我们体会到了社会保障制度的重要性,由此使社会保障制度进入社会主义市场经济的框架之中。从我国的现实看,土地对于农民来说具有相当意义上的生存保障职能,这确实是转移农业劳动力的一种普遍心态。他们就是这样想的:“出去闯一闯,行就干,不行就算,反正土地可以吃饭。”抱着这种心态,更多的农业劳动力离开农村,其中的一些人在城市得以立足,真正彻底地完成转移,而另一部分则不得不继续依赖土地往返于城市乡村之间,由此形成多年一贯的“民工潮”。如果进入城市的农业劳动力可以获得与城市居民相同的生活保障,每年的“民工潮”就会降温,而转化成不那么集中的“探亲潮”。

在中国现实的经济环境中,国家对于转移的农业劳动力提供社会保障是一种有效的替代,决然走出,安营扎寨,融入城市,这是相当一部分农民的出路,也是中国所有农民的出路。我们所期待的是土地更高的生产率,但其实现必然是一定数量的农民最终割断和土地的关系,由土地保障到社会保障将有效地助推这一进程。

(3)着力构建与农业劳动力转移相适应的教育体系。就农业部门内部而言,拥有较高文化素质的农业劳动力是农业劳动力转移的主要群体,这是由非农产业对劳动力素质的客观要求所决定的。即使这样,转移的农业劳动力素质不能适应第二、三产业发展的情况还是长期存在,这一现实为人们深切感知。由此提出了一个十分迫切的问题,以后的农业劳动力转移能否弥合这一差距既关系到农业劳动力转移的规模,也关系到农业劳动力转移对经济和社会发展的效能。满足这一要求的现实路径必然是构建与农业劳动力转移相适应的教育体系。

一提起这个问题,人们总是想到职业技术教育的发展滞后,应该大力发展职业技术教育。但是我认为,更加重要的是如何办职业技术教育的问题。应该看到,在过去的10年中,职业技术教育引起了社会的高度关注,已经建立了地方、行业、企业和社会资本组成的职业教育体系,其合力对于满足工业化进程起到了重要的支撑性作用。但是,现有的职业技术教育体系中的各个部分的功能发挥存在较大差别,企业和行业开办的职业技术教育功能性发挥最好,能够根据企业和行业对技能型人才的需求实施具有针对性的技术教育,徐工集团技工学校就在徐州工程集团的发展中较好地满足了对技能型人才的需要；而地方性的职业技术教育多数是在原有教育实体的基础上转化而来的，这类学校虽然名义上是从事职业技术教育，但在办学理念、师资、教学方法、办学设备等方面并没有完成转型；至于社会资本进入开办的职业技术教育，赢利性诉求过于强烈，加之社会缺乏对这一领域的有效管理，其职业技术教育的社会认可度较低，宏观效能较差。因此，建立与农业劳动力转移相适应的教育体系，至关重要的是对现有的职业教育资源进行有效整合，淘汰一批，扶持一批，促使职业技术教育健康发展。一个产业的发展往往通过市场机制加以整合，而现阶段的职业技术教育急需这个“洗牌”过程。需要记住，在经济和社会发展的现阶段，脱离质量的数量几乎没有意义。

在讲及这一问题时需要提到一种现象——高等教育的发展和职业技术教育之间的关系。当然，这里的高等教育不包含职业技术教育。毫无疑问，在入学人数总量一定的情况下，接受高等教育的人数和接受职业技术教育的人数存在此消彼长的关系，这时人们自然会想到较大的高等教育招生规模自然压缩了职业教育的规模。表面上看，确实是这样，但在接受高等教育的总量中，虽然都想从事管理性工作而不愿意从事技能性工作，但事实是必然有一部分最终进入技能性行列。这时，我们发现技能型人才资源的文化素质提高了，十年之前的技能型人才拥有本科以上学历的比例可能只有10%，而现在这一比例可能上升到了28%。因此，高等教育扩招并不会挤压职业技术教育的空间，反而是向职业技术教育提出了更高的要求。

（4）推进农业生产方式的变革。需要转移的农业劳动力包括两种基本形式，一种形式是就现阶段农业生产方式而言表现为过剩的农业劳动力，这种形式可以称之为绝对过剩的农业劳动力，在正常的社会体制下，这种形式的农业剩余劳动力会随着劳动力资源的社会性流动而消失，但在城乡分离的社会格局中这种形式的农业剩余劳动力会不断聚集于乡村之中。因此，以往尤其是在农业劳动力流动的先期阶段，劳动力流动消化的主要是处于绝对过剩状态的农业剩余劳动力。另一种形式是随着农业劳动生产率的提高，劳动力要素的劳动边际生产率下降，出现农业劳动力的过剩，这种形式的农业剩余劳动力可以称之为相对过剩。对于第二种形式的农业剩余劳动力产生的原因，亚当·斯密就曾经作过解释：“劳动生产力更大的增进，以及运用劳动时所表现的最大的熟练、技巧和判断力似乎都是分工的结果。”对农业生产而言，他也说过："农业劳动生产力的增进，总也赶不上制造业的劳动生产力的增进的主要原因，也许就是农业不能采用完全的分工制度。"①从持续性观察，相对过剩的农业剩余劳动力会始终伴随着社会的进程，而绝对过剩的农业剩余劳动力必然随着经济和社会的开放逐渐被消化，并且是首先被消化，因为在绝对剩余劳动力存在的条件下，产生相对过剩劳动力的动力不足。由此可以看到，相对过剩的农业劳动力不断产生并被社会吸收的过程就是一个国家的现代化过程。

从我国的实际情况来看，农业领域中的技术进步速度较快，农业机械总动力持续性增长，但是在农业各环节中的分布不均衡，相当大的部分处在农业的产前和产后环节，而事关农业劳动生产率提高的产中环节较为薄弱，这一点和我国现阶段的农业土地经营制度相关。不论具体变革形式如何，可以肯定，一家一户的农业生产方式正处在变革的门槛上。

这一过程表现在要素结构上，就是农业生产由劳动密集型向资本密集型转变，在下述章节中将对这一问题进行专门研究。要素结构变化的另一个表现是农业劳动力减少，与此过程同时存在的是非农业劳动力增加，此时的农业劳动生产率提高必然表现为一定数量的农业劳动力为更多的人提供农产品。德国工业化过程中的情形是：1750—1800 年间，一个农业劳动力养活 3 个人，1850—1870 年间为 4 人，1905—1914 年间为 5 人，1948—1953 年间为 6 人，1960—1962 年间为 10 人。② 在述及这一问题时，存在一个看起来矛盾的现象，社会发展需要农业劳动力的转移，社会发展也需要发展现代农业。从静态来看，农业劳动力尤其是一定数量的较高素质的农业劳动力离开农业，农业的发展会因之受到不利影响；而从动态来看，农业劳动力转移和建设现代农业并不矛盾，只有在农业劳动力的不断转移中，现代农业才能最终建立起来。这一过程的关键在于促进要素替代。

① 亚当·斯密. 国民财富的性质和原因的研究[M]. 北京：商务印书馆，1997.

② 蒋尉. 德国工业化进程中的农村劳动力流动：机理、特征、问题及借鉴[J]. 欧洲研究，2007(1).

# 第八章
# 农村生产力发展中的农村工业

“三农”问题的产生是我国现实经济和社会进程的累积结果，这一进程收获了工业化水平的提升、城镇居民收入的增加和生活环境的改善、城市的繁荣，但产生了日益严重的“三农”问题——农业生产力低下、农民贫穷和农村落后。我们已经阐明，在“三农”内部，农业生产力低下是产生农民贫穷和农村落后的根源，发展农业生产力是治理“三农”问题的基本指向，而承接这一使命的载体是发展现代农业。这是一个相对独立的系统，但是，这一系统的动态追索将衍生出一个更大的系统，现代农业只能在与其他产业和社会的互动中才能建立起来：大量的农业剩余劳动力的存在分散的农业经营形式、现实的农业要素结构、农业劳动力的素质低下，等等，这些因素的混合使现代农业难以迈开实质性步伐。因此，农村生产力的成长不能离开农业，但又不能局限于农业。① 农村工业的发展是农村生产力的重要组成部分。

① 张永丽和柳建平认为：“三农”问题在工业化进程中产生，也只有通过工业化才能从根本上得到解决。只有通过全面、协调地推进工业化，才能实现人的全面发展，才能使人口增长模式得到彻底转换，使农村人口的自我控制机制得以自主实现；只有通过工业化和城市化，使大量农民非农化，才能改变农村资源禀赋结构，为农业产业化、市场化和组织化创造良好的条件，实现由“生计小农”向“经营小农”的转换；只有通过工业化，才能使二元社会经济结构向现代一元结构转换。见张永丽、柳建平．工业化视角下我国“三农”问题的演变及其启示[N]．兰州大学学报（社会科学版），2007(6).

## 一、新中国成立后农村工业发展的历史脉络

农村工业的发展轨迹是我国经济和社会进程的具体体现,在工业化道路、体制转变和经济社会格局等因素的共同作用之下,农村工业发展大致经过了以下几个阶段:

第一阶段(1949—1978)。这一阶段经历的时间最长,这一特点反映体制性约束和工业化路径选择的约束。计划经济体制控制了几乎所有的经济资源,而工业化道路的选择将农村定位于为城市和工业服务,两者的结合使农村既失去了发展工业的资源条件,又失去了农村积累资本的可能性。这一时期的农村工业实际上是指乡村集体经济工业的发展,而这种形式的农村工业发轫于农业较为发达的区域,这两种条件的结合突破了体制性约束和工业化道路选择产生的发展约束。这一时期农村工业发展的典型形式当属"苏南模式",在经济开放性的促动之下,这一模式已经成功地完成了向"新苏南模式"的转型,至今仍然具有一定影响的华西村和南街村通过市场化转轨延续了其生命力。由于这一时期特殊的经济和政治环境,农村工业的发展只是局限于几个点上,虽然产生了阶段性影响,但对于经济和社会发展全局没有实质性触动。

第二阶段(1978—1992)。这一时期恰是我国经济体制改革的探索阶段,历经14年。农业联产承包经营责任制解放了长期被压抑的农业生产力,短短几年时间就基本解决了长期存在的吃饭问题,一方面奠定了中国农村社会稳定的基础,另一方面为农村工业的发展提供了资本条件。对农村工业发展具有的积极意义还在于这一时期支撑经济体制改革得以持续推进的探索氛围,这一氛围鼓励一切能够促进生产力发展的经济行为,对中国经济和社会进程发生重大影响的"姓资姓社"和"姓公姓私"都是产生于这一时

期。[1] 支撑这一时期农村工业发展的另一个具体因素是经济市场化,农村生产力水平的提高催生了农村市场的发展,而经济体制改革重点由农村向城市的转移则将农村市场和城市市场连接起来,由此形成的市场环境为农村工业的发展提供了外部条件。

第三阶段(1992—2002)。这一时期确定了我国经济体制改革的目标模式,如果说,前一个时期是在“不争论”的呵护下农村工业实现了自发性发展,而这一时期则是借助于市场竞争机制实现了农村工业的自觉飞跃。社会主义市场经济体制目标的确立,将不同区域、不同规模、不同所有制的经济形式全部纳入了市场经济主体这一概念之中,他们通过其经营行为获得经济利益,体现其社会价值,各类市场主体可以依据其对经济环境和社会环境的判断并利用其所掌控的经济资源规划并实施其发展目标。值得注意的是,这一时期中的前五年和后五年面对不同的经济环境,1992 年至 1997 年面对全面短缺的经济环境,此时的农村工业干一个成一个,这一环境对农村工业产生了极大的诱惑力,一些至今活跃在经济舞台上的企业多数是在这一时期从农村起步发展起来的。从 1997 年开始我国的经济环境步入结构性过剩,这一变化的直接后果是在短缺的经济环境中发展起来的一部分企业由于盲目扩张而陷入灾难之中,这一时期的农村工业发展是通过和国有企业的竞争加以实现的,国有企业几乎丧失了在所有竞争性领域中的市场主动权。[2]

第四阶段(2002— )。这一时期的起点是我国的第二次社会转型。第一次社会转型将中国引入了发展的轨道,不断推进的经济体制改革和对外开放为中国经济的成长注入了源源不断的动力来源,中国生产力水平从总体上获得实质性提升。但是,这一过程中的结构性问题越来越突出——区域发展差异、城乡发展差异、收入水平差异、生活环境差异、人文素质差异。在科学发展观的引领之下,中国步入了一个新的发展阶段,这一发展阶段的突

---

① 邓小平同志在后来的南巡讲话中曾经说过:“不搞争论,是我的一个发明。不争论,是为了争取时间干。一争论就复杂了,把时间都争掉了,什么也干不成。不争论,大胆地试,大胆地闯。”见邓小平. 邓小平文选(第 3 卷)[M]. 北京:人民出版社,1993.

② 从区域视角观察,农村工业相对于城市工业而存在,在现实的经济和社会背景下,农村工业的所有制形式几乎都是非公有制经济,而城市工业的所有制形式大多表现为国有企业,与农村工业和城市工业相对应自然出现了非公有制经济和公有制之间的关系变化。因此,在讲及农村工业发展问题时和非公有制经济的发展之间存在相当程度上的一致性。

出特征可以表述为：由总量增加到更加关注结构优化、由着眼当下到更加关注未来、由重视助强到重视扶弱。在这一背景之下，农村工业发展具有了新的内涵，农村工业发展所担当的历史使命发生了根本性变化，由农村发展问题和工业发展问题演变为城乡一体化发展的战略性问题，在城乡发展存在较大落差的情况下，农村工业发展将充当连接城乡之间的桥梁，为农业解套，为工业化持续性地深层次推进加力。基于这一认知的农村工业的发展一定更加令人期待！

## 二、中小企业是农村工业发展的主导形式

农村工业发展不能脱离现实的经济条件和市场环境。兴办工业必须面对资本门槛问题、劳动力素质问题、产品或服务的市场问题。综合这几个方面可以得出：较少的启动资本、较多的劳动力和较低的劳动力素质、较近的市场半径可能成为农村工业产生的最为便捷的通道。当然，这并不排除现实中某一个方面或者是全部突破这一状态的个案存在。而符合这些一般规定性的企业形式是中小企业。另一方面，中小企业发展的经济和社会功能可以满足现阶段的发展需求。

### 1. 中小企业为农业剩余劳动力的转移提供较多就业机会

从产业的要素密集程度来说，中小企业具有劳动密集的特征，在较少的资本积累条件下就可以利用丰富的农村劳动力资源建立起企业。从企业兴办者来说，选择使用较多的劳动力要素可以跨越从事非农产业的资本门槛，而资本门槛往往是创业者转向非农经营的首要问题；在我国的现实环境来看，农业劳动力的过剩状态长期存在，创业者长期处在这种供求结构的熏染之中，最先想到、最有可能的就是利用劳动力资源优势，相比较而言，较多地利用其他要素可能存在较大的进入障碍：或是信息阻隔，不知道到哪里寻求这种要素的供给者；或是资本障碍，难以获得与这种要素相适应的启动资本；或是信心不足，对于使用该要素的技术能力和管理能力心中无数，难以驾驭。从农业劳动力本身的角度来看，就地转移到中小企业从事非农产业具有相当大的吸引力，由于农业生产的季节性特点，仍然留在农村的农业劳

动力事实上也有一定的劳动时间可以用于非农产业，中小企业的技术特征决定农民可以在非农产业就业和农业经营两者之间实现自主协调，中小企业的出现满足了农民增加经济收入的愿望。在农村调研中发现，凡是当地非农产业发展较好的地方，当地的农业劳动力转移均具有就地转移为主的特征，而在那些依然以农业为主的地方，农业劳动力只能是异地转移为主。

中小企业是非农产业创办者和农业剩余劳动力利益的交汇点，在宏观意义上，农业剩余劳动力的转移是决定未来中国经济社会实现有效转型的关键性环节。①

### 2. 中小企业是农民收入增加的主要来源

现阶段农民收入的来源主要由三个部分组成：农业经营性收入、工资性收入和财产性收入。② 在这一框架中，其变化趋势是农业经营性收入在总收入中的比重逐渐下降，工资性收入和财产性收入在总收入中所占的比重逐渐增加。农业经营性收入的比重下降是一种带有普遍性的趋势，其他国家和地区也表现出相同的趋势；虽然劳动力的供求结构长期处于对农民极其不利的状态，工资性收入在农民收入增加中依然起到了关键性作用，农业经营性收入之间的差距往往很小，有劳动力务工的家庭和没有劳动力务工的家庭生存状态差异很大，但是，工资性收入在国民收入总量中只占有很低的份额，相对于资本的利润收入而言微不足道，由此决定，农民收入的增长难以通过工资性收入的增长得到实质性改变；财产性收入在农民收入增加中的作用取决于财产的数量和农民理财的能力，由于发展的限制和其他综合原因，现阶段的财产性收入同样难以使农民收入发生实质性改变。我们面

① 在经济发展路径的选择上，现实中存在不同的选择取向。人们可能对“高起点、高技术、大规模”的非农产业格外推崇，在引进资本时也热衷于“亿元项目”，称之为“大手笔”。我想说的是，这没有什么不好，但是这不是推动经济和社会发展的唯一形式。“大手笔”只能是政府行为，而“中小企业”是民间行为；“大手笔”是一枝独秀，而“中小企业”是百花齐放。或许人们会对中小企业不屑一顾——小小的资本、不甚宽敞的厂房、文化水平不高的一群人、浓浓的农民气息，问题是一切都会改变，关键是要起步，没有开始就没有飞跃。就吸收农业剩余劳动力而言，一个大企业可以吸收数倍于小企业的农业剩余劳动力，但是散布在广袤土地上的无数个小企业所能容纳的农业劳动力总量却会远远超过大企业吸收的农业劳动力总量。

② 农业经营性收入和工资性收入的内涵十分明确，而财产性收入需要加以说明。我们认为，财产性收入包括：以银行存款形式存在的金融财产带来的利息收入、通过投资活动形成的产业性财产带来的利润、实施投资行为形成的投资性财产带来的经济收入。

对一个农民收入继续增长的约束刚性，难以突破，但又必须寻求突破。实施这一突破的最有效途径是增加农民的财产性收入，尤其是鼓励投资创业，获得利润收入，在非农产业发展中改变利益分配结构。相对于仅仅获得工资性收入而言，投资创业可以大大地提高农民收入增长效应，也是突破收入增长约束刚性的有效途径。

### 3. 农村中小企业发展的综合效应

中小企业对我国现阶段的农村经济发展而言具有较好的适应性，劳动密集——可以较多地吸收农业剩余劳动力；技术起点低——对文化素质较低、缺少劳动技能的农业劳动力限制较少，可以获得非农就业机会；投资门槛低——对于农村经济发展水平较低、资本积累能力较弱的农民来说容易进入；各地的资源禀赋存在差异——创业者可以利用各自的资源条件创办可以利用其资源优势的中小企业，由此形成各具特色的中小企业群体；我国经济发展的阶段性特征决定相当数量的中小企业必然涉足工业领域——这种局面必然带动我国农村工业化水平的提升；农村中小企业的发展必然形成围绕农业的产业体系，农产品的加工、运输、储存、销售、农技服务、农业生产资料的租赁和维修等——推进农业产业化的发展，为农业现代化储存力量；在聚集效应的支配之下，非农产业的发展必然逐渐形成人口聚集区——一大批城镇因此而出现，加速我国的城镇化步伐，在城乡一体化发展过程中承担连接城乡的纽带作用。①

农村工业化中选择中小企业作为主导形式并不排斥大企业的发展，无

---

① 赵海东在论述发展中小企业必要性时认为，大力发展中小企业顺应了经济发展趋势。其主要依据是：世界工业正处于制造业与生产性服务业高度一体化时代，通过大力发展中小企业，能快速提升生产性服务业的规模和水平，使“流汗经济”和“灵感经济”有机结合起来，从而推进工业持续健康发展；我们正处于工业化组织模式由福特制生产方式向弹性专精生产方式转变的时代，传统的福特制生产方式很难适应市场需求，而以中小企业集群为形态的弹性专精生产方式日益繁盛，呈现补充乃至替代福特制生产方式的趋势。我认为，支撑其观点的两个依据是一种客观存在，前者是宏观性的新型社会生产体系的构建问题，后者是微观性的个性化生产方式问题。但是，我总感觉到使用以上两种趋势说明发展农村中小企业的必要性或重要性有点生拉硬扯。因为现代生产体系中的中小企业和我国农村现阶段的中小企业不是同一概念，这两个概念的趋同过程正是中国的现代化过程，我们期待着我国中小企业的产生和成长并承担起不同阶段的经济和社会使命。搞明白这一问题事关我国现阶段农村工业化中中小企业的发展战略，支撑现代生产方式的中小企业首先是难以在我国的农村土壤中生产出来，即使是借助于外力建立起来也难以持续。见赵海东．发展中小企业是破解“三农”问题的有效途径——基于农村经济社会结构调整视角的分析[J]．金融与经济，2007(12)．

论是自发成长起来的大企业，还是通过产业转移引进的大企业尽可以大显身手，并尽可能地发挥大企业的经济和社会功能，在产业体系的构建、技术进步、环境保护等方面发挥引领性作用。我们所要说的是，对中国来说，少数的大企业难以带动庞大而落后的农村步入工业化道路，少数大企业和大量小企业的联手则会迅速在中国的广大农村遍撒工业化的火种。还要指出，农村工业化过程中选择中小企业也不是一个“企业本位”的自然过程，这一过程中需要舆论支持，需要构建产业体系，需要公共产品的投入，需要社会提供有利于企业发展的环境，需要社会性管理。这一问题将在下文中加以展开。

## 三、“浙江经验”的借鉴和突破

在发展中小企业问题上，浙江省为后发地区提供了富有价值的经验，在肯定这一经验的前提之下，应该看到浙江省发展中小企业和后发地区发展中小企业面对的经济和社会环境存在的差异，这一差异启发我们思考两种不同背景之下发展中小企业的过程差异，在借鉴浙江经验的基础上后发地区发展中小企业应该有所突破。

在改革开放之初的1978年，浙江农民人均纯收入仅为165元，2004年农民人均纯收入跃升到6096元。经过短短六七年时间的发展，原来一直处于全国后列的农民收入在1985年上升到除直辖市之外的全国省区第一位，并且这种地位在20余年的时间内得以保持。受经济环境的影响，1997年前后我国经济由全面短缺向结构性过剩转化，此时的农民收入增长速度放缓，但浙江全省的农民收入增长依然保持了较快的增长，1998—2004年间农民收入的年均增长速度为7.63%，而同期全国农民人均纯收入的增长速度是4.33%。在持续增长的驱动之下，浙江省农民人均纯收入水平迅速提高，2004年全省农民人均纯收入是全国平均水平的2.08倍。①

经济实力的增长迅速改变了浙江农民的生存状况，为经济和社会发展提供了坚实的基础。产生这一经济和社会成果的经济力量是中小民营企业

① 国家统计局．中国统计年鉴(2005)[M]．北京：中国统计出版社，2005.

的发展。20世纪80年代初期,浙江全省民营中小企业实现的工业总产值是700万元,而此时浙江的工业总产值是2.01亿元,这就是说,民营企业实现的工业产值是全省工业产值的3.5%。这的确是一个可有可无的数量。但是,正是这一星星之火,借助于经济体制改革的社会氛围,引发了民营经济发展和促动经济社会发展的燎原之势。民营中小工商企业数量由1980年的9000余户发展到1982年的79000户,同期在民营企业中的就业人数由10000人增加到80000人,而时至1985年,全省的农民个体企业和农民联户企业总数已经达到26.4万个。① 到2005年,全省个体、私营企业总数已经达到188.7万户,从业人员782.3万人,个体、私营经济在经济总量中的贡献份额达到56.1%。

浙江发展过程中呈现出来的微观特征,产生了较为显著的宏观效应。农民收入结构实现了以农业为主向非农业为主的转变:浙江农民人均纯收入中来自于第二、三产业的经营性收入2004年占到总收入的56%,加上工资性收入,两项合计占农民人均纯收入的73.6%。推进了产业结构的高度化:表7反映的是浙江省1979年至2004年产业结构的变化轨迹,由此可以看出,这一时期浙江省产业结构的变化具有工业化迅速推进时期的典型特征,推进了城市化进程。至2006年,浙江拥有10万人以上的镇35个,20万人以上的镇4个,进入全国千强镇的数量为268个,所占比重超过四分之一,浙江的小城镇创造了全省经济总量的三分之一。②

**表7 浙江省产业结构变化轨迹(1979—2004)**

| 年份 | 第一产业比重(%) | 第二产业比重(%) | 第三产业比重(%) |
|---|---|---|---|
| 1979 | 42.9 | 40.6 | 16.5 |
| 1980 | 36.0 | 46.8 | 17.2 |
| 1990 | 25.1 | 45.4 | 29.5 |
| 1996 | 14.7 | 53.1 | 32.2 |
| 1998 | 12.4 | 54.6 | 33.0 |
| 2000 | 11.0 | 52.7 | 36.3 |

① 浙江省统计局. 浙江统计年鉴(1986)[M]. 北京:中国统计出版社,1986.

② 陈建海. 政府与市场互动型的小城镇发展道路[J]. 中共浙江省委党校学报,2006(2).

续表

| 年份 | 第一产业比重(%) | 第二产业比重(%) | 第三产业比重(%) |
| --- | --- | --- | --- |
| 2001 | 10.3 | 51.3 | 38.4 |
| 2002 | 8.8 | 51.2 | 40.0 |
| 2003 | 7.7 | 52.6 | 39.7 |
| 2004 | 7.3 | 53.7 | 39.0 |

资料来源:历年浙江省统计年鉴和浙江省统计信息网

浙江致力于发展民营中小企业产生的巨大经济和社会效应在改革和发展的社会环境中引起了全国的极大关注,成为各地发展民营经济学习的榜样。从特殊性的角度来看,浙江发展民营中小企业并卓有成效得益于浙江商品经济发展的历史文化积淀,在计划经济时期,各类掌握某项手工技能的农民就游走于全国各地,改革开放之后的浙江人更是一马当先,将生意做到了全世界,形成了具有世界性影响的浙江商人群体,其中尤以温州的影响最大,当然,这时的民营经济发展早已突破了中小企业的局限。浙江民营中小企业发展的另一个特殊性原因是改革开放过程中的地方政府在解放思想、突破既定体制的发展约束方面走在了全国前列,从而为民营中小企业的迅速发展提供了良好的经济和政治生态。其中的问题是:在集权背景之下,浙江和其他地区面临着相同的政治背景,中央政府对既定的改革方式的选择和路径必然作出统一的安排,为什么浙江可以捷足先登,可以在相同的政治环境中发现一条有效的发展之路并坚定不移地推进。我认为,对这一问题的解释从表面上看可以归结为地方政府及其决策者的敏感性,如果再深入一步,这种敏感性又来源于何处?我愿意将这种敏感性和浙江商品经济观念和浙江民营中小企业发展的正强化机制联系起来,商品经济观念催生了其民营经济的发展,而民营经济的发展及其产生的经济和社会效能验证了这种发展取向的有效性。①

或许,人们会从这种分析中得出经济后发地区发展中小企业的不利因素,因为在经济后发地区往往缺少深深植根于经济和社会中的商品经济的

① 一种经济形态的发展过程往往会形成与这一经济形态相适应的文化形态,这种文化通过价值观表现出来,在外部环境和这种价值观相冲突的时候,这种文化处于一种被抑制状态,一旦产生了与这种价值观相适应的外部环境,这种价值观就会转化为不可遏制的社会行为。因此,我更加倾向于以内源性解释浙江民营中小企业的发展。这一解释符合演化经济学对经济和社会现象进行解释的一般性原则。

DNA 基因，而这种基因的外部植入往往十分困难。因此，培育后发地区商品经济的制度文化和价值观念就成为后发地区民营中小企业发展的前提条件。这一问题已经得到基本解决。改革开放以来，中国农村最先被导入了市场经济轨道，农业经营制度变革一方面提高了农业劳动生产率，产生了市场发展的物质基础；另一方面使农民从土地的束缚中解脱出来，农民可以在务农、经商、务工、就地务工还是异地务工等多方面进行自由选择，并依据外部环境的变化按照利益最大化原则调整自己的经营行为，这一社会性过程检验了农民的商品经济行为，历练了农民的商品经济本领，形成了农民的商品经济观念。

每当春节回家走在家乡的集市上，总能看到儿时的玩伴忙碌的身影，难得抽出空来和我说上几句话又匆匆地投入到各类交易中，不知不觉之中，原来只会种田的农民竟然都成了做生意的好把式，这几年他们陆续从第一线“退役”，而将第一线的任务交给了下一代，顺利地完成了商品经济的传承。因此，从现实情况来看，支撑当年浙江民营经济发展的商品经济基因在经济后发地区已经形成，不是强行的外部植入，而是市场经济环境下的自发形成，可能和浙江相比还存在距离，但是已经足以支撑民营中小企业的产生和崛起。

与发展民营中小企业相关的另一个问题是，浙江发展民营中小企业为后发地区的经济发展提供了宝贵的经验，经济后发地区发展中小企业是对浙江发展中小企业的简单复制吗？我们认为，浙江和后发地区发展民营中小企业存在不同的发展环境，浙江发展民营中小企业的政治环境具有极大的不确定性，此时的发展可能是“犹抱琵琶半遮面”，一方面大力发展，另一方面又不敢声张；如今的环境已经发生了根本性改变，不论在哪一个层面上人们都对创业充满了敬意和期待，“敢不敢”的问题仅仅表现为冒险精神、市场驾驭能力和经营管理能力。浙江发展民营中小企业的动力主要来源于民间的自发性力量，依靠自身的力量和企业族群的自组织性开拓市场，扩大规模，而现在的状况是已经形成支持中小企业发展的机制性体系，为中小企业的技术进步和规模扩张提供政策性支持，满足中小企业发展的资金需求，鼓励中小企业参与国际市场竞争。浙江发展民营中小企业的基础设施条件和现在的后发地区也存在着较大差异，我国正在实施的新农村建设正在形成支撑农村经济和社会发展的基础设施条件，国家将改善农村基础设施条件作为国家支持新农村建设的投入重点，并期待着通过这一行为吸引更多的农村发展资源，而浙江发展民营中小企业的基础设施条件的形成则缺少这种外力支持。

基于这些差异，后发地区农村中小企业的发展之路应该走得更好、更远、更有效！

借鉴浙江发展民营中小企业的经验就是选择发展民营中小企业作为突破农村经济和社会发展瓶颈的切入点，并坚定信心，持续推进；突破就是依据变化了的发展环境，充分利用发展民营中小企业的有利因素，以新思路、新办法、新路径争取以较低的社会成本、在较短的时间内获得发展民营中小企业较大的社会成效。

我们认为，在借鉴浙江发展民营中小企业基础之上实施的突破可以从以下几个方面着手：

在发展规模上求突破。可以包括两方面，一是中小企业发展的总体规模，借助于新农村建设的推动，形成鼓励创业、积极创业的社会氛围，形成较大的中小企业总量；二是中小企业发展的规模结构，企业规模扩大必然经过一个经济和社会过程，但较快而适时地实现企业的规模转化会产生不同的企业规模结构，在一定区间内，较大规模的企业所占比重较大相对于较小规模企业所占比重较大而言拥有较强的经济势能。

在产业组织上求突破。在企业总量一定的情况下，企业之间的组织状态不同会产生两种截然不同的经济结果，企业之间内在联系越强，信息传递和企业之间的互动越充分，这种状态下将有利于形成较为完整的产业体系，催生技术的成长和产业升级，提高产业竞争力。

在城乡关系上求突破。我们虽然确立了城乡一体化的发展战略，但实现城乡一体化发展还任重道远，需要通过体制性和机制性设计确保现实的经济和社会进程符合这一战略性要求，发展农村中小企业要注重在市场、就业趋向、资源流动、专业化协作等方面助推城乡一体化发展。

为了实现上述突破，需要在经济社会发展的战略层面、国家治理理念、法律和体制机制、经济发展模式、产业政策等方面有效配合，提供中小企业产生、成长和飞跃的外部条件。

经济后发地区借鉴浙江民营中小企业的发展经验，尤其值得重视在制度变迁方面的特点，以下特点可能对其经济和社会发展产生重要的影响。

第一，民营中小企业发展的市场化取向。对于企业来说，体制是一种现实存在,并且难以改变,可以将此称之为企业是体制的接受者。但是,浙江在民营中小企业的发展过程中却在不利体制的环境中成为新体制的创造者,从而使浙江成为"体制外增长"的典型代表。就当时的体制而言,浙江处于明显的劣势,国家对浙江的投资较少,国有企业的数量也明显偏少,更不可能在短缺的环境下满足浙江发展所需要的各类物质条件。在这一环境中,浙江不等不靠,利用经济市场化所提供的各种机遇,从市场寻找原材料,通过市场为产品寻求出路,在体制的夹缝中求生存。立足市场使浙江的农村工业迅速成长,并成为浙江农村工业持续发展和层级跃升的支撑点。浙江的农村工业就是在这种率先进行的市场取向的改革中不断发展壮大的,其中的温州模式是市场取向推进发展的典型代表。从浙江省内部来看,农村工业化的发展程度和坚持市场取向之间同样存在高度相关性。

第二,诱制性制度变迁是推进浙江民营中小企业发展的主导性力量。强制性制度变迁和诱制性制度变迁是制度变迁的两种形式,前者的实现形式是自上而下,后者的实现形式是自下而上。既定体制之下的任何一点突破都会面临来自思想、体制和行为惯性等方面的阻碍,在浙江发展民营中小企业的过程中这种阻碍同样存在,但民间通过制度演化克服了这一障碍。改革开放之前温州的"非法的市场经营活动"就已经存在,在改革开放的环境中,这些经济活动为了寻求政治上的合法化,减少活动较高的交易成本,许多私人企业通过"戴红帽子"使其经济活动合法化,并由此争取到了发展的机会。这种现象在内地也长期存在,这事实上是一种面对体制约束而采取的一种突破体制约束的变通形式。非公有制经济合法化之后,在不少地方出现了由此产生的产权纠纷。诱制性制度变迁是一个自下而上的过程,一种新的经济现象首先从体制外产生,当其力量发展到一定程度并有社会广泛认可的时候,这种力量就由体制外进入体制之中,从而推动正式制度的变革。这一渐进过程决定该种制度变迁具有制度转换成本较低的优势,可以通过稳定的社会过程加以实现。

第三,民间的自主创新是浙江民营中小企业发展的强劲动力。计划经济体制事实上是一个带有强烈歧视色彩的体制性安排,在这一体制下,作为社会绝大多数的农民不仅难以享受到这一体制的恩惠,还要为城市发展和工业发展提供资本积累。作为体制外的这一社会群体,内生出强烈的创新意识。正是这一原因,使农民的创新意识成为浙江农村工业发展的推动力量。社会学家已经证实,如果一个社会的制度性安排存在对一个集团的歧视,被歧视的社会集团就会利用各种机会在优势群体不感兴趣的领域中作出业绩,并在这一过程中显示自己的力量。

在这一问题上可能存在一个需要回答的问题,农民这一社会集团的创新为什么没有在其他地区发展起来?这可能与浙江不是处在既定体制的核心区位有关,另一方面的原因与浙江地方政府相对宽松的管理方式有关,这为制度变迁提供了宽松的政治环境。在一系列制度变迁的环节中,在传统体制还占绝对统治地位的环境下,浙江的地方政府对民间自主推进的制度变迁行为采取了默许的态度,并在适时的时候转变为支持,而很少对民间的创新行为采取打压或明令禁止的行为。在经济发展过程中,必然面对发展的转折点,而转折的实现往往发轫于现实的经济和社会过程,而不是来源于高层的战略决策和理论家的前瞻性构想。因此,自主创新对社会的发展尤其珍贵,我们应该最大限度地在经济、政治、文化、社会领域中形成有利于自主创新的条件和环境。

## 四、农村工业发展中的招商引资

对于经济和社会发展落后的地区来说,资本形成能力较弱是制约其经济发展的首要因素。在我国区域发展不平衡的背景之下,出现了发达地区产业转移的客观性。这两个方面的结合,在我国后发地区出现了持续的招商引资狂潮。首先值得肯定的是,招商引资作为后发地区发展经济的一种重要手段,在工业化推进、就业增加、经济总量增加、产业链的形成与扩展、农业产业化、农村城市化等方面产生了积极的作用。在这一认知之下,应该看到,现实中的招商引资存在不少值得关注的问题,梳理这些问题并对这些问题进行理性思考将对更加有效地发挥招商引资在农村工业发展中的效能产生积极影响。

### 1. 招商引资存在的问题梳理

(1)重大轻小。一些地方在出台招商引资政策时,明文规定对出资规模达到一定数量的项目在办理各项手续时给予“绿色通道”待遇。这种规定受到了社会的广泛诟病,认为政府在发展经济中的基本职能是提供公平的经济环境,营造一个对各类投资主体一视同仁的政策环境,这种重大轻小的招商取向不符合市场经济原则。事实上,这种政策不一定会带来好的招商结果,偏爱大资本意味着对小资本的歧视,小资本会转向对其没有歧视并可以获得较好发展机会的地区。另外,从现实的资本结构来看,大资本毕竟在资本总量中只占少数,重大轻小可能意味着大量小资本的走失。从招商引资的条件来看,大资本对基础条件和人文条件的要求相对较高,人们在制定招商引资政策时往往只考虑大项目对经济和社会发展的带动作用较强,而忽视了招引大资本的条件,在现实的约束之下,可能将相当数量的大资本拒之门外。如果将思路转向大小并举,既可以收获大项目产生的招引效应,同时也可以吸引小资本的进入。我们不应该将大资本和小资本进行一对一的比对,而应该将一个大资本和众多的小资本进行比较,一定数量的小资本通过产业关联和专业化协作所产生的发展效应可能不亚于甚至超过一个大资本。重要的不是资本单体的大或小,而是能否构成一个适合当地发挥经济优势、具有内在支撑的产业体系。

(2)短期行为。鉴于我国市场经济体制发育水平的限制,现阶段经济发展的主导型模式还是政府主导,招商引资是政府主导型发展模式的突出表现形式。将招商引资置入政府主导的框架之下,立刻就能发现招商引资中的短期行为倾向。政府官员存在强烈的晋升愿望,而支撑这一愿望得以实现的基础是政绩,但在现实的行政规则中,对政绩的考核方法是着眼于现在的政绩,是眼前的政绩,而缺乏对官员政绩的持续性绩效的考量。还有一个促使官员追求短期政绩的强劲动力——晋升竞争和任期制。因此,以上因素的混合必然出现招商引资中强烈的短期行为动机,格外青睐具有“短平快”特征的招商项目。只要招商的项目规模大,见效快,容易体现政绩,至于项目可能产生的产业安全问题、环境污染问题、招商成本问题等都在现实中变得不再重要。

(3)恶性竞争。强烈而普遍的招商引资需求最终会将需求方置于极其不利的地位。招商引资在一定阶段是一种重要的发展手段,但不是唯一的发展手段。现实中存在的片面招商引资倾向使招商引资需求急剧膨胀,由此形成需求方之间激烈的“买方竞争”,这种格局最终迫使需求方作出利益让步,使其成本上升,收益下降,而同时供给方则待价而沽,坐收渔利。问题的关键在于资本量是有限的,这种有限性决定于资本规模的形成、资本投资方向在产业和区域上具有相对优势、资本所有者的投资意愿、资本投入过程和运作过程是否具有基本满意的效率,等等。这就是说,招商引资的总体发展效能是既定的,这种效能不会随着引资需求的强化而增长,相反,强烈的引资需求激发了资本需求方之间激烈的竞争行为,这种现实的存在事实上使招商引资的发展效能相对降低。[①] 杨海水的研究表明:在竞争的状态下,除区域间收益差额超过潜在不利的情况外,潜在不利区域将很难利用优惠改变企业固有区位,竞争使得分配更加有利于企业而不利于参与招商引资竞争的区域,而且这种招商引资竞争是难以避免的。认清本区域既有优势和关键行业比单纯提供优惠在招商引资过程中更加重要。[②]

(4)职能错乱。现实中的招商引资到了让人啼笑皆非的程度,我们一直缺乏系统理念,招商引资的重要性一旦被提高到压倒一切的地步,其他就都不存在了,只有招商引资。一些地方提出了"全民招商"的口号,并层层下达招商引资的指标,政府在所能控制的领域中将招商引资的任务落实到人,美其名曰:"千斤重担众人挑。"这种招商引资的指标和任务遍及经济部门、行政部门、政法部门、机关干部、乡镇教师、医生、社区居委会工作人员,等等。为了保障招商引资的指标能够完成,制定考核体系和方法,并将招商引资完成的情况和评先创优、工资福利、奖惩待遇、提拔任用等挂钩。某些地方的偏激做法产生了不良的社会影响。这种招商引资必然将大量政府职能范围内的事情搁置,从而影响正常的经济和社会秩序。在正常的经济环境中,政府在招商引资中的角色定位应该是"当地产业政策的制定者,投资环境的营造者,市场秩序的监督者和维护者,公共产品的提供者"。[③] 考虑到我国经济体制的发育和政府在经济发展中的特殊作用,这种角色定位的实现还有赖

---

① 这事实上形成一个地方政府都难以摆脱的招商陷阱,可能哪一个地方政府都心知肚明,明明知道这样做会产生一种对引资方极其不利的结果,但是如果谁首先退出,谁就必然一无所获,最终结果是出现经济发展和政绩比对的劣势,这种情形哪一个地方政府都不愿意看到。此时,我们看到了一种景象——各个引资方在那里拼命地争,而投资方在那里从容地偷偷地乐!表面上看,弱化引资方之间的竞争是一种较为现实的方法,使资本的供给和对资本的需求趋向于大致均衡,但是从现实来看,地方政府之间的竞争事实上又是我国改革开放过程中发展经济的一种现实方式。我将解决这一问题的出路定位在理性招商引资,其根本出路是政府职能的回归。

② 杨海水.招商引资竞争的有效性分析[N].中央财经大学学报,2007(2).

③ 张影新、刘蕾、李其光.论政府在招商引资中的角色定位[J].学术交流,2006(9).

于经济体制的完善和政治体制改革的推进。但是,不论从哪种意义上说,这种抓住其一、不顾其余的政府行为方式选择都是缺乏理性的。

(5)不计成本。至今为止,我们所看到、听到的都是招商引资的成绩,尤其是在地方政府的工作总结及其官员的年度述职中,一些地方政府的首脑更是对此津津乐道。但是,极少有人在谈论成绩时提及招商引资所发生的成本。人们在重视招商引资发展效能的同时,忽视了对招商引资成本的计量。招商引资在提供就业机会、增加经济总量、提升产业结构、延长产业链条等方面的积极作用是客观存在的。但是,这些效能的取得是以一定的成本付出为前提的,这些成本应该包括:人力资源成本、土地资源成本、基础条件成本、行政资源成本,除了这些直接成本之外,还应该包括相应的社会成本,如项目产生的环境污染、项目产生的职业损害、过分强调招商引资对其他经济和社会事务产生的不良影响。经济活动的意义只有在成本和收益的相对关系中才会存在。如果按照这一理念去观察现实中的招商引资,一部分招商引资活动的成效是值得怀疑的。

(6)属地歧视。招商引资的目的是增加本地经济发展的资源,为经济发展提供资本动力,进而促进当地的经济和社会发展。但是,一些地方在制定招商引资的政策时则不能充分地体现这一初衷,而是对外来资本格外关照,外来资本可以低门槛地进入专设的开发区,并享受优惠政策。但是,本地资本即使是符合资本进入的产业政策,符合设定的其他门槛要求也难以进入。这种"属地歧视"引起了当地资本的不满,这种招商引资政策很可能产生"招来女婿,气跑儿子"的结果。在这种情况下,某些转移成本较低、在当地又面临现实的发展局限的当地资本就有可能实施资本转移。因为在现实的环境中,每一个现实资本的背后都可能存在几个"资本招徕者"。

(7)招商运动。招商引资常常被作为一项"运动"加以实施,这可能首先来自于运动式招商引资的压力效应,地方政府认为这种形式可以产生一种氛围,使定指标、下任务的招商行为得以实施。事实上,招商引资的成效最终取决于资本的转移意愿和是否具备资本立足的条件,这种意愿和条件并不和招商引资的形式有关,形式的轰轰烈烈不会感染资本的所有者。运动式招商引资的另一个局限是需要耗费大量的经济资源,这一特点决定这种招商引资不可能持续,往往是掀起一个高潮,接着可能进入持续的低潮。同样,这种周期性特征和资本转移的特征并不是吻合的,招商活动的高潮期可能会产生较大的招引成效，高潮期过后的低潮期则可能失去不少机会，招商引资的总体成效并不一定增长。“运动式招商”还可能激发各类造假行为的发生。因此，心平气和、踏踏实实地营造招商环境可能比一时的招商运动更具效率。

(8)产业趋同。由于存在强烈的招商引资需求及由此形成的过度竞争的局面，招商方往往不加选择地实施招商引资，只要愿意来投资就被奉若上宾。这种状况自然和经济落后地区资本极其短缺的现实有关，只将眼睛盯住资本本身，而较少或根本不考虑资本的产业内涵是否和当地的资源相适应，是否对当地经济的长远发展有支撑作用。这种状况的出现也和经济发达地区的产业周期相关，一大批企业在相同的经济环境下建立起来，在发展过程中面临相同或相近的产业背景，当市场环境或者国家的宏观性调控不利于其继续生存和发展的时候，企业就可能同时产生转移资本的需求，由此形成的供给条件是形成产业趋同的一个外部原因。产业趋同隐藏着对经济持续发展的损害，对产业结构的高度化形成障碍，形成地方之间的恶性竞争。在招商引资过程中，人们也提出了由“招商引资”向“招商选资”转化，但囿于资本供求的基本格局，“选资”的余地很小，这种状况并没有得到实质性改变。

招商引资确实存在一些值得警醒的问题，可以将这种状况称之为盲目招商引资，应该提倡理性招商引资，扩展招商引资的发展效能。我们确实需要思考：如何在引进外来资本的同时发挥当地资本在经济和社会发展中的作用；资本的趋利性决定资本的流动性，引进资本之后应该将重点转向稳定资本，使资本进得来，留得住；要关注引进资本的产业关联，形成具有特色和竞争优势的产业链条，避免因招商引资出现新一轮产业趋同；各个招商引资项目都会面临产品乃至产业寿命问题，由此决定还要处理好当下和长远的衔接问题，在发挥招商引资项目现有功能的同时，为企业的产品更新和技术进步创造环境条件，使资本在现有空间中完成产业蜕变，最大限度地发挥资本潜能。

### 2. 后发地区招商引资的理性选择

(1)突出个性，彰显特色。后发地区生产力发展水平较低，如果在招商引资中一味模仿发达地区，将发达地区发展经济过程中招商引资的具体做法当做灵丹妙药,势必影响招商引资的成效。另一方面是后发地区之间也应该具有个性,这种个性是在经济发展基础大致相同的条件下存在的,可能来自于资源的差异、地理条件的差异、历史文化传统的差异,等等。这事实上是一个定位问题,后发地区招商引资定位的关键就是寻求个性,必须将本地与其他地区的不同之处表现出来,寻找吸引资本的独特之处。

特色需要塑造,个性需要挖掘。后发地区招商引资要尽可能地选定一个不同于其他地区的招商亮点,立足特色发展经济,根据自己的优势,确定不同的定位。当地有特别丰富的自然资源,可重点发展资源导向型招商引资;如果一地的人口密度较高,可以利用由此产生的市场优势,将招商引资定位在市场导向型引资;如果一地处于落后并且偏远的边境地区,则应该充分考虑相邻国家的经济联系,利用所具有的区位特性以发展边境贸易作为招商引资的重点;由于历史原因,一地可能在某些方面具有显著优势,如航天城、军工企业等,此时就应该围绕这一优势做文章,以能够扩展和强化这一优势作为地区招商引资的主导性方向;如果一地的工业基础好,科研人员密集,科技体系完善,研发基础雄厚,就可以将发展高新技术作为当地招商引资的主要方向。

(2)结合自身条件,量力而行。招商引资是一项综合性工程,除了上面所提到的资源条件之外,还存在很多决定招商引资成效的其他限制性因素,这些因素共同构成招商引资的资源,只有符合自身条件的招商引资才可能取得好的成效。这就是说,成功的招商引资一定是从自身实际出发而实施的经济行为。这种客观性规定来自于供求两个方面:经济和社会发展是一个连续的过程,对于经济后发地区而言,实现跨越式发展固然愿望可佳,但在一定时期又必须接受现实的发展约束;从资本的供给方来看,招商引资首先是引进资本,比引进资本更加具有实质性意义的是留住资本,发挥资本在经济成长中的带动作用,而是否能做到这一点并不仅仅由招商主体的主观愿望决定,客观条件是一种刚性约束。在实际生活中,人们更多地看到招商引资在经济发达地区发展进程中所起到的积极作用,但却较少分析发达地区和落后地区的客观条件的差异,这是导致不顾条件盲目招商引资的原因之一。

经济后发地区脱离自身条件的招商引资主要表现在以下几个方面:

招商引资的总量目标规模脱离实际。后发地区存在一个与其经济和社会发展水平相适应的资本承载力问题,资本承载力可能表现在技术、技术人才、基础设施条件等各个方面,这些条件越充分,地区的资本承载力越强。当然,脱离实际的招商引资的目标总量规模并一定能够成为现实,资方的经济决策具有最终的决定作用,但是这一行为将招致较高的社会成本。

招商引资的个体规模脱离实际。后发地区总是期望能够吸引大资本,对世界500强尤其偏爱,但是后发性质决定资本生存和发展的条件往往与大企业的要求相距甚远,即使一个环节过关了,下一个环节总是令人提心吊胆,即使所有环节都过关了,往往也难以留住。事实上,应将招商的重点瞄准中小投资者,利用中小投资和落后地区现实经济和社会条件的较强适应性形成体系,壮大总量。

招商引资的产业层次脱离实际。后发地区试图通过引进较多的高新技术产业弥补与发达地区发展的技术断层,但却缺乏发展高新技术产业的人才,缺乏吸引人才、激励人才、留住人才的制度和机制,基础设施、政府服务、金融服务、生活服务也难以满足高新技术产业的基本需要,政府官员的承诺难以兑现,甚至与现行政策发生冲突。当然,这并不是说后发地区不能引进大资本和高新技术,问题的关键在于适应性。

(3)着眼长远,形成主导产业。主导产业本身具有成长性强的特点,另外就是主导性产业具有较强的带动性和扩散性,这些特点决定了发展主导产业对后发地区的重要性。有人可能会提出这样的问题,发展主导产业是需要经济基础作为条件的,在后发地区提出发展主导产业是一种侈谈。应该说,这种观点具有一定的道理。后发地区缺少主导产业是其经济和社会发展落后的原因所在,正是因为这一点,才彰显发展主导产业在后发地区的重要性。招商引资如果缺少这一思路,就可能形不成合力,就难以将现在的努力和未来的发展联系起来。正是这一点,我们才应该将眼前的招商引资和未来的发展联系起来。

结合后发地区的这一实际情况,重要的是确立招商引资中的主导产业理念,明确招商引资的重点。即使招商引资的每一个项目不可能都是主导产业,但也不能偏离主导产业,应该围绕主导产业招商引资,这一点对于地区经济的长远发展和竞争力的培育具有决定性意义。在具体过程中,应该努力实现主导产业和产业吸引力两者之间的统一,选择既对投资者具有吸引力同时又对经济发展具有较强总体带动作用的产业作为主导产业,重点推进。另一方面，要围绕主导产业进行招商引资，重点发展那些影响主导产业发展的“瓶颈”领域。主导产业理念及其有效实施，从短期来看可能减少招商引资的总量，但从长期观之这种选择将为后发地区的持续性发展提供储备。

(4)扬长避短，体现优势。这里强调的是个性，是一个主体不同于另一个主体之所在，这里的个性可以表现在招商引资的各个环节之上。这里的优势既包含与其他招商主体相比较而存在的东西，又包含自身相比较较强的东西。一个地区和另一个地区相比，可能存在一个总体优劣势的结果，这种结果往往被一定时期的大多数人所认可，人们往往缺少对具体结构的分析。实际上，在经济背景大致相同的条件下，一个地区在任何一个方面都比另一地区强的情形是不多见的，如果出现这种情况，可能很难将这两个地区划入同一类别之中。这就是说，总体优势劣势之中可能存在着劣势地区的相对优势，这种相对优势可能成为总体劣势地区发展招商引资的优势。如果在地区比较中，A 地在任何一个方面都不如 B 地，这也并不意味着 B 地招商引资无路可走，这时的优势就是自己劣势较轻的那个环节，这些环节通过自身诸因素的比较显现出来。

在这一问题上，既存在弱中之强，又必然存在自身的相对优势，这些构成了各地形成招商引资优势的基础。问题的关键还在于优势是可以培育的，相互之间的优劣势对比是动态变化的，这种情形不论在国际经济和政治格局中，还是在国内发展过程中都不乏先例。

(5)重视环境保护，支撑持续发展。由于工业化和经济发展水平相对落后，后发地区在环境保护方面的压力还没有显现出来，或者说，较好的生态环境构成后发地区经济和社会发展的一种优势，这一优势可以在一定程度上弥补其吸引资本的劣势。但在后发地区招商引资过程中，存在滥用这一优势的现象，一些地方政府对领导干部的政绩考核过分强调招商引资的重要性，一味地追求签约数量，一些不符合国家产业政策和环保政策的项目借机进入这些地区。这种只看眼前不顾长远的引资行为潜藏着对经济长远发展的损害。从发达国家和发达地区的发展历程来看，以环境污染为代价换取经济发展的发展思路将面临高昂的社会成本和未来代价，先发国家的“先污染后治理”有其特定的经济和社会背景——环境方面具有较大的回旋余地、可以利用经济国际化转嫁环境压力、较低的发展水平还没有形成社会明确的环境意识等——这些背景在现阶段都不复存在。如果后发国家依然沿袭“先发展后治理”的模式,势必酿成严重的经济和社会后果,而对此既不能转嫁,也不能有效治理,环境的恶化必然受到社会各方面的顽强抵制。后发地区同样不能按照我国先发地区的模式发展经济,相当数量的经济发达地区正在对发展过程中形成的环境问题作为实现经济和社会协调发展的一个关键性问题加以治理,这一点可以认为是先发地区发展过程中的一个败笔!远的先发国家和近的先发地区所经历的发展历程都在强有力地提醒后发地区:环境保护和经济发展应该实现统一,在保护环境的基础上实现的经济发展才具有可持续性。

# 第九章
# 农村生产力发展中的产业互动

在正常的经济环境中，生产力的发展是一个产业传递过程，其基本状态是：生产力的发展首先表现在农业中，农业在提供满足人类基本生存条件的同时，为工业的形成和发展积聚能量，在这个意义上说，是农业哺育了工业，在经济发展史中，工业化较早起步总是和当地农业较发达联系在一起；工业产生之后，借助于技术进步和社会生产组织形式的变革，不断扩展其疆域，深化其内涵，工业逐渐成为占主导地位的生产领域，这一过程是通过工业化过程实现的；工业生产力的成长过程为农业生产方式的实质性变革提供了条件，进而将整个社会生产纳入现代化轨道，人们将这一过程称为工业反哺农业。生产力成长过程中的产业传递被中国特殊的发展道路选择所中断，我们构建了一个工业和农业、城市和农村分割的二元结构体制，这一结构体制实际运行了近半个世纪，由此形成了先进而发达的工业和城市，同时伴有后进而贫穷的农业和农村。在新的发展起点上，我们必须面对并突破这种格局，为此，中央确定的发展方略是：工业反哺农业，城市支持农村。可以认为，这一选择适应了我国现阶段的发展需求，但人们有理由对这种单向政策选择的持续性表示担忧，正像过去的选择及其结果那样。相对于“工业反哺农业”，“产业互动”则可以构建一个具有稳定性和持续性的工农关系和城乡关系。①

① 本部分内容主要是讲工业和农业之间的关系，下文中出现的“工农关系”均是指工业和农业之间的关系。

## 一、工农关系的社会背景——由城乡分割到城乡一体

从工农关系和城乡关系两者之间的关系来看，工农关系隶属于产业框架，城乡关系是一个社会框架。既定的工农关系及其未来的发展趋向都不能离开城乡关系这一社会框架得到理解，城乡分割必然产生与之相适应的工农关系，城乡一体化发展必然催生新型的工农关系。

这里，我们有必要梳理一下我国城乡关系的变革轨迹。

(1)自然延续的城乡关系(1949—1952)：这一阶段的城乡关系是新中国成立之前经济和社会格局的自然延续，这一阶段注重利用既定经济制度中的各类力量和城乡网络为新生政权提供稳定的社会基础。这一时期受生产力发展水平的限制，社会还处在前工业化阶段，农业在经济体系中占有绝对优势地位，工业的发展仅仅局限于借助于历史机缘而发展起来的少数城市之中，并且规模有限，体系不完整。这种生产力基础之上的城乡关系保留了一种自然状态，城市和乡村按照一种自发秩序在开放和平等状态下自然演进，有差别但相当有限。

(2)城乡分治格局形成时期的城乡关系(1953—1957)：这一时期是社会主义两大历史任务的叠加时期，一方面进行生产资料所有制的社会主义改造，通过这一行为建立了公有制占绝对统治地位的社会主义的经济制度，另一方面，国家开始了大规模的经济建设，以此为社会主义制度提供物质基础的支撑。[①] 问题的关键在于大规模经济建设的具体指向是发展重工业，并且

---

① 所有制的变革来自于社会主义的本质内涵，而大规模的经济建设是维持一个新生的经济和政治制度所必需的，由此产生了大规模经济建设和所有制改造的叠加。这种状况总令人感到在两者的叠加背后似乎有更加值得挖掘的东西存在。从所有制变革和大规模经济建设之间的关系来看，似乎存在一种内强化机制：一方面，公有制的建立为生产力提供了较大的发展空间，以此可以支撑大规模的经济建设，这一强化机制强调了生产关系对生产力发展的反作用，但忽视了现实生产关系和生产力的不适应性，同时忽视了生产力发展的内在规律，认为社会主义制度的建立是生产力迅速发展的充分条件；另一方面，以大规模的经济建设显示社会主义所有制制度的优越性。除了我们已经分析的之外，两者之间的内强化机制可能产生一种“叠加效应”——为了体现社会主义制度的优越性，将经济建设做到极端；为了为经济建设提供更加优越的制度保障，将所有制也做到极端。

发展的区位选择是城市。这种发展思路一经启动，立刻就在城乡关系中嵌入了招致城乡关系进入非稳态的因素：城市大规模的经济建设需要从农村招募劳动力，这在劳动力还是主要农业生产要素的状态下必然使维持农业生产基本稳定的条件发生紊乱；[①]重工业具有资本密集的要素特征，发展重工业所需要的资本必然由农业提供，这在农业基础还较为脆弱的条件下使农业发展的自我维持出现困难。[②] 为了应对由此引发的经济和社会问题，这一时期陆续出台了一些极具针对性的控制措施：《中共中央关于粮食统购统销的决议》(1953)——加之之后将食油和棉花也纳入了统购统销，以此保证了快速城市化引发的对农副产品的基本需求；《国务院关于防止农村人口盲目外流的指示》(1956)——以此缓解农村人口盲目进城对城市所产生的冲击；《中华人民共和国户口登记条例》(1958)——以此将城市人口和农村人口进行严格区分，城乡之间的人口流动被置于国家计划的严格控制之下。[③]

---

① “一五”时期，我国城镇人口净增2786万，城镇人口总量达到9949万，其中由农村迁往城市的人口为1500万。见陆学艺、李陪林．我国社会发展报告[M]．辽宁人民出版社，1991．这一绝对数字可能并不能说明问题的严重性，但是，这一时期迁入城市的农村人口占城镇人口增加量的53.8%。如此剧烈的城市化在农业十分落后的状态下发生，对农业的致命性影响就可以理解了。

② 蔡昉曾经对农业剩余的转移总量做过估计：新中国成立后的30年里，政府通过各种税收和价格剪刀差转移农业剩余的总量在5430亿～8000亿元之间。见蔡昉．合作与不合作的政治经济学[J]．中国农村观察，1999(5)．

③ 这使我想起了令几代农村人永远不能忘怀的两句话：“修理地球的”和“吃计划的”。前者是农民对其工作的一种自嘲的称谓，后者是农民对不以农为生群体的称谓。我在读高中的时候，班里有几个从城市来的同学，这几个同学当然就是“吃计划的”，其心理优势十分明显。这种身份来源于父母的遗传，在我的概念中，农民的儿子要想成为“吃计划的”只有两条通道，一是参军，二是考大学，别无他途。我记得与我同时在县中就读的几位同学，在距离高考还有4个月的时候，接到了县教师进修学校读中师的录取通知，他们全都如期报到上学去了，一位同学说：凑合着读吧，反正有户口本了。他们较早地吃到了定心丸，但却放弃了检验自己的一次高考机会，或许是失去了人生更好的发展机会。我想用这两句话描述那一段历史，想让我们的孩子明了这两个“历史成语”，想让他们知道其父辈为之奋斗的目标在今天看来竟然是如此地微不足道，也让他们洞悉社会前进的脚步。

从此,城乡之间的关系步入了一种封闭状态,形成“二元结构体制”。[①]

(3)城乡分治格局强化时期的城乡关系(1958—1977):通过生产资料所有制的社会主义改造建立了社会主义的经济制度,通过前一时期大规模的经济建设初步形成了社会主义的物质基础。在这一过程中,同时形成了系统性的计划经济体制,并实施对社会生产和生活的全面管理。可以认为,上一个时期形成的城乡分治格局被进一步强化,惯性机制可以对这一历史进程作出解释。在“十五年赶超英美”的鼓动之下,开始了更大规模的经济建设和社会进程。依据记载,1957 年至 1960 年,我国的城镇人口又增加了 3100 万。[②] 这种脱离经济发展基础、依赖计划经济体制的行政推动型的发展可以启动,但难以收到预想的结果。这一选择酿成了极其严重的社会后果。面对这一局面,中央不得不在 1961 年作出相应调整,决定在三年时间内减少城镇人口 2000 万,类似的行为还有 70 年代的知识青年“上山下乡”运动,这一选择减少了 3000 万城市人口。值得指出的是,这一时期出于“备战”的需要,国家集中财力在边远地区发展了一批军工企业,从空间层面来看,这种战略性安排似乎使城乡关系发生了一定程度的逆转,但是,这一时期建立起来的军工企业由于其指向、隶属关系和独立性,不可能对既定体制下的城乡关系产生实质性影响。

十年内乱、极“左”思想、体制惯性的混合将这一时期的城乡分治格局推向极端,人们不能也不敢对这一时期的政策选择作出任何挑战,而只能默默

---

① 在这里,必须区分两个概念:二元结构和二元结构体制。二元结构是任何一个经济体在经济发展过程中都必须面对的一种基本状态,其形成发端于工业化所产生的对社会结构的影响,单纯的农业社会自然是单一结构,由于工业和农业技术经济特点的差异,工业化起步之后直至工业化完成的这一历史时期内,必然出现工业和作为工业空间载体的城市相对发达,而同时农业和农村相对落后。各国的发展历史证明,在工业化过程中,二元结构变化的基本轨迹是:二元结构出现——二元结构发展——二元结构拐点——二元结构弱化——二元结构消失。由于经济社会内在传递机制的作用,工业化达到较高发展阶段以后可能是二元结构的峰值状态,随着工业化能量的积累和社会性机制的影响,二元结构进入其拐点,这一时期大致是工业化的完成时期。人们认为,现在是我国城乡差距最大的时期,按照我们的判断,虽然农村发展的外部环境从没有现在好,但是这一差距可能在近期内还会扩大,这是由我国经济发展阶段所决定的。二元结构体制是一个人为系统,是在特殊的经济和社会环境中形成并由此形成了一个保护二元结构的制度性体系。因此,二元结构问题可以在自然状态下加以解决,但二元结构体制却是维护二元结构的制度性安排。由此可以看出,由城乡分割型的发展模式到城乡一体化的发展模式决不仅仅是理念问题,更不是一个简单的政治口号,而是社会结构的重构问题,需要围绕这一目标实现经济、政治、文化和社会体制的全面、持续而又富有效率的变革。

② 赵德馨. 中国近现代经济史[M]. 郑州:河南人民出版社,2003.

地忍受由此产生的一切社会性后果。但是,“极端”往往意味着转折的起点。

(4)改革开放初期的城乡关系(1978—1984):农业的技术经济特性决定了农业在一定时期内相对于其他产业的发展相对滞后,加之新中国成立之后重工业优先发展道路的选择,农业支持工业,农村支持城市,使农业在天然落后的状态中又雪上加霜,农业生产力要素的配置结构长期处在传统农业的框架中,难以发生实质性变化。此时“三农”问题的严重程度令每一个经历过这一时期的人都终身难忘,相当数量的农民就连最低限度的生存需求都受到威胁。

正是在这一社会背景下,农民谋求生存的原始冲动对中国的经济和社会进程发挥了引领作用,“包产到户”首先在安徽最为贫穷的农村悄然出土,并在其成效的吸引之下迅速蔓延,借助于社会转折时期的社会环境和决策层的基本认可,这一制度创新在全国迅速普及。这一制度后来被官方称为“联产承包经营责任制”,其实质是将农村人民公社制度下的集体经营变为农户家庭经营。农业经营制度的这一变革,就直接意义上看是农业经营方式的变革,集体统一经营变为农户分散经营,这一变革与农业生产力的发展水平相适应,使集体经营中广泛存在的偷懒、攀比等问题不复存在,减少了协调和管理成本,农业劳动生产率大大提高,粮食产量稳步提高,1984 年人均粮食突破 400 公斤,这一成就即刻动摇了实行 30 年的农产品统购制度。

从相对意义上说,这一时期可以称之为农业、农民和农村的“黄金时期”,这大概得益于从吃不饱饭到吃饱饭并且绰绰有余、生活质量得到改善的转变,或许今天看来吃饱饭并不值得如此张扬,但在我国的经济和社会进程中这一历史事实开启了一个新的历史时代。在此前的制度框架中,农民面对着温饱压力和制度控制的双重束缚,至此,制度控制依然坚强地存在,而温饱压力已经基本得到解除,从这个意义上说,农业经营制度的变革及其成效为农业劳动力要素的社会性流动提供了可能。就全局而言,这一时期的城乡关系只能说处在城乡关系开始变革的萌动期,城市依然是经济和社会的核心所在,并且在原有制度的框架内运行,而农村的制度变革至多只能是社会的一个亮点。农业经营制度的变化只是为新的城乡关系的形成提供了一方面的条件,而城市大门依然紧闭。

(5)城市改革为重点阶段的城乡关系(1985—2001):在农村改革启动并取得阶段性成果之后,改革的重点由农村转向城市,其标志是 1984 年 10 月发表的《中共中央关于经济体制改革的决定》。从趋势上看，由农村改革为重点转向城市改革为重点具有必然性，这种必然性表现在：农业经营制度变革提高了农业劳动生产率，由此产生了农产品的市场需求，这一要求必然冲破城乡界限，由农村进入城市；农业经营制度变革解放了农业劳动力，过剩的农业劳动力形成对城市的开放压力；新中国成立以后的发展路径决定，农村虽然在地域上和人口上占有绝对优势，但工业的空间载体是城市，城市是计划经济的密集区域，由此决定改革应当适时地由农村转向城市；农业经营制度的变革具有低成本、自运行的特征，国家的作用突出地表现在"开禁"上面，由起初的默许，到逐渐认可，再到行政性推动，其后就是农民在自己的土地上各自劳作，这种近乎放任的策略选择孕育了具有划时代意义的社会变革，这一特点使国家从对农业的担心中解脱出来，而将精力转向城市改革。

客观地说，城市改革不像农村改革那样顺利：工业是城市的产业主体，生产资料体系的整体性是维持工业生产正常运行的基础，城市工业生产只能在企业本位上运行；在既定的制度环境中，既要调动企业的积极性，又要使企业的运行符合国家意志，市场的力量和行政力量经常处在拉锯状态；相当数量的国有企业不能适应逐渐市场化的外部环境，由此形成对国家财政和金融体系的沉重压力，同时形成迅即集中出现的失业压力，国家经常在两难窘境中不知所措；城市人口密集，价格改革和收入增长的不同步性可能影响社会的基本稳定，财政必须对城市人口提供价格补贴；城市的方方面面都被计划经济所笼罩，各个领域相互掣肘，牵一发而动全身，这种状况使得城市改革举步维艰。回想城市改革的进程，真是有如履薄冰之感，小心翼翼，一步三回头，不知道选定的改革路径能否成功，也不知道下一步可能会出现什么新的问题。

在城市改革为重点的阶段，我国城乡关系的突出特征表现为两面性：大量的农业剩余劳动力形成对城市的巨大冲击，同时满足了城市经济增长和工业化推进对劳动力的需求，并在这一过程中动摇了与此相关的制度性根基；城市改革阶段所产生的一系列经济和社会问题，使国家将应对这些问题作为首要的政策性选择，当城市环境较为宽松时，城乡关系的融合被接受，但城市环境趋紧时，尤其是现实的城乡关系可能发生对城市不利的影响时，就会采取某种形式阻断这一关系。尽管如此，这一时期城乡关系总的趋势是向好的方向发展，农业剩余劳动力在城乡之间的流动在这一过程中发挥了主导性作用，在各种非议中规模不断壮大并得以长期持续。但是，应该看到，这一时期的发展重点仍然在城市，农村的发展不时受到来自价格体系、既定制度等多方面的挑战，尤其是城乡二元结构体制还没有发生实质性变化，城乡发展差距在这一过程中呈现出扩大的趋势。

(6)步入城乡一体化发展阶段的城乡关系(2002 至今)：随着生产力发展水平的提高，结构性问题成为制约我国经济和社会持续发展的瓶颈，其主要表现是：城乡发展差距、区域发展差距、收入分配差距、经济和自然协调发展问题、制度结构失衡问题。除了这些横向的结构性问题之外，还存在诸多领域中的内部结构性问题。① 面对这一现实，中国决策层毅然决定将城乡一体化作为今后一个时期重要的发展战略，按照少取多予的方针相继在税收、九年义务教育、农村基础设施投入、种粮补贴等多方面对农村倾斜，并着力强调“建立以工促农、以城带乡的长效机制”，②并在 2005 年作出了实施社会主义新农村建设的部署。实施城乡一体化发展战略，将对既定的城乡关系产生实质性触动，必然形成与城乡一体化发展相适应的经济和社会发展理念、城市和农村新型的联系方式、规范并促使城乡一体化深入发展的制度结构。

## 二、工业反哺农业及其机制

在工业和农业的关系问题上，存在两种基本的趋向：工业化初期的基本状态是农业支持工业，农业为工业发展提供积累，这种趋向取决于这一时期农业在国民经济中占有主导地位，而此时的工业发展开始起步，规模小，起点低，依靠工业自身的发展难以形成工业发展的资本条件；另一种基本趋向是，工业发展达到一定程度以后，工业利用其发展过程中积聚起来的经济能量实现对农业的反哺，工业支持农业，城市支持农村，实现工业与农业、城市与农村协调发展，这一趋向取决于工业和农业相对地位的变化，工业的成长

① 如，江苏省在全国来说，经济和社会发展水平居于前列，但是省内发展具有不均衡性，早在 1994 年的江苏省第九次党代会上就形成了三条共识：江苏南北发展差距拉大的问题比较突出；必须把苏北发展的难点作为全省帮扶的重点；没有苏北的小康就没于全省的小康，没有苏北的现代化就没有全省的现代化。见王雪飞．全面小康与基本现代化[M]．江苏人民出版社，2006.

② 中共中央关于制定国民经济和社会发展第十一个五年规划的建议[M]．北京：人民出版社，2005.

使其逐渐替代农业成为国民经济的主导性产业，自身积累能力逐渐增强，而此时的农业由于受到技术经济特点的限制却相对落后，此时如果听任工业和农业的发展差距存在，必然使两者之间的差距扩大，这种状况必然从各种渠道制约工业化进程的持续推进，甚至影响社会的基本稳定。值得指出的是，以上两种趋向是在一般情况下存在的，而我国的现实进程又有其特殊性。这种特殊性表现在"重工轻农"和"重城抑乡"的发展路径选择，在这种环境中，工业和农业的发展差距、城市和乡村的发展差距都较之一般情形更为严重。由此产生了我国工业和农业关系的特殊性。

### 1. 工业反哺农业的不同观点

尽管中央在这一问题上已经明确，从总体上看我国已经进入工业反哺农业、城市支持农村的发展阶段。但是，学者们依然在这一问题上各抒己见，并提出了与其观点相一致的政策性建议。

在这一问题上的两种观点可以归结为"农业发展说"和"工业发展说"。前者认为，"三农"问题长期存在并有所发展已经对经济和社会发展全局构成了威胁，统筹城乡经济和社会发展必须实施工业反哺农业。事实上，早在20世纪的90年代，蒋建平就提出"要从依靠农业原始积累发展工业转变为工业反哺农业"。[①] 这可以视作工业反哺农业的启蒙理论，但在当时的环境中，市场经济体制目标刚刚确立，城市国有企业改革和发展问题正处在攻坚阶段，城乡关系产生的诸多问题还没有充分暴露其严重性，这一观点不可能引起太多的关注。柯炳生（2005）明确指出：工业反哺农业正当其时。后者认为，工业反哺农业需要以工业相当高的发展程度为基础，就我国的工业化而言工业反哺农业的条件还不成熟。林毅夫教授是这一观点的代表性人物，他认为，在现实的农业生产力基础上，增加农业补贴不可能大幅度地增加农民收入，甚至还可能产生副作用，中国还没有达到工业反哺农业的阶段。[②] 孟雷（2005）则指出，工业反哺农业、城市支持农村的阶段实际还未达

---

① 蒋建平．深思远虑话农业[J]．经济工作导刊，1994(7)．

② 其理由是：如果在农业上大面积地给予补贴，由财政补贴带来的好处，可能会被价格下降带来的绝大部分减收而抵消；要补贴只有多数人补贴少数人，要少数人补贴多数人最后可能造成巨大的财政赤字；由此可能导致增发货币，造成通货膨胀。见林毅夫．中国还没有达到工业反哺农业阶段[N]．南方周末，2003，7(17)．

到，仍需耐心等待，其依据是工业化和城市化本身的现状还较薄弱，不仅无力反哺农业，而且还有着对剪刀差的现实需求，他提出的适应性对策是"减负"。

我们可以看到，面对相同的环境，研究同一个问题，却出现了不同的结论。事实上，两种观点是站在工业反哺农业这一问题的两个不同立足点上得出的，一个立足点是中国的农业、农民和农村现状，这一问题举国上下已经达成高度共识——农民真穷、农业真危险、农村真落后。这样，工业反哺农业应该不存在任何争议，这里的问题是工业应该反哺农业，城市应该支持农村。另一个立足点是中国工业的发展现状，同样在这一问题上人们也存在共识——工业具有了一定的发展基础，经济发达地区处于工业化的中后期，经济落后地区处于工业化的中期，中国的工业化尤其是发展质量问题还有较长的路要走。这就是说，工业反哺农业需要工业发展能量的积累为基础，在工业发展基础不充分的条件下，工业反哺农业难以为农业发展提供足够的推力，并且可能会对工业自身的发展产生不利影响。这里的问题不是"应该"和"不应该"的问题，而是一个"反哺能力"和"反哺成效"问题。因此，两种观点实际上并不冲突，这种不一致恰恰昭示了中国发展进程的特殊性，这种特殊性为科学的策略性选择奠定了基础。

农业的现状决定，工业应该反哺农业，城市应该支持农村，但在实施过程中不能忽视工业和城市发展的实际水平，应该在力所能及和不影响自身发展能力的条件下实施对农业的反哺，实施对农村的支持。其中最为关键的问题是确定工业反哺农业和城市支持农村的力度和结构，以求最大限度地提高其成效。这样，事实上为工业和城市提出了双重使命，一方面要为农业和农村的发展提供推力，另一方面又要在这一过程中实现自身的发展。

### 2. 工业反哺农业的实现机制

不论人们在这一问题上持什么观点，有一点是肯定的——城乡发展之间和工业农业之间的发展失衡是一种客观存在，中国经济的持续增长和社会的高层次发展都需要面对并解决这一问题。即使是认为工业反哺农业的条件还不完全成熟，可以在工业反哺农业的具体方式或视角选择和力度方面达成共识。因此，现实选择应该转向工业反哺农业的具体机制。我们认为，工业反哺农业的机制可由以下几个方面构成。

(1)农业劳动力的转移机制。农业经营制度变革将农民从土地的束缚中解放出来,从那时起这种机制就一直在汹涌澎湃地进行着,虽然在一定时期内农业劳动力的转移受到来自于既定制度和城市现实问题的强烈抵制。依据崔占峰提供的资料,我国目前许多行业的劳动力构成中,农民工已占相当大的比例,其中建筑业为90%,采掘业为80%,纺织服务业为60%,城市一般服务业50%以上为农民工。①

农业劳动力的转移机制通过以下几种效应实现工业对农业的反哺:

生产发展效应。中国农业的基本国情是人多地少,这种要素结构将农业的生产方式牢牢地锁定在小规模,低效率,只有为过剩的农业劳动力找到现实的出路,才能动摇这种生产方式的基础,实现农业的规模经营。在我国现阶段,工业是吸纳农业剩余劳动力的主要渠道。

农民增收效应。农民增收一直和农业发展密切相关,但在农业生产方式还没有发生根本变革的条件下,农业劳动力的转移为农民增收提供了现实的路径,并在历年农民收入的增长中功不可没,这一点表现为农民的工资性收入在总收入中的比重呈现出稳步上升趋势。我们在农村调研中也发现了一个广泛存在并被农民普遍接受的事实——工资性收入的有无和多少是农户经济状况的一个决定性因素,正因为这样,农民的外出打工成为农民经济计划中的主要构成部分。②

农村发展效应。这一效应在一定程度上可以理解为生产发展效应和农

---

① 崔占峰.论统筹城乡发展机制形成的内在逻辑[J].调研世界,2007(10).

② 在现实生活中,人们十分重视农业剩余劳动力的转移,各地都可以列举出当地农业剩余劳动力转移产生的直接经济意义,主要表现为农民由此获得的经济收入。至于农民增加收入的来源则较少谈起。事实上,这种追根究底自然可以将农业和工业之间的互动关系呈现在人们面前。历史进程中,农业对工业的贡献以及农业劳动力转移对工业发展的支撑作用经常为人们所提及,但往往忽略另一面,可以设想,如果没有工业的发展,农业劳动力向工业部门转移的路径就会被阻断,农民收入就失去了一条重要的渠道,上述第三种效应就不可能出现。因此,应该从两个方面理解这一问题,而后一种就体现了工业对农业"反哺"。人们可能以现阶段工业发展仍然存在对农业资源的掠夺和农业劳动力在工业部门中较低的工资为理由,而不承认工业对农业的积极作用,对于这一点,可以用工业发展的阶段性、劳动力的供需结构和农业劳动力的素质状态加以解释。此中的很多现实因素依然是工业发展的条件,如果在现阶段一步到位解决这些问题,发展是问题的不仅仅是工业,而是经济增长的停滞和整个国民经济体系的紊乱。应该看到,农业劳动力转移对"三农"问题的缓解是在相对意义上存在的,相对于农民的农业经营性收入而言,由此产生的经济意义是一种现实存在。因此,我将工业发展吸纳农业劳动力视作一种工业对农业的"反哺"机制。可以预见,这一机制将在未来的经济和社会进程中长期存在。

民增收效应的直接结果。除此之外，农业劳动力在城市的工作和生活经历可以有助于形成其创业理念、提升其经营能力和社会交往能力，工业生产的运行特点和城市生活方式都可能产生积极的发展效应，农业劳动力转移获得的较之农业更高的收入对农村发展也具有直接的经济意义。

(2)资本转移机制。农业生产力的提高、农民的增收和农村的发展可以通过“外援”有所改善，但最终解决“三农”问题，必须改变农业生产力要素的配置结构，具体思路是在工业和农业之间建立起资本转移机制。资本转移机制的具体内涵是：社会应该创造条件，使已经具有相当规模而产业竞争激烈，难以获得最低限度资本利益的工业资本向农业部门转移。在现实的环境中，工业资本的形成可能存在多种来源，但在工业资本的壮大过程中可以肯定包含着农业的贡献在内，撇开这些不说，工业资本向农业部门的转移直接体现为工业对农业的反哺。工业资本向农业部门的转移效能集中地表现在对农业生产方式的重构方面：不论采取何种形式，资本的进入必然触动分散经营的土地制度；大规模的生产为农业机械化的全面推进提供了可能，而不仅仅局限于产前和产后环节；信息的经济性和资本实力将大大降低农业生产的市场风险和自然风险；大规模的生产可以更好地满足集中性的需求，由此为农业生产的发展提供宽广的市场机会；农民在资本文化的熏染之下成为可以满足现代生产的劳动者。

资本转移机制是通过市场机制的作用实现的，由此决定，必须考量农业和农村是否具备吸纳工业资本的条件。客观地说，这一障碍在现实中确实存在，主要表现为：农村资本文化的缺失、基础设施条件较差、经营农业的自然风险、农村基层组织行为的任意性、农民长期分散经营形成的散漫性、农民在利益相关问题上的短视倾向，等等。其中的不少方面正在逐渐改变之中，发展需求的不断强化是促使环境改变的主导性因素，我们看到，一个就地打工的农民不会改变自己的行为方式，但是，一个在城市务工的农民则可能较快地改变其行为方式，或许，在初始阶段行为方式的改变会带来一些不适，随着时间的推移，这种不适就会消失。另一个方面是，我国的市场经济体制正处在不断地完善之中，导致交易成本升高的很多制度性限制趋于消失，创业自由和经营管理活动的市场化已经成为人们自觉的行为方式，这些变化为资本要素在城乡之间的转移提供了基础。再一个方面是工业产业环境的变化，经过经济市场化的洗礼，工业产业的竞争格局已经形成，工业的

"暴利时代"让位于"微利时代",现实中必然有一部分工业资本无利可图,这部分工业资本必然产生资本转移的冲动,由此构成农业资本的现实来源。

(3)政府投入机制。劳动力转移和资本转移都是通过要素流动实现工业对农业的反哺,毫无疑问,在市场化的大背景下,要素流动是实现工业对农业反哺的基本形式,因为只有通过要素的流动和由此产生的对既定要素配置结构的冲击才能使落后的农业生产方式脱胎换骨,农业才可能实现由传统农业向现代农业的转轨。

但是,面对现实的产业发展格局,需要借助于外力为市场机制在协调工业和农业发展、城市和农村发展中发挥作用创造条件,这里尤为关键的一点是,这种外力不是代替市场机制,而是为市场机制发挥作用提供条件。由此提出了一个指向问题,政府投入的方向和力度都要符合这一理念。

在这一理念的支配之下,我们可以大体框定政府投入的基本方向是:有利于资本要素进入农业的领域,包括降低工业资本进入农业所发生成本的领域和增加资本在农业领域中利润空间的领域;有利于促进农业劳动力向工业和服务业转移的方面;提升农业产业层次的方面;依靠市场机制难以发展起来并对城乡关系、工业和农业的关系发展产生限制性的瓶颈领域。具体地说,以下方面符合这些规定性:农业基础设施建设、农村生活设施建设、农村基础教育、农民职业技能培训、农村金融体系建设、农业技术服务体系建设、农村社会保障体系建设、连接城乡关系的交通运输系统建设、市场中介组织建设,等等。

政府投入在实现工业反哺农业、城市支持农村过程中的作用已经为人们所普遍认可,近几年来政府在支持"三农"方面的投入数量逐年增加。可以预见,在现有的政策路径下这一趋势还会继续。政府投入总量当然是重要的,但更加重要的是政府投入的结构,只有在那些事关全局发展中的最薄弱环节增加投入才能收到最好的成效。而在现实中,存在太多的薄弱环节,往往表现为哪里都需要,加之官员在这一问题上判断能力的限制和各类利益群体的影响,结果往往是将有限的财力分散使用。在这种情况下,政府投入的效能就出现了折扣。内在的逻辑是需要在众多的薄弱环节中辨别对全局发展最具影响力的最薄弱环节。

另外一点是政府投入的重点领域应具有动态性,这也是提高政府投入的效能需要解决的一个重要问题。在找准瓶颈并将相对次要的领域排除之后，政府在瓶颈领域中的投入就能发挥较好的投入效应，此时经济体系的内在联系就会陆续发生变化。在这一过程中，可能出现新的瓶颈，而此时政府投入的重点就应该随之发生变化。其中，需要把握以下几个问题：某一时期的瓶颈在哪里？缓解这一瓶颈需要政府多大的投入力度？政府投入的节奏如何同瓶颈领域的内在联系相一致？对政府投入的作用过程实施跟踪并对其作用进行认定、发现新的瓶颈领域。在现实经济生活中，由于相关工作的粗放性，经济的反馈系统往往不能及时而准确地获得政府投入效能的评价，由此出现一旦确定一个投入领域就会在较长的时间内局限于其中，使相当数量的政府资源不能发挥最大效用。

为了提高政府投入的成效，还有一件十分重要的事情要做——政府投入的制度体系建设。政府投入体系是一个人为系统，难免发生各种与社会利益相违背的行为，或为个人利益服务，或为集团利益服务，或只看到局部，或只看到眼前，为了最大限度地保证政府投入的成效，需要建立起完整的制度体系，以规范实施过程中的个人行为和组织行为。

政府投入是一种典型的"反哺"机制，这来源于政府投入所具有的"给予"特性。另外，从历史的发展过程来看，政府投入恰恰是"农业哺育工业"的反向形式。历史上牺牲农业发展工业，农业为工业提供积累，这种形式是通过政府为中介进行的。而当工业有了一定的发展基础之后，工业发展的成果汇聚到政府手中，再由政府通过一定形式转移至农业和农村。正因为这样，人们可能认为这种形式才是真正意义上的工业对农业的反哺。与此同时，忽视了其他形式的反哺，尤其是将工业反哺农业的市场形式排除在外。① 问题在于，历史的再现不是以这种"投桃报李"的形式出现的，"给予"是崇高的，但难以持续；"给予"的机制是输血；"给予"的基本态势是零和博弈。而我们所期待的是持续，是造血，是双赢。

（4）制度创新机制。改革开放以来，制度创新的经济和社会发展效能已经为人们所认可，最为根本且具有巨大发展效能的领域莫过于所有制改革、分配制度改革和市场经济体制的发展，农业经营制度的变革所体现出来的经济和社会效能正在日趋强烈地表现出来。值得指出的是，以往的制度创

① 冯海发较早地研究了工业反哺农业问题，认为：工业反哺农业的实质是工业部门的剩余回流于农业，工业部门把自己的剩余无偿地转移到农业部门，对农业发展实施补贴。见冯海发．经济发展与工业反哺农业[J]．学习与探索，1995(6)．

新是在城乡分治格局下发生的,实施城乡一体化发展战略对我国的经济和社会结构必将发生根本性的影响,前景可以期待,但严峻的任务同样不可避免地摆在我们面前。可以预见,随着城乡一体化进程的深入推进,问题会陆续出现,问题会在很多领域出现,问题会以各种形式出现。正是这一现实,预示着制度创新具有极其广阔的作用空间,在城乡一体化发展的各个环节上都需要制度创新。

问题还在于制度创新具有连带效应,制度创新在现有的制度环境下可能首先在某一个环节上出现,由此产生的发展效能必然使这一环节在整个经济和社会体系中呈现出超前状态,这种超前状态通过经济联系表现为这一环节上的经济优势,而在另一极则表现为与其相关环节上的经济劣势,由此出现的经济势能会对劣势环节形成制度变革的压力,从而演变成整个制度体系的变革。

### 3. 工业反哺农业的阶段性

工业反哺农业必然经历一个历史过程,这一历史过程的长短取决于工业反哺农业的政策的正确、制度的完善和机制的顺畅,但这个历史过程不能跨越。在这一过程中,阶段性的划分和阶段之间的有效衔接就变得至关重要。

我们可以从两个视角划分工业反哺农业的阶段性。

从工业反哺农业的强度来看,工业对农业的反哺包括两个阶段。第一个阶段是双重任务阶段,其特征是工业反哺农业和工业自身发展并存,这一状况是由我国工农业之间的发展差距和工业自身发展阶段所决定的。在这一阶段,工业发展所产生的经济能量和国家以及社会的经济资源必然有一部分用于支撑和扩张工业的发展,优化工业的产业结构,提升产业竞争力。由此决定,这一阶段工业反哺农业的强度较弱。第二个阶段是单项任务阶段,其特征是工业化已经完成,工业发展可以依靠既定的产业架构得以实现,此时工业发展的能量和较多的社会资源可以汇聚起来,形成工业反哺农业的强大推力,进而逐渐步入工业农业平行发展的轨道,二元结构趋于消失。在这一问题上,其内在机制与效率和公平之间的关系在不少方面相吻合，我们可以借助于两者之间关系的理解框架加深对这一问题的理解。①

从工业反哺农业的内容来看，工业对农业的反哺包括三个阶段。

(1)搭建制度平台阶段。这一阶段的中心任务是检视现存的事关城乡之间关系、工业农业关系的制度体系，剔除那些不利于农业发展、限制城乡之间要素流动、仅仅将视野集中在农村或城市的制度，为工业反哺农业提供制度基础。

(2)突破瓶颈阶段。在现存的社会框架内，阻碍城乡一体化发展和工业农业之间产业关联的瓶颈领域广泛存在，即使搭建起了制度平台，这些瓶颈的存在也会使制度体系的运行发生技术阻滞。国家的资源投入在扩充瓶颈中具有主导性作用，因为之所以形成瓶颈，除了制度性梗阻之外，可能在这一环节上存在市场失灵。这一阶段只能在制度平台建立起来的基础上加以实施，故在其后。这是因为，具有某种倾斜或歧视性的制度体系，会将资源的投入引向扩大城乡发展差距、工业农业发展差距的结果，同时，低效的制度体系可以吞噬巨量的经济资源。

(3)产业支持阶段。前两个阶段事实上是为这一阶段作准备，而这一阶段才真正地体现出工业对农业的反哺。或许，人们会感觉到这一实质性问题为何姗姗来迟？我要说的是——"磨刀不误砍柴工"，在既定的制度结构和大量瓶颈存在并发挥作用的情况下，工业反哺农业只能是画饼充饥，浪费资源，甚至是产生截然相反的结果。

在对这一问题的研究中，我们注意到了已有的研究成果，但是对工业反哺农业的阶段性划分很难令人满意，当然本人的阶段性划分也不一定是完

① 市场机制的效率取向必然推动经济的发展和社会的进步，但在一定时间内这一进程将扩大收入分配差距，其机制是市场的分配功能；在某一时点上，经济效率的提高又将缩小收入分配差距，其机制是经济效率对公平的反哺作用。但效率对公平反哺的强度并不是始终如一，只有在市场效率功能发挥的一定阶段上，这种反哺作用才会明显地表现出来。这就是说，市场效率对公平的反哺作用有一个客观的周期，在这一周期中，一方面会出现收入分配差距的扩大，另一方面市场效率又在积聚解决收入差距问题的能量。如过早地让效率服务于公平，或通过牺牲效率换取公平，就会延迟效率反哺作用机制的成熟。我认为，中国仍然属于效率加速期，收入分配差距不仅会继续存在，而且还会有一定程度的扩大。提高效率仍是中国经济和社会的主旋律，至于社会公平问题的解决从短期看要依赖于提高社会公平程度的策略性措施，制定可行的社会公平目标，从长期看则要依赖于社会公平的制度安排及其完善和公平反哺机制的成熟。

善的。[①]

## 三、工业和农业之间的产业互动

在中国的现实背景下，人们普遍认为，工业反哺农业和城市支持农村是解决城乡发展失衡的必然选择，沿着这一思路自然可以引申出城乡一体化的新发展格局。在我国现实的经济和社会发展路径之下，这种理论归纳和实践导向具有必然性。但是，面对农业和工业、农村和城市关系的历史景象，总是让人感觉到工业反哺农业和城市支持农村具有相当的"偿债"性质——过去农业哺育工业、农村支持城市，当工业具有一定发展积淀、城市具有较高发展水平的时候，理所当然地应该工业反哺农业，城市支持农村。在这个意义上理解工业反哺农业，极有可能影响经济和社会进程的自觉性、长期性和稳定性。事实上，工业反哺农业不是经济和社会发展所需要的终极形式，意在通过这一形式弥补工业农业发展水平之间的产业鸿沟，以实现工业和农业之间的产业互动。

### 1. "以工补农"和"产业互动"

我国特殊的工业化道路置农业难以为继、农民不能流动、农村难以发展的窘境之中，这一格局长期困扰着我国的经济和社会进程。走出这一困局的必然选择是由城乡分割到城乡一体。在工业生产力和城市发展具有一定积淀的基础上，工业回馈农业、城市回馈乡村不是建立在农业为工业牺牲、农村为城市牺牲的历史背景的基础之上，而是经济发展内在规律性的体现。另外，以工补农的发展效能不能脱离工业生产力发展水平的现实状态。从

---

① 任保平将工业反哺农业政策分为三个阶段：第一个阶段是政策反哺和制度反哺，重点是依据市场经济的要求，调整在工业倾斜背景下形成的不利于农业发展的一系列制度和政策，逐步改变农业在国民经济关系中的不利地位；第二个阶段是技术反哺和产业反哺，其重点是对农业实施产业支持，通过技术反哺和产业反哺解决农业中大量存在的过剩劳动力；第三个阶段是收入支持，在农村剩余劳动力问题大体得到解决之后，反哺农业的政策就从政策反哺、技术反哺、产业支持进一步拓展到收入支持，通过加大财政支持、引导生产要素流向的转移，促进农业基础设施和生产条件的改善，以实现工业和农业的平行发展。见任保平．工业反哺农业：我国工业化中期阶段的发展战略转型及其政策取向[J]．西北大学学报，2005(7)．我注意到，他是在政策层面讲这一问题的，但这一点不足以说明其逻辑性和合理性。

总体上说,我国的工业化还处在工业化的中期阶段,在产业结构、经济发展方式、技术基础、研发水平、国际竞争力等方面面临着巨大的发展压力。这就是说,我国工业在新的历史背景中将背负双重使命——自身发展和反哺农业。

工农业之间的产业互动较之以工补农更具根本性:以工补农是一种现实的选择,这种选择具有合理性和必然性,但是以工补农终究是一种外源性发展模式,其目的是利用工业生产力成果弥补农业弱质性产生的农业发展瓶颈,使农业发展水平和经济社会发展水平相匹配;工农业之间的产业互动是一种内源性发展模式,其指向是通过产业关联形成工、农业协调发展的产业支撑机制,其要点是消除工农业之间的关联障碍,避免陷入自我发展的陷阱,在与其他产业的相互关系中思考和规划产业的发展。

工农业之间的产业互动较之以工补农更具长期性:发展农业的过程同时也是巩固和进一步提升工业生产力的过程,以工补农是现实状态下政策选择的基本基调,但这种单向度的政策选择具有阶段性特征,不能全面概括经济现代化的实质内涵;工农业之间的产业互动是一种双向度的政策选择,以工补农的阶段性政策取向被涵盖其中,发展农业为工业发展提供动力和条件的内涵也清晰可见。

工农业之间的产业互动较之以工补农更具稳定性:以工补农是通过财政机制实现的,其实施主体是政府,在现阶段主要表现为增加政府投入,突破发展农业的进入门槛,为现代农业的发展提供基础性条件;工农业之间的产业互动是通过产业协同机制实现的,其实施主体是市场,通过稳固的市场联系建立工农业之间的良性互动机制,实现工业农业在更高层次上的协调发展。

### 2. 工业农业之间产业互动的空间形式

在城乡一体化的进程中,既然农业和工业发展存在共生性,就必然存在农业和工业的现实结构,这种结构存在三种表现形式:工业和农业之间的数量比例关系,这种数量比例体现在产业结构之中,是工业和农业发展总量的外化形式,按照经济发展的一般规律性,这一结构中的农业呈现出下降趋势;工业和农业之间的内在联系方式,如农业哺育工业和工业反哺农业就是两种方向不同的内在联系方式,其中存在一个强势另一个弱势、一个为另一个提供发展支撑的不平衡格局，而在工业农业互动中两个产业的基本格局相对均衡，其内在联系的实现方式是互补——要素互补、市场互补，等等；工业和农业之间的"产业—空间"结构，决定这一结构的基本要素是：各个产业的发展特性和各个产业之间的空间联系。

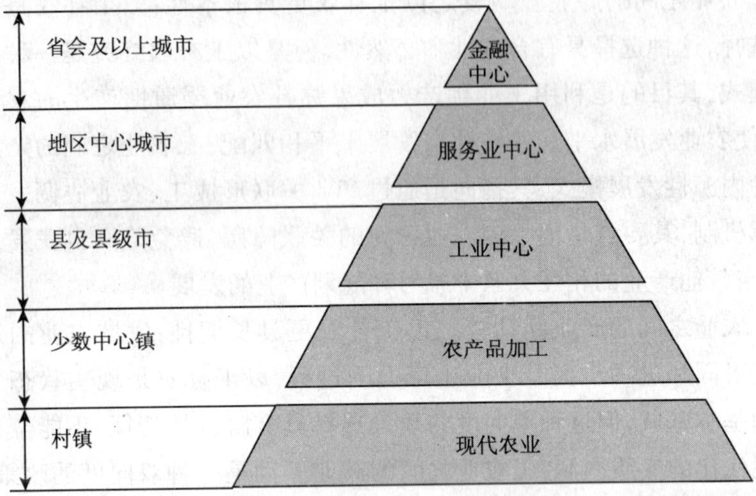


**图 9　生产力成长的"产业空间"结构**

以上三种表现形式的集合构成生产力的成长状态。生产力的成长是一个产业概念，既包含农业、工业和服务业各自内涵的提升，也包含产业结构的高度化过程；生产力的成长还是一个空间概念，其内涵是生产力的空间布局和空间之间的联系方式。这样，生产力的成长就是一个产业关系和空间关系不断发展的过程。据此，我们将产业视角和空间视角融为一体就得到了表示生产力成长状态的"产业—空间"结构（见图 9）。

这一布局的要点可以表述如下：

第一，在空间层面上，分为村镇、中心镇、县及县级市、地区中心城市、省会及以上城市，与此空间层面相对应的产业主体分别是现代农业、农产品加工业、工业中心、服务业中心、金融中心等。各空间层次和产业之间的对应关系是不全面的，也可能是不准确的，在实践中可能存在模糊地带。但是这并不会影响问题的本质：在宏观层面上，必须形成既有相对分工又相互协调相互支持的功能体系。

第二，县及县级市将逐渐成为工业中心。这一理念的形成来自于对工业化进程的现实思考，一些地方不顾实际条件，工业项目遍地开花，村村办工业，由此产生巨大的资源浪费，严重地损害了基层组织的公信力，损毁了农民对经济发展的信心。工业中心的形成来自于上聚和下移两种形式，工业本身所拥有的集聚效应必然诱导分布在县级以下的现存工业向上聚集，与此同时，则是分布在县级以上城市的工业向下转移至县及县级市所在地。与这种工业中心的形成同时发生的是逐渐承担起与其产业定位相适应的产业使命。

第三，在城乡一体化的制度结构中，产业分工是做强产业的基础，而产业协同则维系分工的存在并为分工的进一步发展提供激励。因此，在这一布局结构中产业关联和空间关联内生于这一结构本身。这就形成了一个具有明确功能定位、具有内在关联、相互支持的产业体系，并且在空间上通过专业化协作连为一体。现代农业的依存环境可以说明这一特性。

第四，这一结构不是一种现实描述，而是一种趋势描述。前文所述的村村办工业，一些镇不加选择地引进各类工业项目，农村重视工业、轻视农业，这些现象都和这一结构相去甚远。但是，趋势背后的内在规定性最终会引导经济活动实现这一趋势。揭示这一趋势意在尽可能地实现理性发展，以降低发展的成本，扩大发展的效能。

第五，我们认为，农村生产力的产业载体主要是现代农业，少数中心镇仅仅承担农产品加工业的产业使命。面对农业十分弱小的现实，这一匹配预见可能难以为人们所接受，因为将出现"基础空心"。试想，在农业产业基础建立起来的现代农业中、在城乡协调发展的格局下、在产业支持机制和互动机制建立起来的条件下，我们就能理解这一匹配构想。

第六，应该指出，这一构想是一种基本状态。国家之大，且发展水平、文化传统、发展路径等方面存在差异，由此决定发展格局的多样性，出现与基本状态一定程度的不一致。另外，人们也可能以苏南和发达地区的情况否定这一构想，我要说的是：这些地区的发展之路可以为我们所复制吗？其发展模式的经济性还有进一步优化的空间吗？所谓"村村像城镇，镇镇像乡村"的现象描述给经济落后地区的发展以启迪！！

# 第十章
# 农村生产力发展中的资本酵母

在特定经济和社会背景下,我国实现了发展战略的又一次转移——由城乡分治到城乡一体。这一战略转变正在改变着原有模式下形成的社会基本格局,改变着社会的思维方式和行为方式,同时也对既定的制度指向提出了现实的挑战。面对这一战略转变,人们更加关注实施这一战略转变的策略性选择,新农村建设以及由此衍生的发展现代农业都是实施这一战略转变的策略性递进。在此基础上,还需要将策略性选择继续向前推进,在执行层次上找到具有操作性的抓手。我们认为,资本在完成这一使命中具有基础性作用。①

① 从字面意义上理解,资本进入农村当然包括资本进入农村的各个领域。但是,农村工业发展的资本限制相对于农业来说要小得多,不论是农村资本的形成还是外来资本的转移都是这样。因此,本章中的资本进入将视线集中在农业资本之上。城乡一体化的实质是城乡互动,其中自然包括城市从城乡互动中获取进一步发展的动力,我们的研究视角之所以选择农业是因为这是现阶段城乡一体化发展模式中的主要矛盾。资本进入农业的效能逻辑是:资本进入农业——资本主导型农业——现代农业——新农村的产业基础——城乡一体发展。基于资本视角观察的城乡一体化发展的策略选择自然包括以下三个方面:资本深化农业、资本润育(这里的"润"不是一个别字,在最后定稿之前,这里一直使用的是"孕育",在最后一遍审稿的时候,萌生了一种想法——"孕育"是一个自然过程,使用该词与我想表达的思想存在出入,而使用"润育"可以更好地表达我的本意,即滋养、培育,通过一个社会过程慢慢地使农民成为新农民)农民和资本改造农村。本文就资本深化农业进行研究,另外两个方面只能暂时列入研究计划。

# 一、资本进入的要素效应

农村生产力的成长必然首先表现为要素结构的变化，在论述现代农业相关问题时，我们认为，资本进入农业的实质是农业生产方式的变革，这种变革可以从农业的自然风险和市场风险、农业经营制度、人均耕地数量、劳动工具和农户数量六个方面表现出来。这里，我们试图拓展这一框架，重点揭示资本进入和要素质量之间的关联性。

## 1. 资本进入和技术要素

毫无疑问，技术要素在现代经济中的贡献份额呈现出不断提高的趋势。发达国家中技术进步在经济总量中的贡献率已经达到或超过 70%，而在产业层面上，技术进步同样在产业规模扩大和产业竞争力方面具有决定性作用。中国农业生产力的低下以及对农业持续性发展的担忧，在相当大的程度上来自于现行农业经营制度所具有的技术容纳空间。现实的农业经营方式对农业技术的需要强度极低，农户拥有的土地数量规模小，家庭劳动力足以完成在地块上的所有生产环节，并且在很多环节使用劳动力较之使用农业机械更具优势。现实的农业经营方式使用农业机械具有不经济性，由于农业的季节性特点，购置专业性的农用机械使用频率极低，绝大多数时间处在闲置状态，只有那些愿意从事专业化服务的农户购置农业机械才具有积极性。更为现实的问题是农户买不起农业机械，农民收入的增长幅度一直处于低速增长甚至是徘徊状态，收入的增加在相当大的程度上被农业生产资料的价格上涨所抵消，加之农户应对生产和生活的刚性支出，事实上，形成可以购买农业机械的购买力是一件极其困难的事情。因此，承载农业技术的农业机械在农业中的应用水平被限制在不需要、不经济、买不起的状态之中。[①]

因此,我将我国农业生产力落后视作“三农”问题的症结所在,而将农业生产力落后的症结归之为现行的农业生产组织形式,这种组织形式将可以提升农业生产力水平并使农业生产方式发生根本性变革的技术要素拒之门外。资本要素的进入,可以激活农业对技术的需求,由不需要到离不开,由不经济到高效率,由买不起到成为农业资本的基本生存条件。只有在资本要素成为农业主导要素的情况下,农业的发展才能真正建立在技术进步的基础之上。

## 2. 资本进入和信息要素

生产一旦突破了自给自足的限制,信息就成为一种现实的生产要素,自给自足的生产只需要了解自己的需求是什么就足够了,而商品生产则需要了解别人的需求是什么,这还不够,还要了解需要的数量、结构、地域和其他生产者是在什么技术状态下进行生产的。生产力发展水平越高,需要了解的内容就越多,结构就越复杂。没有办法,这是一种强加,我们要在现实的经济和社会环境中求生存、谋发展,就无法回避,只能适应。在商品经济的发展历程中,个人的成败和企业的兴衰都可以用信息要素加以解释,马克思将商品资本向货币资本的转化称之为“惊险的跳跃”,这一跳跃曾将无数企业摔得稀里哗啦,甚至粉身碎骨。问题的关键还在于,这一“惊险的跳跃”不论有多么惊险,如果是一次性的也就罢了,集中各种资源“毕其功于一役”,但这一“惊险的跳跃”需要重复进行,重复进行的这一跳跃更显信息要素的重要性。

在小规模而分散的农业经营方式中,信息要素是一种现实的生产要素。前几年,老家的不少农户将辛辛苦苦培育起来的桃园砍掉了,2007 开始又较大面积地发生了砍掉苹果园的情况,还有的农户依据信息在某一年栽种了大蒜或其他经济作物,并由此获得了较为满意的经济收益,但第二年满怀希

① 技术的内涵当然超越农业机械,但农业机械是技术的重要物质载体,在农业生产力发展中也是一种农民最容易感受其作用的技术载体。正是因为这样,农业机械在农业生产某些环节上的广泛运用极大地推进了农业生产技术的进步,但是,这并没有带来农业生产方式的根本性改变。农业技术的进步主要表现为非生产环节上,表现在那些可以分散使用、具有综合用途的农业机械的数量增加,而在生物技术领域、灌溉技术领域、可以提高农业劳动生产率的农业机械等方面则进步较慢。

望地又一次种植了该经济作物却一无所获。现实生活中,大量存在以下现象:对所选择的农业经营内容不满意,但又难以找到有效的替代形式。这些都说明信息即使是在现实的农业经营方式中也是一种不可缺少的生产要素。

但是,现实农业中信息要素的作用存在较大的局限性:信息停留在感性层面,科学性欠缺,由此产生了信息的可信度质疑;信息停留在分散状态,各种信息大量存在,交错作用,有时形成信息之间的矛盾;信息停留在滞后状态,是对现实的一种直接反映,难以走在实践的前面以指导实践;信息停留在非连续状态,难以形成对实践有指导意义的信息链。另外,信息的特点也是观察信息现实作用的基础。① 也就是说,现实农业中的信息要素存在在科学性、系统性、持续性、前瞻性等方面加以提升的巨大空间,这一现实大大阻碍了信息要素在农业领域中的作用发挥。同样可以预见的是,当资本要素进入以后,在现实农业经营环境中存在的阻碍信息要素作用发挥的阻滞环节将被打通,形成对现代农业发展的信息支撑。

### 3. 资本进入和劳动要素

《南风窗》2008 年第 23 期刊载了一篇文章——《金融海啸与民工失业潮》,此中一位专家说:从来没有"民工荒",只有"教育荒"和"法律荒"。文章依据已经发生的情况,认为:"无论企业选择哪条路,教育水平和技能较低的普工都将是首先被挤出产业升级进程的对象。"由此,我又想到在城市就业的农民工的就业结构,主要集中在建筑、家政服务、物业管理等较少知识含量的领域中。这使我们自然想到农业经营方式和农民素质之间的内在

① 制度经济学家在研究信息问题时提出了"信息悖论"的概念,其意是指人们在作出或实施一项经济决策之前需要进行信息搜寻,而信息搜寻需要付出成本,这种成本付出对决策的经济价值难以事先判断,但又不能不进行信息搜寻。由此产生了一个悖论:明明知道进行信息搜寻不一定产生成效但又必须实施信息搜寻。这一特点揭示了信息的成本特征——用于信息搜寻的成本是沉没成本,由此决定分散小规模生产方式中的生产主体往往选择不再信息上投入。信息的另一个特点是具有极强的外部性,一个对信息格外重视并投入信息搜寻的生产者可能获得具有经济价值的信息,但当他使用这一信息进行生产经营活动时就等于是信息披露,其他的竞争者就可能跟随进入,而信息的发现者没有办法阻止这一行为,或者说,阻止这一行为将面临难以逾越的排他成本。需要强调的是,我们目前的研究是在农村的制度环境中进行的。专利制度的引入,较好地解决了有形发现的外部性问题,即使是在现代生产环境中和制度环境中,对于信息这类无形的发现,市场机制也没有从根本上解决这一问题。正是因为如此,信息正在被作为一种公共品纳入国家的经济职能之中。

联系。

在外出到城市打工的群体中,有相当数量是还没有读完高中的学生,这个群体往往是成群结队地出来打工,这一群体被称之为“新生代农民工”。他们的基本状态是:家里经济状况不好,父母面对现实的经济状况,认为上学需要花不少钱,读完高中考不上大学也没有什么用,考上大学又面临没有钱读书的窘境,即使千辛万苦供孩子读完大学,找工作尤其是找到一个理想的工作对老百姓来说又是难上加难,失业群体中的大学生比比皆是,与其坚持让孩子读书,还不如出来打工早点挣钱。在外出打工成为众多农民改善其生存状态重要选择的时候,出现了一个难以摆脱的循环:因为贫穷不得不外出打工,甚至是全家外出打工,由此造成了农民和农民工的低素质,低素质面临产业转移、经济不景气和职场竞争压力的时候又使他们首先成为被挤出的群体。

现行的农业经营制度已经运行了30年的时间,30年足以造就两代人,并为以后的农民素质作了铺垫。就农业生产方式而言,对知识的需求可以说是微乎其微,一个在农村长大的孩子,如果没有希望考取大学,它就会尽早放弃追求知识的努力,不论是在哪一个阶段离开学校,他(她)都会毫不费力地跨进农业生产的门槛,日复一日、年复一年地耳濡目染,他自然而然地学会了农业生产所需要的大部分技能,一些诀窍性的农业生产知识也可以在生产过程中低成本地习得。没有希望,自然缺乏动力;没有需求,自然供给乏力;没有压力,自然安于现状。这样,现实的农业生产力孕育了与这种生产力相适应的劳动力群体,一年一年,一代一代!!我们需要拐点,但靠什么启动迈向拐点的征程?

在资本要素进入并成为农业生产力要素中的决定性因素之后,情况才会变化。分散的小农将在资本要素的冲决之下成为农业产业工人,大规模集中劳动的生产方式将造就农业产业工人的组织性,现代农业技术在农业中的广泛运用将提高农民的技术素质和文化素养,现代生产的社会联系将使农民从封闭走向开放。这都是“资本润育农民”所要回答的问题。

### 4. 资本进入和资本要素

资本要素在提升农业生产力中的重要性不仅仅表现在资本要素对农业要素体系的影响,更加重要的是资本要素的进入可以产生农业的资本形成机制,从而为走出传统农业奠定持续性的资本基础。

在现实的语境中,人们一谈起解决“三农”问题,往往首先强调的是增加政府的投入,不可否认,政府投入是必须的,尤其是某些领域中的农业基础设施和依赖市场机制不能发展但又必须发展的领域。政府投入的核心不是该不该投入的问题,而是确定政府投入的结构,如何利用制度性机制提高政府投入的带动效能。即使是在政府应该投入的领域之内,也还是要尽可能地利用市场机制。除此之外,在更大范围之内的农业投资需要社会资本的投入,需要依赖农业资本的形成和社会资本的转移机制。如果仅仅有国家投资,而缺乏农业资本形式的社会机制,国家投资的效能就会因为缺少承接环节而无从发挥。就像其他经济资源一样,资本也必须在链状结构中才是有效的。

从现实来看,除了农业中的传统种植业之外,几乎谋求发展的任何一种选择都不能离开资本的支持,一些投入较少并且经营风险较小的农业经营项目可以通过农业自身的积累逐渐实现,而那些需要投入较大、能从根本上促进农业发展、提高农业生产力水平的项目则难以依靠农业自身的积累实现。正因为这样,人们普遍认为,应该发展支持农业发展的金融体系。但是,时至今日,具有系统性、持续性和有效性的支持农业发展的金融体系并没有建立起来,金融体系对农业的支持依然相当有限。形成这一现象的原因同样和农业经营制度高度相关。

在经济市场化的过程中,作为经济运行枢纽的银行体系自然不能超脱于市场化之外。这样,金融体系在产权结构、体系构造、经营理念、运行方式、经营行为等方面都必须符合市场经济的要求。但是,从另外一极来看,农村的金融市场和银行的商业化改革方向存在明显的不吻合性:农村基本的生产单位是农户,农户的资本需求相对于城市和工业而言具有周期较长(投入期产生需求,生产周期结束后才能还贷)、规模小(这和农户这一生产单位有关,当然也和还贷能力有关)、分散性强(面对一个个农户)、履约成本高(和一个个分散的小规模农户打交道发生的费用远远超过和集中的大规模的客户打交道所发生的费用)、风险较高(此同农民的契约文化有关,这里存在一个值得关注的现象:农民的履约自觉性和交易对象具有密切关系)等特点。这些特点产生了一个两难境地:商业银行按照市场化运作无可厚非,但其结果是不情愿将资本资源投向农村,而农村对资本的现实需求不论在宏观上还是在微观层面都极其强烈。① 不仅农业和农村发展的资本需求不能得到满足,而且还出现了逆向调节的问题,农村之外的资本不能进入农村,相反农村资本还流向城市,这种现象可以由农户的存款增长幅度大于农户贷款的增长幅度加以说明。

试想,当资本要素在农业中立足并成长之后,上述阻碍资本形成和资本进入农业的问题就可以在基础层面得到解决,金融体系所掌握的庞大的经济资源就可能低成本地进入农业。农业自身积累能力的提高、国家在启动性环节上的投资和社会资本支撑的叠加才能从根本上解决农业发展问题。

## 5. 资本进入和土地要素

土地是农业的基本要素,但在不同的要素结构中土地要素的经济价值是不同的,我们围绕农业所作出的种种努力事实上都是为了提高土地的经济价值。② 土地的经济价值是思考土地问题的指向所在。

就农业发展的现实而言,"三农"问题事实上可以归结为提高"土地的经济价值",农业生产力提高、农民增收、农村发展都涵盖于此中。资本要素的形成和发展可以在提高"土地经济价值"中大有作为,试比较一下:农户型农业——企业型农业、分散型农业——集中型农业、小规模农业——大规模农业、封闭型农业——开放型农业。可以看出,资本要素的成长可以提高"土

① 面对农业发展的资本瓶颈,有人提出可以用农地承包经营权作为抵押从银行获得农业资本,这一思路不存在技术障碍,但存在社会障碍,这种障碍来源于土地潜隐着农民的社会保障职能,如果农民不能还贷,银行事实上不可能从农民手里拿走土地的经营权,如果拿走了,是银行直接经营土地,还是银行再将经营权转让出去,不论作出何种选择,对银行来说都将面临极高的运作成本,问题的关键在于银行不能低成本地行使对土地的权利。十七届三中全会主要是针对农村发展问题召开的,其核心思想是扩充和保障农民土地承包经营的各项权利,将原先的"30 年不变"扩展为"长久不变",这当然是一种进步,向农民完整的土地权利又靠近了一步。但是,农民的土地权利依然面临众多局限——抵押、转让(土地经营权的流转早就可以,但效能极其有限)、继承。有学者提出,将土地承包经营权延长至100 年,并且可以抵押、转让和继承,这种思路基本上具有完全权利的本质。没有关系,中央在这一问题上依然坚持在既定的改革道路上,只不过更加稳妥罢了。我相信,土地制度的变革一定会进一步逼近完全的土地权利,因为只有这样,土地的要素功能才能充分发挥,才能激发农民和社会的创新动力。

② 这里的"土地的经济价值"包含了农民使用土地的经济价值,农民可以在多种选择中确定如何使用土地,社会应该为农民的这种经济自由提供社会条件。针对农村土地制度的政策选择应该具有这一规定性。除此之外,"土地的经济价值"还包括社会范围内使用土地的经济价值,如工业化和城市化占用土地、农民解决居住问题占用土地,在这个意义上理解土地的经济价值事实上是一个选择问题,此时的土地经济价值就应该是一个总量概念,社会需要在诸多选择中作出平衡。

地经济价值”，撬动农业增长、农民增收和农村发展的低层次循环的结构。我们已经对土地问题进行了专门研究。

## 二、资本进入的组织效应

农业经营制度变革以来，我们在收获制度变革成果的同时，也逐渐认识到分散的小农生产方式和市场经济发展、农业生产力进一步提升之间的矛盾，但是我们却一直没有找到一条稳妥、有效而又为社会所普遍接受的替代形式。在现实的农业经营制度中，农业生产的组织形式是农户，从主导性要素来看，属于“土地—劳动力”主导型的农业生产方式，而资本的进入将使农业向“资本主导型”的农业生产方式转变，与这一生产方式相适应的生产组织形式是农业企业。以下效应来源于农户农业和企业化农业的比较。

### 1. 提高资源配置效率

资源配置是任何一个社会都必须面对的现实问题，体现为既定制度和既定资源约束条件下所能实现的经济总量和经济结构，从这个意义上说，资源配置是宏观性问题。但是，再进一步思考，资源配置的过程却不能离开微观层次的经济活动，是企业、个人、政府或者是其他经济组织和社会组织依据其经济目标和对市场的判断作出的经济行为选择才最终促成了资源配置结果的出现。因此，资源配置结果和市场经济主体的行为特征存在因果关系。

在现有的农业经营制度中，农业经济活动是由农户在分散的状态下进行的，农户是生产主体，依据目标设定和价值判断实施其“经济计划”，将所控制的经济资源在一定范围内进行分配，并接受诸多约束条件共同决定的经济后果。这当然是一种现实的资源配置方式。问题在于通过这种方式实现的资源配置方式的经济效率及其前景不容乐观，我们已经在这方面进行了较为系统的分析，“三农”问题的严重性和持续性也可以为之佐证。

让我们将农业企业引入农业生产力中来，再看一看资源配置效率可能发生的变化，此中的关键点是农业企业代替了分散而小规模的农户。

第一，资源配置的成本下降。道理极其简单，农业企业替代分散的农户成为基本的经济主体,交易主体大大减少了,使用制度经济学的语言来说,就是实现了企业对市场的替代,这恰恰体现了企业节约交易成本的本质。

第二,拓展了资源配置的经济空间。农业企业在各个方面都是一个开放性的经济实体,由此实现与其他企业和社会的互动,这一过程一方面可以为农业企业提供资源选择的较大空间,另一方面也可以为社会范围之内的资源更加有效地利用创造条件。

第三,实现规模经济。农户经济在不少环节上都可以通过联合将分散的农户组织起来,但在生产环节上总感到无能为力,而农业企业的形成本身就是一个大规模的生产实体,从而在专业化协作、生产资料的有效使用、信息的获取、交易成本的下降等多个方面实现规模经济。

第四,推进技术创新。农业企业的建立为技术的进步提供了现实的载体,在竞争和发展的共同作用下农业企业需要技术,技术可以通过这一载体发挥其经济和社会功能,较大的资本数量也为技术的使用提供了现实条件。

社会经济活动的组织性是资源配置效率的一个重要决定因素。农业企业的形成并成为主要的农业生产组织形式会对经济运行的内在机制发生影响,从而提高资源配置效率。

### 2. 形成有效的经济组织结构

我们在理解经济发展和经济增长问题时,经常将此理解为经济总量的增长和经济结构的优化。如果将这一结果微观化,则是无数个经济主体共同推动的结果。事实上,问题并没有到此结束,我们极易忽略将无数个经济主体连接起来的社会形式,这一形式是专业化协作。当我们从这一角度理解经济活动时,经济活动所形成的专业化协作的框架就是一个经济组织结构。

我曾经利用交易费用范式研究了专业化协作这一经济组织结构和制度之间的关联性:①

作为资源配置的两种制度安排,企业和市场可以相互替代,实施这种替代的主体是企业,由此会产生一个现实的产业画面:在既定制度环境中,企业会体验到既定制度所具有的交易费用效应,据此企业自主决定某项资源

① 李厚廷. 企业替代市场的制度意蕴[J]. 社会科学战线,2004(4). 本文中对原文有所改动。

配置活动的具体选择方式。如市场机制具有交易费用优势企业就会选择市场机制完成这项交易,社会的专业化协作因此得到发展;如企业组织具有交易费用优势企业就会自行组织生产,企业的规模因此得到扩大。企业追逐利益降低交易成本的本能支配着企业的行为选择,企业依据制度所决定的交易费用环境调整其资源配置方式,时而自己生产,时而由市场获取,最终必然演化出一个活生生的产业组织状态。我们可以从中看到社会生产的专业化协作水平和社会的企业规模结构。其中的关联性在于:在一定的时间区间内,市场的交易费用优势促进专业化协作的发展,而企业的交易费用优势促进企业规模的扩大。但由于市场的交易费用优势和企业的交易费用优势不可能同时存在,由此形成了专业化协作和企业规模之间的替代关系,这就形成了可以反映制度的产业标志。因此,不能用单一指标说明制度效应,因为专业化协作水平的提高可能意味着企业组织效率的低下,企业规模的扩大则可能意味着市场制度发展的滞后,只有较高的专业化协作水平和优良的企业规模结构才是制度体系高效率的反映。

在制度体系和产业现象之间存在的某种联系,或许能给我们更加直观而深刻的启发。一般地讲,这种联系可以归结为以下四种组合:

①强势的企业制度和弱势的市场制度——企业规模大,专业化协作水平低

②弱势的企业制度和强势的市场制度——企业规模小,专业化协作水平高

③强势的企业制度和强势的市场制度——企业规模大,专业化协作水平高

④弱势的企业制度和弱势的市场制度——企业规模小,专业化协作水平低

显然,一个社会的产业发展的理想目标是第三种组合,这时的企业规模大,专业化协作水平高,这需要有强势的企业制度和市场制度作为支撑;在另外一极是第四种组合,此时,既没有大规模企业的产生,也没有高水平的专业化协作;另外两种组合的基本机构是:在第一种组合中,社会生产主体更加倾向于采用行政命令机制进行资源的配置,以回避弱势的市场制度产生的较高交易成本;在第二种组合中,社会生产主体更加倾向于通过市场形式配置资源,以回避弱势的企业制度产生的较高交易成本。在后两种制度

组合中,我们认为,虽然都存在企业制度和市场制度发育的不均衡性,但是第一种制度组合相对于第二种制度组合更加易于趋于制度之间的均衡,因为市场制度的发育滞后相对于企业制度的发育滞后而言较容易得到克服,同时,从逻辑关系上讲,市场的发育往往是企业制度的发展的结果。

即使是对新制度经济学理论没有透彻的了解,我们也能得出以下概念:专业化协作的发展对经济发展是至关重要的。可以想象,没有专业化或者专业化水平极低的经济和没有协作或者协作效率极低的经济会是一种什么结果!由此带来一个极具现实性的问题:农户型农业中的专业化受到很大限制,其中的协作也较为困难。因为市场机制协调众多经济主体的能力是有限的,或者说受到市场经济制度成本的现实约束。而企业型农业相对于农户型农业在专业化和协作方面均具有明显的优势。

### 3. 激发农业产业链的形成

在现实的农业经营制度中,农业社会化服务体系是一个薄弱环节,这一状况的形成和农业经营制度对农业社会化服务体系的需求有关,也和实施农业经营制度变革以来国家在这一领域中的"缩手"有关,其逻辑是:农户从其利益出发可以保障农业的发展。当然,国家在一定时期内经济资源的总量限制也是形成这一现象的现实原因。既然要发展现代农业,就要建立与现代农业相适应的农业社会化服务体系,这时就要作出现实的战略性选择和策略性安排——是农业自生还是其他产业扶持?是农户自建还是农户联建?是市场机制还是国家投入?依据农业社会化服务体系的特性和农业自身的发展约束,产业扶持和农户联建可以在一定程度上缓解农业社会化服务体系的需求压力,但不能从根本上解决问题。重要的是要形成农业社会化服务体系的市场机制,以提供持续而稳定的服务供给。

资本必然依据农业社会化服务体系的结构状态实施资本布局,在产前、产中和产后诸环节中建立起企业型的社会化服务实体,形成完整的农业产业链。

### 4. 提升农业产业的竞争力

生产的国际化势必将农业纳入国际市场,这时的农业发展问题就不仅仅是一个吃饭问题,也不是一个自身发展满意问题,而必须在和国外农业发展的比较中才能获得生存权和发展权。因此，更为关键的问题是产业竞争力。产业竞争力是通过市场来作出评判的，价格是否具有优势？产品品质是否具有优势？产品是否符合环保标准？产品的消费形式是否符合消费者的胃口？产品质量的稳定性是否能够得到保证？而最终决定这些的都和产品生产的过程有关。

农户型农业和企业型农业相比较，在这些方面哪一个更加具有优势？我们可以从投入、技术能力、产品的标准化、组织化、管理等多个方面作出判断。看来，经济越发展，市场开放性越强，农户型农业的局限性就越突出。农业的产业竞争力只能依赖于与现代农业相适应的农业生产的组织形式。

## 三、资本进入的产业效应

不容否认，改革开放以来的农业成就是巨大的，特别是近几年来在粮食生产和农民收入方面取得了自1985年以来难得的好成绩。但是，农业、农民、农村问题并没有获得根本性进展。农业的进一步发展面临经济开放的巨大压力，党和国家领导人对此可谓寝食难安。2006年年底召开的中央农村工作会议将这一状况概括为“四个并没有改变”：农业基础不牢、后劲不足的状况并没有改变；农业基础脆弱、装备落后、主要靠天吃饭的基本状况并没有改变；农民就业门路不多、增收困难的基本局面并没有改变；城乡经济社会发展失衡、差距拉大的基本态势也并没有改变，农业农村发展仍然处于艰难的爬坡阶段。① 一些人常常以农业的产业特质为借口消减由此产生的心理压力。事实上，农业的产业特质并不意味着农业必定弱小。这一状况使农业不能以一个强健的、独立的产业加入到国民经济的产业体系之中，既不能为国民经济提供发展支撑，又不能充分地享有国民经济发展的经济和社会成果。资本进入农业将逐渐改变这一格局。

### 1. 资本进入是实现城乡协调发展的治本之策

国民经济系统中的工农业两大产业之间的相互支撑必须建立在发展层

---

① 中央农村工作会议在京召开 全面部署2007年农业和农村工作[N]. 光明日报，2006，12(24).

级接近的基础之上。二元结构是我国经济和社会进程的产物，其中既有一般性因素，也有特殊性因素，相对于过去而言二元结构是一种结果；同时，二元结构相对于未来而言又是一个起点，是思考、寻求中国经济和社会发展出路的基本出发点。二元结构在产业层面上表现为融入先进生产力的工业和传统生产力基础上的农业并存，这种发展的层级差异阻断了工农业之间的产业关联，先进的工业生产力不能进入农业，工业产业链的延伸受到限制，而农业的发展陷入低层次的自我循环，即使是“吃饭农业”的使命亦整日担惊受怕，不能为国民经济提供扎实而稳定的基础平台。在这种情况下，农业和工业之间、城市和农村之间的融合程度始终处在较低的水平上。实施以工补农策略，重要的是寻找载体，使工业发展的成果通过“补农”的机制切实提高农业生产率。实施城乡协调发展战略，除了借助于外力优化薄弱环节之外，还要致力于建设城乡协调发展的产业根基，使之相互支撑，功能互补。资本进入农业是实现工农业之间产业对接的有效形式。

### 2. 资本进入可以促进产业均衡机制的形成

产业关联的重要内容之一是产业之间资源的双向流动。这种资源流动事实上是一种产业均衡机制，当某一产业出现产业发展资源瓶颈的情况时，产业之间的资源流动会最终熨平这一产业差异而趋于均衡。但“农户型农业”不仅排斥先进生产力的进入，而且不接受任何来自于社会的“非农户资源”，因为这种资源的使用成本和分配成本都将极其高昂。在依赖农业还可以过日子的经济条件下，加上既定的社会政策惯性，工业和农业之间的资源流动几乎是空白，听任资源滞存或资源短缺。最近几年，随着农民生存压力、发展压力的加大和社会政策的调整，出现了大规模且持续性地农村劳动力资源的流动，值得注意的是这种流动的方向是单向的，内容是单一的，资源的性质是原始的。可以预见，资本型农业形成之后，产业之间的资源流动必然出现新的景象，就劳动力资源而言，不仅存在农业劳动力向第二产业和第三产业转移，也会出现原有转出农业劳动力的回流，还会出现工业劳动力向农业产业的转移，虽然这种转移在规模上和结构上存在差异。除了劳动力资源以外，产业之间的资源流动是全方位的，各种资源都可能在产业之间游移，其中最为重要的资源就是资本资源的流动，资本可以在所有产业领域作出选择。

### 3. 资本进入可能诱使工业化的路径发生转向

“招商引资”已经成为许多经济欠发达地区谋求发展的一个重要手段，由于这一发展思路依托于外来资本，我将此称为“外源性发展”。从现实来看，各地发展的压力和发展的急切心理使“外源性发展”的成本急剧提升，只是人们在“路径依赖”的驱使下不愿意对其成本进行准确计量而已，同时，“外源性发展”的持续性问题也应引起高度关注，毕竟资本是牟利的。“外源性发展”的另一种解释是缺乏资本。“农户型农业”将一切意欲开发新领域的资本拒之门外，加之农业经营制度产生的政府放任倾向，使农业提供的积累能力极其有限，并且使人们丧失依靠农业谋求发展的希望。具体地说，“招商引资”是发展工业的手段，在这一过程中潜伏着对农业持续发展的潜在威胁。资本进入农业将诱使规模农业的发展，提升农业生产力，最终改造农业的生产方式，在此基础上形成与其他产业相互匹配的产业关系，支撑工业的发展。此时“外源性发展”就会转向“内源性发展”，这一转型对于降低发展成本、促进产业协调、保持持续发展具有积极意义。

## 四、资本进入的障碍及其克服

以上所提及的几种资本的进入效应体现了资本要素在农业生产力成长和城乡一体化发展中的酵母作用，这种作用是在现实的经济和社会进程中发生的。从现实来看，资本进入农业并成为主导性的生产要素需要一个社会历史过程，就目前而言启动这一过程至关重要，此中存在现实的资本进入障碍。

### 1. 农业剩余劳动力转移障碍

关于农业剩余劳动力的转移问题，我们已经作为一个专题进行了研究。资本进入农业必然引起农业生产要素的结构性变化，从而引起农业生产方式的变革，农业生产力成长和现代农业的建立均依赖于这一过程。但是，这一过程是在现有起点上实施的，我们面对较低的城市化水平，还有8亿人生活在农村，农业劳动力仍然在劳动力总量中占有较大比重，即使是在现实的状态下，农业劳动力的转移也是一个难题，农民增收、农业发展、城市化进程等重要问题的推进都不能离开农业劳动力的出路问题。面对这一现实，资本进入又会改变农业生产的要素配置结构，其基本趋势是减少农业生产对农业劳动力的需求，由此增加农业剩余劳动力的数量。

应该承认，既有的工业化过程、地方政府的行政性推动和农民谋求较高收入水平的发展需求已经有效地推进了经济和社会发展进程。但是，人多地少的矛盾依然突出存在；农村较大人口基数产生的农业劳动力增加数量依然保持在较大规模；由于高校扩招产生的劳动力就业的滞后效应已经充分显现，2009年高校毕业生规模达到570万人，就业问题的重点已经由国有企业失业职工转变为接受一定教育的群体；在多年的城市化进程和农业剩余劳动力转移的过程中，现有城市中的劳动力供求结构呈现出长期而稳定的供过于求状态，进一步吸纳劳动力的能力相当有限；农村劳动力的素质结构也是农业劳动力继续转移的一个瓶颈，极易出现结构性问题而不能适应产业结构升级对劳动力的现实需求；在制度层面，还存在较大的调整空间，户籍制度、土地流转制度、社会保障制度和财产转移制度等还存在与推进农业劳动力转移不相适应的环节。

农业剩余劳动力的转移在经济和社会进程中的枢纽性作用已经得到人们的公认，人们也围绕这一问题提出了一系列针对性措施，如推进工业化和城市化、发展农村非农产业、职业技能培训、农业产业化、对外劳务输出、农村基础教育、调整不利于农业劳动力转移的制度，等等。在任何一个方面的推进都会为农业剩余劳动力的转移提供机会，但任何一个方面的推进所产生的农业劳动力的转移效能都是有限的。由此似乎产生了一个不能解决的难题。但是，我认为这就是解决农业剩余劳动力转移问题的现实路径，本来农业剩余劳动力的转移就是一个社会性工程，其中的多个环节组成一个体系，而每一个环节的作用都是有限的，只有所有环节上的有效性及其密切配合才可能产生较大的整体效能。这一社会性工程的另一个特点是“演化性推进”，我们不能期望农业劳动力的转移出现奇迹，找到一条在十年八年之内就可以完全解决这一问题的方式，道理十分明白，与此相关的每一个环节都需要时间，在这一过程中积累能量。“演化性推进”的另一种解释是过程，我们可以从任何一个视角研究农业劳动力转移问题，甚至是作出进一步的程序性或机制性设计，但农业剩余劳动力转移的现实进程往往和这些事先的设计产生出入，甚至可能大相径庭，此时需要接受现实并依据现实进一步推进农业劳动力的转移。

我们不能给出迅速推进农业劳动力转移的灵丹妙药，只能说：重视并做好与农业劳动力转移相关的每一个环节，在此基础上将这些环节整合为一个均衡而有效的系统；农业劳动力的转移需要时间；农业劳动力的转移需要依据新的环境递进性推进。或许，再有20～30年的时间，我国农业劳动力的转移将步入一种常态，此时劳动力在产业之间的职业转换将可能替代农业劳动力的转移。在承认农业剩余劳动力转移渐进性的同时，也应看到，资本进入农业也是一个渐进性过程。从这个意义上说，农业劳动力转移的障碍可以得到克服。

### 2. 既定生产方式的惯性障碍

农业经营制度变革之后，在城乡关系的变动、城乡之间要素流动尤其是农业劳动力的转移、工业化推进等因素的影响之下，农业生产方式发生了一定的变化。但是，这种变化过程极其缓慢，就其实质而言，农业生产方式仍然没有突破家庭劳动的限制，家庭是农业生产的基本组织单位。虽然不能说农业生产是自给自足的自然经济，但是，农业的商品率还处在较低水平，特别是在传统种植业中，相当数量的农民将种地作为解决基本生存的口粮来源，而除此之外的生存和发展需求则需要借助于其他的经济活动。这就是说，我国农业仍然具有相当浓厚的自然经济色彩。

任何一种生产方式都存在与这种生产方式相适应的文化内涵。小农生产方式在中国封建社会中一直占据主导地位，形成了根深蒂固的小农意识，文化形态的生产方式一旦形成，又会反过来强化形成这一文化的现实生产方式。建国之后，农业的社会主义改造使家庭作为生产单位的社会功能得以剥离，仅仅保留了家庭作为消费单位的功能。但是，这种生产方式的内在结构对农业生产力的发展极其不利，由此所产生的物质成果限制了这种生产方式对小农经济观念的冲击。相反，农业生产力低下所产生的经济窘迫通过消费环节强化了家庭在维持基本生存需要方面的重要性。可以毫不夸张地说，历史的积淀和改革开放以来农村的经济和社会实践形成的农民的价值观念对我国农业发展的未来走向仍具有深刻的影响，如果说变化，也只能说小农生产方式及其观念处在缓慢的解体过程之中。

在现实生活中，只要还有一线生机，农户就会在既定的生产方式上从事农业经济活动，当然这并不排斥农户通过其他方式增加收入。问题在于只要这种生产方式还存在，资本进入农业就会面临一个难以逾越的现实障碍。试想，一个现实的资本可以为农户提供较之农户经营较高的经济收入，同时还可以提供一定数量的在农业企业中的就业机会，此时的农户会作出何种经济决策？我还没有来得及做这方面的调查，但可以肯定这种结构的大致状态是：积极参与者少，坚决抵制者也少，持观望态度者众多。这种结构和农户对可能利益和现实利益的判断有关，虽然可能的利益超过现实的利益，但农户依然对自己耕种土地的利益有较稳定的预期。此时会形成资本的进入障碍，较少的农户往往难以形成最低限度的土地规模。由此，我们得到克服既定生产方式障碍的思路——示范，以示范取得突破，以示范获得经验，以示范带动扩展。由于示范效应的实现是一个过程，并且需要示范成本，这一社会性行为需要具有超前性，同时在示范点的选择上不宜过多。①

### 3. 资本形成障碍

资本的形成是资本进入农业的基础，而资本的形成又和生产率存在密切关系。在我国现实的农业生产力基础上，农业发展自身的积累能力十分有限，农业发展所需要的资本条件难以通过这种内源性的发展模式获得实质性改善。

农业的发展需要资本要素的进入，但农业自身不能形成资本进入的基础性条件，由此决定农业资本的形成必须转向外源性的发展模式。农业资本的外部性来源大致包括以下几个方面：国家的资本投入、金融体系的资本投入、社会性资本主要是工业资本的转移性投入。

国家的资本投入。由于农业的技术经济特点和农业重要性在我国的具体体现，国家对农业的投入至关重要。农业经营制度变革以来，农业发展的短期成效加之社会性需要的大量增长，事实上国家减少了对农业的投入规

---

① 近年来，路径依赖理论经常被人们谈起，这一理论一方面对经济现实作出了解释，另一方面其重要性在于：如果一个经济体陷入了无效率或者是低效率的路径之中，应当从哪些角度突破既定路径上的循环，即走出路径依赖？此时的一种现实选择是对处在循环状态中的经济体施加一种外力，其力度需要足以使之走出既定的循环轨道。这种外力的来源是什么呢？政府力量只是其中之一但不是全部，除此之外，技术变革、经济环境的开放、重大社会事件、要素结构的调整等都可能有所作为。

模,这一政策选择使原本存在的农业设施遭到严重破坏,同时也隐含着农业生产力进一步提高的限制。在城乡一体化发展和建设新农村的背景之下,对国家资本投入的需求变得越来越强烈。此时的总量固然重要,但更加重要的是投入结构。农业公共基础设施应该成为国家投入的主要领域,因为这一领域中的投资不能依靠市场途径引入,农民的投资行为几乎在任何一种情况下都不会光顾这一领域,更为现实的是这个领域中的投资数量远远超过农民和农民群体的投资能力。由此决定,国家资本投入的主要领域是基础教育、农业技术体系、交通运输、通信、水利工程等。[①] 农业基础设施的改善对农户和其他资本形式都具有较强的投资激励。

金融体系的资本投入。国家的资本投入可以具有超前性,而金融体系的资本投入不具有超前性,这取决于金融体系投入的商业化运作,我们已经研究过这一问题的形成机制。其中需要明了的一个关键是:农户型农业和金融体系资本投入的不相容性。由此可以得到一个这种资本投入的基本路径:农户型农业的弱化——企业型农业的成长——金融体系资本投入的增加。这就是说,农业资本的这种形式和农业组织制度的变革存在高度相关性。

社会性资本的转移性投入。这种资本的形成是通过市场机制实现的,原本投资于工业领域中的社会性资本在一定的条件下可能将资本转移入农业部门,这种条件大致包括:工业资本的利润率下降、农业基础设施条件的改善、农业利润空间的呈现、既定投资领域中的限制性约束强化、农村生活环境的改善、劳动力等要素价格的相对优势、资本进入门槛的降低,等等。在这一问题上,相当数量的人总是以农业领域中无利可图为由否定工业资本向农业领域中转移的可能性。事实不是这样。应该看到,农业中的资本稀缺意味着资本一旦进入农业就会产生要素结构优势,这种"先驱者利润"具有吸引资本进入的诱惑力。另外,资本在农业领域中的区位也具有巨大的选择空间,这一空间内的不同环节存在着利益的潜力差别,当然工业资本会在当前利益和利益潜力之间作出权衡。

---

① 从现在的趋势来看,国家应该将投资的重点转向农业基础设施领域。现在国家的投入有一定数量用于农户的补贴,这种投入对于维持农业的稳定和改善农民生存状况具有积极作用。但是,这类投入的作用更多地体现在短期效应上,农户经济可以保持粮食和其他农产品的供应,但是却不可能从中发育出现代农业。我们需要在短期效应和长期目标之间实现对接。具体策略选择是:直接投入于农户的国家投入不宜再进一步增加,而将增加的财力资源用于农业基础设施建设,为资本的进入奠定基础条件。

### 4. 资本文化障碍

资本进入是改变农业生产方式的基础，而资本进入的效能则必须使资本留在农村才能显现出来，资本留在农村成为更为关键的问题。但是，进入农村的资本则处在资本文化的缺失状态之中。

资本文化具有内化性质，是潜藏于人们心灵深处的一种意识形态，当然这种意识形态和平时人们所常说的意识形态是不同的，它支配着个人的思维方式和行为方式。一般而言，资本文化是在资本产生、运行以及资本和社会的互动过程中逐渐形成的，人们接触、接受资本运行的所有规则并按照这些规则行事，在此过程中将这些规则内化为人们的自觉行动，这就形成了资本文化。显然，资本文化是资本运行并取得既定经济和社会成效的条件之一。资本文化从最基本的层面考虑可以包括以下内容。第一，尊重产权。产权是一种权利束，既定产权结构下的权力配置、利益分配和责任约束是尊重产权的具体表现形式。如果在现实中产权意识淡漠，各个环节上的产权主体合理的利益受到侵蚀，就会形成不利于社会财产发挥作用的社会环境。第二，契约意识。契约是各类经济主体之间的联系形式，以契约为中介的联系形式具有重要的经济和社会功能，建立在自愿基础之上的契约是对契约双方的一种约束，通过这种约束使经济主体获得利益，同时履行责任和义务，只有在这一框架中经济和社会的运行才能处在正常状态之中。第三，组织性和纪律性。企业是一个经济组织，资本型农业的本身运行是一个由若干环节组成的整体，要求其组织成员自觉服从统一的指挥，其行动也必须符合组织有效运行的本质性规定，个体的组织性和纪律性是资本正常发挥作用的基础性条件。

联系我国的经济和社会进程，我国农村开始接触资本的时间还比较短暂，资本大摇大摆地步入中国社会还不到20年的时间，尤其是在农村，由于基础设施等方面的限制，这一进程更加缓慢。资本文化不能说处在空白状态，但资本文化还没有占统治地位，上述所讲到的几种资本文化的形态都不同程度地存在不成熟性。由此产生了现实的资本文化障碍。在这种情况下，会提高资本的进入成本和运行成本，会降低资本所有者的未来预期。

问题在于，资本文化的成长机制主要是通过熏染途径实现的，灌输在资本文化的成长中的作用极其有限。此时就要思考通过什么途径克服资本文化的缺失障碍。我认为,加强产权的社会保护机制是一种有效的途径。因为产权保护是资本文化的核心所在,在内化性的保护机制弱化的情况下只能依赖外部保护。至于其他的方面主要是农业企业内部的问题,但是应该看到,这些问题可能意味着较多和较深刻的社会矛盾的产生,此时的应对办法是强化制度建设,尤其是要构建有效的矛盾解决机制,通过社会组织的发育形成立体性的缓解社会矛盾的集体协商框架。①

### 5. 基础设施障碍

农业基础设施是资本进入的必备条件,而农业基础设施的现实状态却相当薄弱。这一情况和农业经营制度有关——分散小规模的农业生产方式不可能产生对农业基础设施的强烈需求。另外,同农业基础设施的技术特性有关:其一是外部性强,私人资本不能在这一领域以市场化方式运作;其二是较高的资本门槛,在基础设施领域中的投资活动远远超过私人资本的投资能力。现实的经济和社会进程决定农业和农村的基础设施十分薄弱,由此构成资本进入农业的一个巨大障碍。如果依靠农村生产力自然成长形成农村的基础设施环境,则会严重地影响我国的经济和社会进程。最近几年国家已经加大了对农村的投入,可以相信随着经济实力的增强这方面的投入还会继续增加。现在所要考虑的问题是应该利用所有可能的形式和途径形成农业和农村基础设施的立体投入系统,提高各类投入的效能,以尽快形成资本的进入环境。我们往往将基础设施仅仅理解为硬件,从实践层面来看,还应该包括资本文化的建构。硬件设施可以降低资本的进入门槛,软件设施可以降低资本的运营成本,从而提高经营绩效,留住资本。

### 6. 资本控制障碍

资本是一种重要的生产要素,尤其是在我国的农业生产中资本要素的稀缺程度还相当严重。从我国改革开放以来的实践来看,资本力量的成长

---

① 由于发展过程中的结构性问题和经济政治发展的不均衡性,我国社会步入了前所未有的矛盾凸显期。为应对这一现实,中央相继推出了一系列重大战略决策:科学发展观、城乡一体化发展、新农村建设、和谐社会建设等。和谐社会提出之后,出现了一种抹杀矛盾的倾向。事实上,和谐社会是一种治国理念,而不是一种现实状态。在现在的环境下矛盾的存在具有必然性,只有形成社会矛盾的解决机制才能推进和谐社会建设。当讲及这一问题时,使我自然想起 2008 年发生的一系列社会事件,我们对社会矛盾的解决机制从来没有像现在这样迫切!

一方面对技术进步、现代生产方式的引入、社会主流价值观念的改变和综合生产力的成长产生了强有力的推动作用，另一方面也出现了一系列社会性问题。资本就其本性而言具有极其强烈的牟利冲动，市场经济环境中的资本牟利具有强制性，是一种生存需要，在这一意义上说，资本的牟利并不应该受到诅咒。但在资本实践中，由资本牟利产生的社会丑恶现象触目惊心：恶劣的劳动条件、超出人体承受能力的劳动时间、低廉的工资待遇、干活不给钱的无赖行为、大量而长期地拖欠工人工资、假冒伪劣产品、不计社会代价地破坏人类生存的环境、肆无忌惮地收买公共权力。我们在享受资本成果的同时却不得不承受资本带来的社会性损害。

自然，我们需要资本，但是我们能否在利用资本的同时限制资本的社会性副作用？如果这些副作用不能彻底消除的话，这是一个极其现实而重要的问题。鼓励资本生成、支持资本牟利、倡导资本文化，但这并不意味着资本可以为所欲为。一个可以让资本为所欲为的环境必将酿造出社会灾难，既然是社会性灾难，资本在这种灾难降临时自然也是在劫难逃。很难想象，众生都倒霉的时候资本还可以独善其身。从全局和发展的观点来看，对资本的社会性规制也是资本自身的要求所在。资本与社会的合作才是资本生存和发展的条件。在现实中，存在一种十分令人忧虑的现象：当人们对资本存在需求时，社会就会弱化对资本的控制，甚至是自然而然地放纵资本。值得指出的是，这种现象和改善投资环境是截然不同的两回事，没有章法才会气走资本，真正有远见和有价值的资本会将资本为所欲为视作一种十分可怕的资本生态。

用什么方式实施对资本的控制？谁来实施对资本的控制？资本控制的主要领域是什么？这些问题都现实地摆在人们面前。以资本控制资本极有可能形成资本之间的合谋，以个人力量控制资本会出现双方力量的极不对称，以个人联合为实体的社会组织实施对资本的控制是一种现实思路，但面临我国社会组织发育进程的限制。就现状而言，我们对资本控制的理念还没有建立起来，经验和能力自然相当欠缺。实施对资本的控制需要一个权力制衡的社会架构，需要一个有高度社会责任感的政府，需要一个职能分工清晰、权责对等、运行高效的行政和司法体系，需要一个可以将个人利益和社会利益分得开、撇得清的官员群体。而这些，都和我国的政治体制改革进程息息相关。

# 第十一章
# 农村生产力发展中的人力资本培育

生产力发展是通过生产要素的组合结构实现的，其中要素之间的匹配具有决定性作用。我国改革开放初期，曾经出现过引进设备不能正常发挥生产效能的情况。① 这种状况首先出现于工业领域，工业的发展尤其是重工业的优先发展曾经是相当长时期内的重要发展战略，而农业的发展则长时间内处在一种自发状态。这种格局显然不可能长期持续，当我们将发展视线集中于现代农业时，即刻就会想到农业产业中也必然存在要素匹配问题。农业经营制度变革之后，虽然人们意识到农业劳动力转移过程中存在的对农业长期发展的损害，但对这一问题的理解一直处于原始状态——较高素质的农业劳动力转移不利于农业的发展。事实上，既定的农业生产方式并不需要多少高素质的农业劳动力。就现实而言，发展农村生产力需要从发展现代农业、构建相互协调的产业体系的高度着手农村人力资本培育。

① 引进先进的技术装备自然要花费代价，由于这一过程中忽视了劳动力要素和生产工具之间的匹配，技术装备的发展效能受到影响。人们将这一时期大量引进设备的行为称之为“洋跃进”。这当然是同1958年的“大跃进”相比较而言的，这一次是过分强调依靠自己的力量，全民大炼钢铁，十五年赶超英美，在这个意义上说，又可以将此称之为“土跃进”。我想起来在大学阶段的一件事情，当时老师在课堂上出了一个题目：经济发展中物重要还是人重要。同学们围绕这个题目讨论得十分热烈，两种观点各不相让，但最终还是不能达成一致。现在回忆起来，按照非A即B的思维模式这一问题很难得到一致意见，只有在两者统一并相互匹配的思路下这一问题才能解决。物离开人和人离开物，或者是两者之间虽同时存在但层次极其悬殊都难以推动经济发展。

# 一、"刘易斯路径"和"舒尔茨路径"的中国实践

国外经济学家依据其实践观察和理论思维在经济发展领域卓有建树，提出了对后发国家具有借鉴意义的发展理论，或相互支撑，或互为补充，或观点各异。但在其后的发展实践中，后发国家往往面对不同的经济和社会环境，在发展的路径选择、优先序排列、内在关联、发展效能等方面出现了多样性。在发展中国家农业经济发展的问题上，就出现了两种表面看来截然不同的发展理论。

随着经济和社会发展差距在人们视野中的出现，发展经济学提出了一系列改变发展中国家农村落后面貌的理论，其中刘易斯和舒尔茨的观点较具代表性。前者认为，发展中国家的农业劳动力近乎是无限供给，这种格局使相当数量的农业劳动力处在低效率甚至是负效率状态，将农村剩余劳动力转移入城市是实现其经济发展的唯一途径。后者认为，农村劳动力过剩是一种现实存在，但不是发展中国家农业经济落后的主要原因，如果农业剩余劳动力的质量提高，并向农村输入其他的生产要素，发展中国家农村经济落后的状况就将获得改变。据此，舒尔茨建立了人力资本学说。①

我国改革开放以来农村经济发展的实践基本上是在"刘易斯路径"下运行的，这种状况是同我国这一时期的城乡关系格局、政策取向和农民谋求发展的方式联系在一起的。进入新的世纪以来，"刘易斯路径"正在转向"舒尔茨路径"，实现这一转变的成因也是由以上因素所决定的。这两种理论的有效衔接可以对中国农村经济发展作出解释。事实上，没有农业劳动力数量的转移，质量提高和结构优化都是不可能的，资源数量和要素结构将构成一

---

① 西奥多·W. 舒尔茨(T. W. Schultz)对美国农业经济发展进行了长期研究，认为：促使美国农业迅速增长的主要原因是农业劳动力知识和技能的提高，而不是土地、劳动力、金融资本存量的增加；现代经济的发展已不能单纯依靠自然资源和人的体力劳动，生产中必须提高体力劳动者的智力水平，增加脑力劳动者的成分，以此来代替原有的生产要素；人力资本投资相对于物力资本投资具有较高的收益率。在此基础上，他提出了人力资本学说。其核心观点是：人力资本的积累是社会经济增长的源泉。

种刚性约束；如果没有农业劳动力质量的改善，现代农业不可能在低质量的农业劳动力要素状态下实现，转移进入城市和其他产业中的农业劳动力所能发挥的作用就会受到限制。因此，不论在何种意义上，提高农业劳动力的素质都是一件重要而紧迫的事情。

以这一理解为基础，我们还会发现："刘易斯路径"的基本指向是将"近乎无限供给"的农业剩余劳动力向城市转移，这在我国农村发展实践中表现为异地转移；"舒尔茨路径"的基本指向是通过各类生产要素向农村的输入提高农业劳动力素质，在我国的经济发展实践中表现为农村工业化和发展农村非农产业，这是一种就地转移方式。毫无疑问，异地转移还会继续存在下去，但就地转移在农业劳动力转移中的作用将会上升，这一变化同经济社会发展格局、农村生产力发展的要素结构要求存在内在的联系。

## 二、现有农业生产方式中的人力资本

现实的农业生产方式是研究农村人力资本的基点。农业生产方式首先是一种生存形式，什么样的人力资本与这种生产方式相适应，这种人力资本就会在这一生产方式中产生并存续下来；农业生产方式还是一种发展形式，什么样的人力资本可以在这种生产方式中获得较高的经济收益，这种人力资本形式就会涌入该领域之中。在经济现实中，生产方式的状况决定对人力资本的需求特征，经济活动主体会通过其行为选择孕育出该种生产方式需要的人力资本资源；另一方面，现实的生产方式还会对与这种生产方式不相适应的人力资本发生排异作用。因此，生产方式决定农村人力资本的数量和质量，也决定农村人力资本的存量和增量。

在现实的农业生产方式中，农户是基本的生产单位，决定农户经济行为的是农户主体的利益考量。当然，农户所进行的利益权衡是当前利益和未来利益、现实利益和潜在利益等多方面综合考量的结果。

农村人力资本的形成和人力资本投资存在密切关系。依据这一关系，王先柱等研究了安徽省农户人力资本投资的动态变化趋势，由此得出结论：

农户人力资本投资无论从绝对数量还是从比重上都呈上升趋势。① 如果停留在这里，似乎可以得出如下结论：农村人力资本呈现出良性趋势。这种数量变化不能准确反映我国农村人力资本成长的实际情况。在其研究的时限内，恰是我国高等教育由免费向收费的过渡时期，并且这一过渡进行得极其迅速，在短短几年时间内就将大学收费从几百元增加到几千元，并且这种趋势只会增加，不会减少，只会再进一步扩大范围，而不会缩小收费范围，与此同时发生的还有高等教育扩大招生数量。这两项的汇合将很多农村学生送入了大学，同时也使大量的农村家庭承受了难以承受的经济压力，一个农村家庭，如果有一个孩子考上了大学，则意味着在以后的几年里需要倾其所有，甚至还要在亲朋友邻的支持下才能读完大学。而王先柱对这一现实的描绘是："近年来，大学生毕业后不再由国家统一分配工作，而是要自主择业，实现人才供求的双向自由选择，使得农村学生面临的就业风险加大。但是随着知识经济的发展，社会大环境的变化，这种择业的风险并没有影响农村家庭人力资本投资，农村家庭对子女的教育投资仍在逐年增加，这说明有越来越多的家庭意识到对家庭成员人力资本投资的重要性。"我们认为，农户人力资本投资的增加是一种现实存在，但这一投资行为具有极其强烈的强加色彩，不能用此反映农户的人力资本投资意愿和农户的人力资本投资意识。试想，一个世世代代面朝黄土背朝天的农民，在孩子还有希望并最终跨进大学校门的时候，不论其经济状况如何都会想方设法供养孩子完成学业，哪怕未来并不一定因此给孩子的一生或者是家庭境遇带来多大的变化，他们依然愿意用一定的经济代价换来希望的延续。继续学业希望还在，而中断学业则意味着希望破灭，甚至是万念俱灰。

还有一个层面的问题应该引起我们的充分关注，就是即使农户重视人力资本投资并在行动上实践投资行为，农户在人力资本上的投资也不一定会（准确地说是"一定不会"）对农村人力资本的形成产生积极的影响。我在前边提到和我一起考大学的几个同学，当时有学上则意味着走出农村，当时他们想的是农村户口和城镇户口的差别，虽然他们中的绝大多数依然在农

---

① 1991年，教育投资人均数量是15.29元，教育投资占人均纯收入的比重是3.43%；2004年，这两项指标分别是199.95元和8%。而同期健康投资在人均纯收入中的比重则由5.09%下降为5.07%，同期人力资本投资占人均纯收入的比重由8.81%上升至11.68%。见王先柱、张永升．农户人力资本投资演变趋势研究——以安徽农村为例[J]．农村经济，2007(9).

村从事各类工作，但是毕业以后他们没有一个人从事农业，起初不顾一切地考大学就是离开农业。或许，他们较早地领略了农业户口和（农村）城镇户口之间的差别，但他们却没有机会真正领略农村和城市的差别。就发展的层级而言，三者之间由低到高的排序是：农村——城镇——城市。客观地说，就是在现在，城乡之间的发展差距仍然足以让人们产生坚决离开农村的冲动。当在整个社会框架中思考这一问题的时候，农户人力资本投资对农村人力资本的形成所产生的作用就更加明了。农户所实施的人力资本投资在主观上几乎不存在一点点为农村人力资本形成做贡献的愿望，离开农村去城市是首选，不能去城市就去中小城镇，如果还是不行就只能留在农村。这是就读书考学之路来说的，如果这一条路走不通，就变换另外的形式尽可能地离开农村，当然离开农村的优先序选择和通过考学离开农村相同。如果通过种种途径最终没有离开农村，那就只好待在农村，只有在这一情况下，农户的人力资本投资才产生了人力资本效应，虽然起初不是为农村培育人力资本，但客观上增进了农村人力资本的形成。在这一路径下形成的农村人力资本表现为既定社会框架内的"残余"。[①] 但是，最终的结果一旦形成并不可改变，就会出现一个十分重要的问题——沉淀于农村的人力资本会在与现实农业的互动中决定其未来状态。不难想象，在个人无力改变农业生产方式的前提下个人只能适应既定的农业生产方式，农村人力资本的基本趋势是与落后的农业生产力相匹配，因为农村缺乏人力资本进一步成长的内在动因和外在环境。

农户经济是一种生产方式，这种生产方式中的人力资本形成机制只有在社会框架中才能得到理解，仅仅看到农户人力资本投资的增加和人力资本投资在纯收入中的比重增加不足以证明农村人力资本的增加。依据我对

① 特别说明的是，这里使用"残余"并不包含任何歧视性。我的生身父母都是农民，农民满足了人们基本的生存需要，但是他们却世世代代延续着贫困，只有改革开放以来实施的富民政策才使他们看到了希望。时代在决定人们命运的过程中具有难以抗拒的作用：城乡分治格局之下，一个出身于农民的人除了通过考大学才能走出农村，而城乡一体化则为人们的社会性流动提供了较多的机会；今天农村的孩子可以有相当大的机会步入大学，他们比扩招之前的农村孩子幸运得多，最为悲壮的是"十年内乱"时期的农村孩子，大学依然存在，每年都在招生，但此时大学的招生制度完全偏离了人类进步的常识性轨道，大量的人被剥夺了改变自己命运和为社会进步贡献个人能力的机会。在使用这两个字的时候，我曾经先后使用了"漏出"和"遗留"，但总是感觉到不能准确地表达我想要表达的意思。

这一问题的观察,农户人力资本投资具有以下几个方面的特征:

第一,现实农业生产方式对农村人力资本投资具有阻滞作用。这里涉及的问题是,现实的农业经营需要农户为之进行人力资本投资吗?我的结论是不需要。农民具有十分朴素的投入产出概念,他不会对一个没有任何产出的领域投资,在诸多产出领域中,农民也会选择具有较高产出效应的领域投资。从投资的产出效应来看,农业在几乎所有的产业领域中一直处在最低端,正是这样才导致"农民将农业作为副业"的问题,丢弃可惜,何不拿在手中,同时寻求具有较高产出的行当。农业部部长提供了以下事实:种粮比较效益偏低的问题依然存在。尽管部分粮食价格上涨,但受生产资料价格上涨的影响,成本不断上升,种粮比较效益呈持续下滑趋势。2004—2006年,全国粮食平均每亩纯收益分别为382元、329元和320元。[①] 有人可能提出,粮食种植的比较效益低,并不意味着农业的比较效益低,所以不能用此说明农业中人力资本投资的动力。这事实上是指除粮食种植之外的高效农业领域,这些领域中的比较利益相对于粮食种植而言具有优势,同时这些领域中的技术要素较为密集,据此似乎可以解释农业人力资本形成的机制。但我认为,高效农业领域中的市场占有首要地位,而技术要素则不一定依赖于人力资本的投入。基础教育阶段和高中阶段的教育和高效农业中技术要素的形成没有直接关系,主要是构成人力资本素质的基本条件,至于技术要素的形成主要是通过生产实践中的后天习得,当然这不排斥行业中的先驱者从外部获得技术支持。[②]

这一问题的关键是,现实的农业生产方式从源头上排斥农村人力资本的形成和积聚。

第二,农户人力资本投资具有被动性。由前述分析可知,农户对人力资本投资的增加及其在纯收入中的比重上升是一个基本事实,但是进一步分析产生这一事实的背景就会发现,农户对人力资本投资具有十分明显的被动性,这种投资行为是社会教育体制变动对农户的一种强加,从中并不能发现农户人力资本投资意识的觉醒,也不能标示农户人力资本投资的真实意

① 孙政才. 深入研究现代农业建设中的新情况新问题[J]. 农村经营管理,2007(9).

② 这是一个应该进一步研究的问题,尤其需要这方面的实证性研究。其指向是高效农业中的人力资本的形成和生产实践中的习得究竟存在多大的关联度,这事实上是揭示高效农业中的技术要素的成长机制。

愿。由常理可知,被动性是不能持续的,由此必然影响人力资本形成机制的稳定性。这一点除了对人力资本的增量产生影响之外,还会对人力资本的存量发生不良影响,原有人力资本可能因为人力资本形成机制的波动而发生损耗,这正像一台缺乏原材料的机器,由于不能持续性地供应原材料而长期闲置。

从这一点来看,农村人力资本的形成依赖于人力资本投资由被动向主动的转变。由此提出了极具现实性的问题:农户型农业中的人力资本投资在什么条件下才有可能实现由被动向主动的转变?①

第三,农户人力资本投资的外部性。外部性是制度经济学中的一个重要概念,可以使用这一概念分析几乎任何一种经济行为及其持续性。其基本状态是:如果一项经济行为的实施主体可以基本获得由其经济行为产生的经济利益,并不会将实施这一经济行为的成本强加于其他经济主体,则这种经济行为具有较小的外部性,对于此类经济活动可以按照市场的方式加以实施;否则,这类经济行为不适宜采取市场方式,此时社会可能的其他选择大致是主体之间通过自由交易方式以界定初始产权、政府等外部力量的介入、放弃实施这种经济行为。

将外部性理论运用于农户人力资本投资行为的分析似乎存在不吻合性,表现为农户所实施的人力资本投资无疑由农户承担成本,在这方面不存在外部性;另一方面,农户实施人力资本投资的经济收益也由农户获得,不论是在哪一个阶段的投资,还是在任何一个领域中的投资,农户都是最终的获益者。那么,农户人力资本投资的外部性究竟表现在哪里?

这可以视为外部性的另一种表现形式——空间外部性和产业外部性。农户人力资本投资的收益绝大部分为城市所占有,为农业之外的产业领域

---

① 高等学校扩招和收费已经持续了10年时间,可以认为现在人们已经接受了这一现实,要培养孩子接受更多的教育,就应该按规定交费。在这个意义上说,在高等教育中的人力资本投资似乎不存在被动性的问题,一些家长不惜代价想让孩子进入较好的学校,甚至一定数量的家长想花钱而没有机会。人力资本投资具有较之高等教育更加宽泛的内涵,再看一看其他的人力资本的投资领域就可以理解这种被动性。王先柱等将人力资本投资的主要方面界定为教育、健康和迁移等方面的投资,而万俊毅等认为,农村人力资源的开发方式主要有基础教育、职业教育、医疗保健、体育锻炼、文化建设等,由此构成了一个系统。见万俊毅、张日新. 农村人力资源开发方式的比较研究[J]. 经济问题探索,2007(12). 农村的实际情形是,除教育之外的人力资本投资领域中的投资极其匮乏。农村人力资本投资的被动性,还和农村的发展水平高度相关,毕竟基本的生存需要解决之后才可能将经济资源投向更高层次的领域之中。

所享用，而不是为这种投资的母体——农业、农民和农村——所享用。从社会发展的一般规律来看，这种外部性在一定时间内有其合理性，如果社会的体制架构是一种自然状态，这种外部性将成为社会发展的动力积累过程。但在二元结构体制中，这种外部性的存在将成为阻碍经济和社会发展进程的"罪魁"，丧失空间协调和产业协同发展的可能性，并隐藏着社会稳定的巨大隐患。由于人力资本投资存在的空间外部性和产业外部性具有宏观性质，农户个体的人力资本投资并不会受到这种外部性的直接影响，但宏观约束下形成的对农业、农民和农村的不利影响必然最终动摇农户人力资本的投资信心，降低其人力资本的投资能力。

第四，农户人力资本投资的时序特征。农村人力资本投资不是一次性行为，而表现为一个过程，这一过程的最大时间跨度在教育方面的投资可以持续 20 年左右，而在其他投资领域则可能更长。因此，总量和结构不足以反映农户人力资本投资的全貌，其时序特征可以较好地反映农户人力资本投资的变化轨迹。

迄今为止，教育投资始终是农户人力资本投资的主要领域，在相当长的时间内这种趋势仍将继续。一般来说，学前教育和小学教育阶段的人力资本投资具有统一性，每一位家长都在这一时期几乎毫不例外地将子女送进学校，并满足这一时期产生的各类经济需求。用家长们熟知的语言来说是"不能让孩子输在起跑线上"。这种结构和这一时期普遍存在的"望子成龙"心态有关，也和这一阶段教育投资的较小规模有关，基本不存在负担不起的问题，同时还和一种现象有关，这一时期的孩子充满好奇，几乎每一个正常的孩子都表现出天资聪慧、成绩优良的特点。在这些因素的影响之下，每一位家长都将孩子入幼儿园和入小学视作头等大事，并尽心力培育孩子。[①] 农户在这一时期的人力资本投资具有十分密集的特点。

根据经验，小学阶段学生的分化并不严重，几乎每一个孩子都会将天资聪慧保持到小学毕业。但在中学阶段，或许是课程太多，或许是学习方法不适应，或许是其他方面的原因，学生的分化趋势明显显现出来。此时，家长的教育投资意愿也出现了第一次分化：一部分成绩较好的学生强化其家长

---

① 国家调整义务教育阶段的收费制度以后，自然减轻了农户的经济负担，但这一阶段上农户表现出来的其他特点并没有发生变化，依然那样充满期待，不遗余力。因此，不收学费并不意味着农户人力资本投资的减少。

的投资信心，一部分成绩一般的家长维持其投资行为，而一部分成绩较差的学生家长则放弃其教育投资行为。最后一种状态在社会层面上汇聚成一个农户人力资本投资的谷底，问题的严重性在于这种状态年复一年地出现。苏群和丁毅曾经调查了闽北农村地区的情况：子女成绩的优劣对农户家庭决定是否让其子女继续上学具有显著影响，成绩一般的子女和成绩较好的子女辍学的可能性明显低于成绩较差的子女，在所有辍学子女中，成绩较差的占75%，成绩一般的占18.75%，成绩较好的只占6.25%。①

教育方面投资的第二个谷底出现在高中阶段。第一个谷底的出现是因为学生学习成绩下降，这一现实使学生家长对持续性投资所产生的回报预期下降，并最终选择放弃这种投资行为。因为这种原因中断人力资本投资的情况依然存在，但导致高中阶段出现谷底的另一个重要原因是利益机会的出现。在初中阶段，虽然学生的学习成绩下降，但一部分学生家长仍然会让孩子在学校读书，而在高中阶段，家长一旦失去对学生的培养信心，极有可能让学生离开学校，过早地加入劳动力行列。其思维逻辑是：继续上学即使能够上一个学校，也进入不了好学校，毕业之后也很难找到一个理想的工作，倒不如中断学业去学一门技术，既节省了不少钱，还能够有所收益。

高中阶段过后，农户人力资本投资的基本状态基本上按照两种路径推进：学生能够进入大学的农户则持续其人力资本投资，那些学生没有考上大学的农户则基本上停止了原先的投资行为，此时的农户人力资本的形成采取了另一种路径——通过直接的生产过程获得与既定生产方式相适应的知识和技能。

以上这些特点无不衍生于既定的农业生产方式，其改变同样依赖于农业生产方式的变革，而这种变革正在以与以往不同的方式进行着。

## 三、农村人力资本的培育

现实的农村人力资本存量是既定经济和社会进程演化的直接结果，这

① 苏群、丁毅．初中阶段农户子女辍学行为影响因素分析——以闽北农村地区为例[J]．中国农村经济，2007(3)．

一现实难以支撑农村生产力的进一步发展，这种不适应表现在农村人力资本的量、质及其结构等方面。面对这一现实，没有其他选择，只能在新的经济和社会环境中、从更加宽泛的视角着力于农村人力资本的培育。

### 1. 发展基础教育

教育是培育人力资本的主要形式，就农村教育而言，主要包括基础教育（学前教育、小学教育、普通初中教育和普通高中教育）和职业教育。

由于我国城市化进程的限制，农村人口一直在总人口中占有较大比重，农村基础教育在我国教育体系中具有极其重要的地位，农村基础教育事实上承担了我国经济和社会发展人才基地的作用，各行各业所需要的人力资源有相当大的一部分是由农村输送、再经过专业性学习而成为人力资本的中坚力量。基础教育涉及每一个家庭，国家在基础教育领域中投入了巨量的经济和社会资源，我国已经形成完备的基础教育体系，并在经济和社会发展进程中力求最大限度地保持基础教育发展的稳定性和连续性，从而从总体上保证了我国基础教育的较好质量。但是，基础教育的发展并没有超越经济和社会发展水平的限制，不平衡问题比较突出，农村基础教育滞后于城市基础教育，落后地区的农村基础教育滞后于发达地区农村的基础教育。这种发展差异可以通过处于不同空间内的任何两所学校的比较表现出来。基础教育领域中存在的另一个突出问题是劳动力就业的社会性流动产生了基础教育阶段的动态性问题——入学、升学、转学、辍学等。我曾经在我家附近的农贸市场里和几位从农村到城市的个体劳动者交谈过，在市内小学读书，农民工的孩子在小学阶段要向学校缴纳4800元的借读费，除此之外不存在与城市户口入学儿童的差异。不少孩子的家长表示，并不是交钱就能入学，更加关键的是要找到一个有这种能力并愿意帮助孩子上学的人。而这一点往往使大多数家长处于难以克服的困难之中。现实情况和我对这一问题的感知存在很大的差距，在我的认知中，这些问题已经得到了解决！现在看来，真正的社会变革还没有真正开始，最多只能说正处在孕育之中。写在文件中的规划和领导的工作要求变成现实，还需要在相关的各个环节上进行切实有效的制度设计。

对我国来说，发展基础教育的主要任务是提高质量和优化结构，巩固和扩大现有的教育成果，重点解决办学条件、师资队伍建设等突出问题。但是,基础教育的特征决定,基础教育的使命是奠定人力资本的基本知识素质,而对于人力资本的形成只具有间接的作用。

### 2. 发展职业教育

随着经济结构的变化,经济发展对要素结构提出了新的需求,技能型劳动力倍受青睐。温家宝总理在2005年全国职业教育工作会议上曾经说过:“大力发展职业教育,是促进社会就业和解决‘三农’问题的重要途径。促进社会就业,必须发展职业教育,普遍提高城乡劳动力的就业、创业能力。大力发展职业教育和技能培训,能使广大农民适应工业化、城镇化和农业现代化的要求。”在这一背景下,催生了我国职业教育发展的又一次高峰。从职业教育的发展路径来看,城市职业技术教育体系的形成大致有以下几种途径:原来基础较好的省、部属的中专学校陆续发展成为职业技术学院;原来市及其专业局所属的中专学校发展成为职业技术学校,这一个庞大的群体被不少省区纳入“联合大学”的旗帜之下;原来从事基础教育的中学转而从事职业教育。对于前两种形式,由于其被纳入了普通高校的招生渠道,生源问题不是其发展中的突出问题,但其主要问题在培养过程,这些学校中的绝大部分虽然名义上是职业技术学院(校),但实际上在办学理念、教学方法、资产结构、师资队伍等方面并没有实现向职业教育的转变。在这种情况下培养出来的学生处在一种“上,上不去;下,下不来”的状态,上,基础太差,经不起任何形式的竞争;下,缺乏技能,同时还存在心理障碍,有大学文凭,拉不下架子。对这一部分学校的发展应该采取一种“沉底”战略,学校生存的希望就是培养技能型人才,知识需要但够用就行,让学生的绝大部分时间都处在劳动技能的熏陶之中。这类学校的现状是教育资源的一种巨大浪费,是教育体制支撑了这种局面,如果将这一部分推向市场,市场就会形成一种外在压力,技能资源才可能被挖掘出来。

中等职业技术教育由于其布局广泛,在职业教育体系中占有重要地位。中等职业技术教育倒是不存在高等职业技术教育的“悬空”状态,从这一点来说,这一体系可以实实在在地培养出技能型人才。但在发展中也存在一些影响其职能正常发挥的问题,主要表现为:教育行政系统不顾实际制定超越现实可能性的中等职业技术教育的发展规划,各地为完成招生任务出现恶性竞争;办学者和学习者存在认知错误,依然认为中职学生是经过层层筛选淘汰下来的学生，一些从事中职教育的人甚至将自己说成是“破烂王”，这种认知很难使其真正地投入工作；办学资源短缺，地方财政只能解决工作人员的工资，学校运转费用几乎全部依靠学费收入，学校实训基地小，工位欠缺，实验实训设备短缺；教师队伍不稳定，教师从事职业技能教育的能力缺乏，信心不足。对于这些问题的出现，存在一个引导和管理的问题，一种挥之不去的感觉是，在我国的经济和社会进程中，一提发展，就一哄而上，没有供求概念，没有持续性概念，没有质量概念。这种现象的根源还是在于体制，这种体制具有直接动员社会资源的能力，同时决策者不对其行为负经济或者是社会责任，这一现象只能在这一机制下出现。除了体制性原因之外，还可以将这一现实理解为一种市场现象，在这一阶段上，是价格上升引起供给上升的周期，在现实的供给形成之后，需求方会在大量的供给中进行选择，此时就会形成一种社会结果——优胜劣汰。值得注意的是，千万别将政府干预的手毫无选择地运用，只要在这一问题上能够把握得好，职业技术教育就能逐渐步入健康发展的轨道。

### 3. 发展高等教育

高等教育基本上布局在城市，但其发展和农村人力资本存在密切关系。在现实的城乡格局中，虽然每一个接受过高等教育的人都不愿意回到农村，但从动态视角观察，这一状况必然逐渐发生变化，引起这一格局发生变化的原因大致是：农业发展需要对农村人力资本结构作出调整、农村环境正在向着有利于人居的方向变化、新农村建设的深入将提供更多成就事业的机会、交通条件的改善会相对缩短城乡之间的空间距离、工农业之间的产业互动必然引起城乡间的劳动力流动、城市中的就业压力增强。我们不能想象，农村发展所需要的人力资本仅仅依靠农村人力资本的自然成长会是一种什么结果！在现实的状态下，我国农村生产力的发展离开城市和工业的支撑将遥遥无期！

高等教育在一国人力资本培育中扮演重要角色。但是，我国高等教育在取得一定成就的同时还存在一系列与这一角色不相匹配的问题：权力高度集中，学校被动应付，人才培养模式单一，难以形成特色；重视数量，轻视质量，一些高校学生数量急剧膨胀，忽视内涵提升和内部管理，而少数名校以较小的数量扩张保障了名校的声誉；重视经济效益，忽视社会效益；重视眼前,忽视长远,学校的持续性发展能力弱化;内部管理粗放,激励机制扭曲,约束机制缺乏,内耗严重。我将这些问题的根源归结为教育体制改革问题,而教育体制改革的滞后又同改革惰性和高等学校的扩招效应有关,相关内容中曾经涉及这一问题。

在本书的写作过程中,我给本科毕业班学生开设了一门选修课——中国经济专题研究,两个学期选修的学生数量都超过120人。根据我的理解,这门课的开设目的是让学生更多地了解中国经济,开阔学生视野,接触研究问题的基本方法和思路,为将要开始的毕业论文写作做铺垫。基于对这一课程的把握,我设计了一个教学环节——安排4~5节课的时间让学生到讲台上来讲经济问题,每一个学生五分钟时间,选择任何一个你感兴趣的经济问题谈你的所思所想。应该说这一安排具有相当高的自由度,也不存在很大的难度。据此安排,这个过程将让40~50位学生可以有发言的机会,对这一问题我没有采取直接决定发言学生的办法,而是让学生主动报名,虽然我事先有心理准备,但结果是没有一个学生主动报名,这令我相当失望。我在想,是什么教育路径形成了这一格局?不愿想、不愿说、不愿意表现自己、不愿意接受老师提供的锻炼机会,而只被动地接受,这种教育模式下培养出来的学生能在多大程度上具有自己的思想,其创造力又能达到什么程度?面对只愿意听的学生,相当数量的老师会选择顺其自然,就这样年复一年地持续着。是基础教育阶段的持续,还是大学教育阶段的养成?是教育方法?是公众习俗?是民族文化?还是青年心理?

### 4. 农村人力资源培育的市场途径

市场除了众多的功能之外,还有一种资源开发功能,这种功能通过市场价格机制加以实现。如果一种要素在要素结构中处在短缺状态,该要素的价格就会上升,从而引起提供该要素的生产者加大投入生产该要素的经济资源,另一种形式是激励替代要素的出现。

市场资源开发功能还可以通过企业来实现。出现一种要素短缺的时候,企业存在以下几种方式选择:接受要素价格的上升,企业因此为获得合格的要素支付更多的生产成本;自己直接生产该要素,在本问题中就是企业依据对技能型人才的数量和质量需求开办职业技术教育;上述两种形式的结合,企业利用社会现有的教育资源采用联盟形式获取所需要的生产要素。

使用新制度经济学的交易费用范式理解这一问题，第一种形式是通过市场形式获得该要素，这里的主要问题是现有的职业技术教育体系是否能够满足企业对该要素的需求；第二种形式是通过企业这一组织形式获得该要素，此时面对的主要问题是企业办教育相对于专门的教育实体具有经济优势吗？企业办教育除了资源的投入之外会对企业现有的经营目标发生不利的影响吗？这种多元化选择在战略层面上是可取的吗？第三种形式是介于市场和企业之间的一种选择，这种选择的关键问题是两者所建立联盟的稳定性，以及使用这一方式输出的要素是否能够满足企业的需要。现实可供选择的方式一旦确定，企业就会在这些选择方案中作出选择，考虑到中国现实的市场环境和企业发展的长远性问题、全局性问题，第三种方式可能具有较大的吸引力。

具体到实施过程，就是校企合作模式，此中的“校”大致有以下几种类型：专门的农业院校、教育体系中的涉农学科、农业职业技术教育专业性学校、职业技术教育中的涉农专业。他们是供给者。合作模式中的“企”主要是指具有一定规模的农业生产企业和与农业具有产业关联的企业形式，如从事农产品加工、农产品储运、农业产前和产后服务、农业技术开发等环节的企业。

就校企合作模式的实施而言，目前的不均衡性问题较为突出，主要表现在企业一极偏弱，这种状况的形成自然和我国农业生产的基本组织形式、农业发展水平有关，分散的、小规模的农户经济不会产生对农村人力资本的需求。校企合作模式的瓶颈约束主要表现在这里，而突破这一瓶颈的现实选择是培育需求。

农村人力资源形成的另一种形式是就业均衡。就业均衡来源于市场理念，虽然劳动力市场还存在问题，甚至一些问题还相当严重，但劳动力市场的形成构成了我国经济市场化的一个重要组成部分。面对中国的现实和世界性经济衰退的困扰，就业问题从来没有像现在这样引人关注。依据资料，我国正处在一个新的劳动力增长高峰，“十一五”时期新增劳动力供给5000多万人，其中的高校毕业生数量可能持续增加。但在此期间，劳动力就业岗位只能增加4000万个，供求缺口大致为1000万个。另一个十分现实的问题是，随着经济结构的调整，经济增长对就业的带动作用呈现出稳定的递减趋势：“九五”时期经济每增长一个百分点带动的就业增加量为94万人，“十五”时期下降到80万人，“十一五”时期的2005年下降到63万人。[①] 不仅如此，我国经济持续高速增长的压力越来越大。这一现实足以彰显就业问题的严重性，难怪《南风窗》将这一专题的总题目设定为《对抗失业的战争》。

在我国的现实国情下，就业问题还有一个不能忽视的视角——城乡之间的就业格局。这一格局中的基本现象是“宁要城市半张床，不要农村一套房”，这种现象的延续最终必然演化成巨大的城市就业压力——工作难找、不稳定、工资低，同时还要承受较高的生活成本。在此格局下，农村自然会成为一些人现实的就业选择。人力资本在市场机制的作用之下通过城市的溢出流向农村。就现实而言，城市固然在很多方面优越于农村，但这种优势通过市场机制的作用将留在城市的竞争引向极端，从而使一些人不得不放弃其城市偏好，从而出现了一种表现在空间结构上的“就业均衡”趋势。虽然这一趋势不可能在短期内弥合城乡之间的就业失衡，但却可以减轻城市的就业压力，同时也为农村搭建了一条人力资本的输入通道。

### 5. 农村人力资本培育的社会途径

人们已经充分地认识到，中国的经济和社会发展难以在既定的轨道上持续推进，城乡一体化发展正在以多种路径加以实施。在这一背景下，农村人力资本培育自然成为这一进程中的组成部分，社会应该采取多种形式为农村人力资本的成长创造条件，向农村输入人力资本，以此适应于农村经济发展和社会事业的发展。

“大学生村官工程”是江苏省从2007年开始实施的一项社会工程，2007年，江苏省选派1011名大学生到经济薄弱村任职，2008年在取得经验的基础上又扩大了选派规模，选派人数增加到1600人，并决定以后连续四年保持这一数量。新华日报为此发表了评论员文章——《到新农村建设第一线建功立业》，该文章指出了实施这一工程的政治意义、对干部成长的作用、实施这一工程的初步成绩，并在操作层面上提出了要求，指出：“要以改革创新精神做好这项工作，努力实现党组织满意、农民满意、大学生满意的目标。要实行公开选聘、竞争择优，让整个选聘工作在阳光下运行，确保把有志向、有热情、有潜力的大学生选拔出来；要根据大学生的服务意愿和专业特长，帮

① 杨军．多重因素推高失业洪峰[J]．南风窗，2008(23)．

助他们尽快熟悉情况、进入角色,鼓励他们发挥优势、大胆工作,引导他们扎实工作、开拓进取;还要制定和落实激励保障政策,加强跟踪管理和服务,妥善安排到村任职大学生的工作、学习和生活,为他们开展工作创造良好环境和条件,让他们下得去、用得上、干得好、留得住。"

这就是说,江苏省实施的这一工程已经有两年的时间,在农村第一线工作的大学生已经有2600多人,半年之后这一数量将增加到4200人。我在想,他(她)们过得还好吗?工作的适应性程度、和农民的关系、对自身工作的价值评价、安心工作的状态、对农村发展的推动作用等方面的情况到底如何?起初到农村去的雄心壮志还在多大程度上存在或者增强?从这件工作本身考虑,我关心其持续性评价,更关心其经济和社会发展效能评价。基于这些考虑,我正准备申报一个江苏省的社科研究课题,对这一工程的实施效果进行研究,找出存在的问题,提出针对性的改进意见。或许,十全十美是不现实的,但愿这些预见和期待能在较大程度上成为现实。不论现实情况怎样,这一工程都是江苏省在推进城乡一体化和新农村建设事业中所实施的一项制度创新,这一举措为极端缺乏人才资源的农村增加了人力资本。[①]

产业互动及由此带动的要素的社会性流动是农村人力资本培育的另一种社会途径。从产业层面观察,中国经济和社会发展失衡主要表现在工业和农业的融合度低,工业自我发展而不是为农业服务,由此出现工业化水平高、农业现代化水平低的格局。这一方面限制了工业发展的市场动力,又使农业不能得到技术支持。如果我们换一种思路,构造一个社会框架,使工业和农业在这一框架中建立起稳定而持续的产业关联,将会出现一种"双赢"的结果。在这一过程中,必然促动各类要素在城乡之间和工农业之间的社会性流动,其中的劳动力要素的流动既是农村人力资本的形成过程,又是其他要素输入农村的支撑性条件。

---

① 党国英认为:大学毕业后不必要去农村做村官,至于研究生毕业,就更没有必要了,除非他们有极为特殊的偏好。作为一种个人行为,我对他们的选择表示敬意,但作为一种社会提倡,我并不赞成大学生大规模地去农村做村官。他提供了两个论据:中国农村的进一步发展固然受到农村教育水平低的制约,但最重要的制约却来自农村生产资源配置的低效率和体制缺陷;大学生在农村无用武之地——火车跑得快,全靠车头带,可是,如果没有铁路,车头有什么用?农村发展的"铁路"要靠高层决策者来修筑。见党国英. 大学生到农村中去能做什么[J]. 中国社会导刊,2005(17)。

### 6. 农村人力资本培育的职业历练——边干边学

农村人力资本就其技术层次而言可以区分为两个层次:前沿层次方面的农业技术和一般技能型方面的农业技术。前者的技术含量较高,投资门槛高,需要借助于农业技术的研究和实验设备,从事这一工作需要专门的长时间的学习过程。这一部分在数量上只占农业技术领域的很小部分,但其重要性事关农业产业的长远性发展;在机制上,这一领域中的技术供给可能因为技术障碍、投资障碍和技术市场的发育等方面的问题,难以依靠市场机制获得;在组织形式上,这一领域最为关键的是体系的完整性,自上而下形成相互支撑的农业技术研发和创新体系。从这一特点来看,满足这一层次的农村人力资本必须依赖于国家的一系列制度性安排。因此,这里所讲的职业历练只能适应于后一种层次,它是依靠"边干边学"培育各类人力资本的机制。

职业历练之所以出现在我的研究视野中,主要来源于我对一种现实的感悟。农村中有相当数量的孩子,在初中阶段就已经失去了考上大学的任何希望,此时家长应该做出什么决策?一个基本的现实是,进入各类技术学校学习一门技术是一种选择,但学习的时间一般为3~4年,学费、书费、实习材料费和生活费大约需要4万元,更为关键的一点是学完之后还需要自己找工作,至于收入水平则是后续性问题,家长已经对招生单位"包工作"的承诺失去了信任。在权衡了多方面的因素之后,相当数量的家长选择放弃到技术学校学习,而让孩子过早地步入社会,选择就业。在步入社会的初始阶段,一部分人并没有技术概念,随便在哪一个行业里找点事情做。这一经历会逐渐积累起一个强烈的信号——学一项技术才能安身立命。至于学习技术的途径则极其广泛:经过短期的职业培训进入相关领域就业、选择有一定技术含量的工种就业、找一位信得过的师傅学习技术,等等。职业历练由此开始。在现实生活中,经常可以看到一个出去时几乎什么都不会干的孩子,几年以后居然变成了一个熟练工人,甚至成为可以独当一面的技术能手。在我国的现实状态下,这种情形主要出现在工业和服务业中,而不可能出现在农业中。

职业历练可以以相同的方式在农业领域中出现,但其前提是农业生产方式由目前的农户型农业转变为企业型农业,此时农业企业中的技术统一性和生产过程的标准化将为职业历练的成效提供保证。通过职业历练形式培育农村人力资本可能相对于工业领域而言具有成本更低、更加便捷的特点。这一形式的出现和发展也同我国职业技术教育体系的发展现状有关，职业技术教育的成本越高、培养质量越差、与经济和社会发展的需求相差越远，人们就会越来越多地转向其他替代形式，职业历练在人力资本培育中的重要性就越突出。

# 第十二章
# 农村生产力发展的体制支撑

在几十年的发展历程中，经济体制对生产力发展的作用已经为人们充分认识。虽然人们对发展过程中存在的诸多问题耿耿于怀并期待着社会进程中能够解决这些问题，但绝大多数人亲身体验了改革开放前后中国所发生的巨大变化。在这一现象背后，经济市场化功不可没，市场经济体制为社会的进步提供了不竭的前进动力。在这一进程中，存在着发展的不均衡性，我国农村生产力发展仍然处在较低水平。此时，一个新的任务摆在中国面前：体制变革的基本指向必须转向协调发展、全面发展和可持续发展。鉴于体制和发展的内在关联，农村生产力发展必须建立与之相适应的体制基础，此中必然涉及体制变革的一般性问题和与农村生产力发展相关的特殊性问题。

# 一、经济体制变革和生产力发展

从1979年到2007年，中国国内生产总值的年均增长速度达到9.8%，在社会转型的背景之下，这一成就无疑创造了现代经济发展的奇迹，国人自然体会到了由此带来的深刻变化，同时也得到了国际社会的高度认可，世界银行曾对此评论道："中国只用了一代人的时间，取得了其他国家用了几个世纪才能取得的成就。在一个人口超过非洲和拉丁美洲人口总和的国家，这一成就是我们这个时代最令人注目的发展"（世界银行，1997）。经济发展自然是一个社会过程，众多因素促成了这一结果，但在这些因素中起决定性作用的因素只能是经济体制的变革，这一过程中所发生的体制演化构成了经济增长的制度性框架。[①] 在这一经济现象背后一定存在着支撑中国发展的改革特质，总结经济体制变革的成功经验事实上就是揭示这些特质性规定，以此获得对未来改革的有益启迪。

## 1. 以发展生产力统一思想协调行动

我们不能选择历史，而只能面对历史。中国在半封建半殖民地基础上建立了社会主义制度，我们曾经虔诚地相信社会主义制度是生产力发展和社会进步的充分条件，既然如此，变革生产关系就成为推动社会前进的主要手段。中国在这一轨道上运行了30年，其结果是社会主义制度不断受到来自落后生产力水平的严峻挑战。

---

① 在社会的不断发展过程中，我们逐渐体悟到体制的系统性：经济体制、政治体制、文化体制、社会体制。在改革的起点上，经济体制和政治体制较早地进入了人们的视野，但在改革优先序的选择上我们只能首先选择经济体制改革，政治体制改革是在经济体制改革已经具有较大推进并意识到政治体制改革对经济体制改革的制约作用之后才提到改革日程上来的，但由于政治体制的特殊性，不论从哪一个方面讲，政治体制改革的滞后性都表现得相当明显。客观地讲，现实经济和社会生活中的很多问题都可以由此得到解释，当然这也构成了今后改革的一项主要任务。因此，现在已经被高度重视的政治体制改革、文化体制改革和社会体制改革可以理解为经济体制改革深入推进的催生体，这也是我在该问题中主要讲经济体制改革的原因所在。

改革就是在这一历史背景中启动的。或许,前一个30年是一笔财富,当面对现实的经济和社会问题时,经济发展落后曾令我们束手无策,一筹莫展。正是这种强烈的历史记忆,使我国的后30年始终咬定经济发展不放松,“姓资姓社”、“姓公姓私”、“反和平演变为中心”、各种国内和国际事件等都没有使我们在这一问题上发生过动摇。30年后的今天,中国已经成为世界第四大经济体。中国是一个大国,且又处在制度转型期,各种历史遗留问题和发展中的问题相互交织,如果在这些问题上稍有不慎,极有可能偏离发展主线。真像走钢丝,中国到达了一个阶段的终点,但这一过程却充满不确定性。

选择发展生产力作为始终不渝的目标源于一种最为简单而朴素的理念:任何社会的发展都必须建立在生产力发展的基础之上,为社会的进步提供物质基础,并且生产力的发展过程都必须亲历亲为,不能依靠外部输入。既然必须做,必须自己做,锚定生产力发展就一定能够获得积极的社会回报。这一方向确定之后,剩下的就是如何发展生产力的问题,在操作层面其包含的问题更加广泛:经济体制选择、所有制制度、分配制度、对外开放、国有企业改革、政府职能转变等。从发展生产力的社会效能来看,人们可以通过种种途径感受到生产力发展的物质成果,这种反馈机制对于形成稳定的社会环境、改革力量的积聚和生产力的持续发展具有积极意义。

对于中国来说,发展生产力的任务远远没有完成,现在面临的任务是总量提升和结构优化的统一,城乡之间的发展差距、区域之间的发展差距、产业之间的发展差距依然是生产力水平进一步提升中的瓶颈,经济国际化迅速发展背景下的经济增长更加复杂,不确定性上升。在发展生产力问题上不能有丝毫的松懈,社会应该在更加广泛的领域内以更加深刻的经济和社会变革为生产力的进一步发展创造条件。①

## 2. 以“渐进”形式实施改革

中国的改革是在经历了“十年内乱”之后展开的,当时的局面是“国民经

① 在现实的社会语境中,生产力发展的重要性并没有受到削弱,结构性问题之所以被提升到重要地位,是因为结构性问题已经成为制约生产力水平提高的决定性因素,致力于结构性问题的解决就是为生产力的进一步发展开辟道路。事实上,实施城乡一体化发展战略、调整分配关系、关注弱势群体、构建和谐社会都可以在这一意义上得到解释。这是因为在不同的发展阶段上,决定生产力发展的主导性因素是不同的。

济已经到了崩溃的边缘”。中国人领略了急风暴雨式的社会运动究竟给社会带来了什么后果，整个国家在这种局面下已经经不起任何形式的社会震荡。因此，我将中国改革进程中的渐进首先归之于历史的教诲。

另外，中国改革进程中的渐进性和中国改革的政治框架有关。在改革初期，我们就明确地提出改革是社会主义制度的自我完善，这样，改革必须坚持与社会主义制度相适应的基本的经济制度和政治制度，其中的很多方面虽然在内涵上发生了重大变化，但这些基本方面依然存在，如经济制度中“公有制为主体”、“按劳分配为主体”，政治制度中的“人民代表大会制度”、“中国共产党领导下的多党合作制度”等，仅有经济制度中的“计划经济”完全被市场经济取代。在这种格局中，经济体制改革不可能从传统体制的核心部位开始并一步到位，而只能由表及里，逐步推进。表现在改革实践中，改革由农村逐步转向城市，国有企业改革由政策性调整到企业制度建设再到国有经济布局的战略性调整，产业层面上的改革由一般性竞争领域到垄断性领域，体制系统中的改革由经济体制改革逐步转向政治、文化和社会体制的改革。

在改革实践中，渐进式改革通过“边际性适应”机制不断扩大改革领域，并实现改革由浅表层次向深层次的推进，这一过程中的思想适应为改革的持续性推进提供了稳定的社会环境。

我将渐进式改革视作在中国特定历史背景和特殊国情下的一种现实并取得较好改革成效的改革方式。从方法论上讲，渐进式改革不是一种人为事先设定的改革方式选择，或者说，渐进式改革在中国的实施具有历史和现实的必然性。这就是说，一个国家应该实施渐进式改革应该实施还是激进式改革，取决于这个国家特定的历史背景和现实条件。从这一点来说，不存在哪一种改革方式比另一种改革方式更为优越的必然性，一个国家一旦步入某种改革路径，它会同时收获该种改革方式的长处和缺点，也会在避免另一种改革方式缺点的同时失去另一种改革方式的优点。因此，人们当然可以对改革方式选择的成效作出评价，但我更加倾向于静观其变，看一看实施某种改革方式的国家能不能成功地解决由这种改革方式产生的负面效应。因为产出和产出之间的比较在不考虑成本的情况下往往是没有意义的。

不像发展生产力那样整齐划一，缺乏选择的余地，过去、现在和未来都要致力于生产力的发展，各个国家和地区都要进行生产力竞赛，差别只是在于发展生产力的具体方式和不同成效。改革方式的选择给了我们更多的选择空间，过去是渐进，未来一定要循着这一改革方式前行吗？城市改革是渐进，农村改革可以在改革方式上有所突破吗？一些领域的改革是渐进，其他领域甚至某些领域中的某些环节可以实施一步到位的改革吗？其实，人们更愿看到渐进式改革和激进式改革交互存在的场景，在各自适合的领域中各显神通，既最大限度地发挥两种改革方式的长处，又最大限度地避免两种改革方式的弊端。毕竟我们对改革的规律性和经济社会发展有了更加充分的认识，同时也面临和改革开放初期不同的经济和社会环境。

### 3. 以“对外开放”助推“对内改革”

改革开放始终密不可分地联系在一起，我们一直将“改革开放”视作一个整体，并将此作为中国步入新时代的开端，而对两者之间的内在联系挖掘不够，这影响了对对外开放社会价值的认识。

就其本义来讲，“改革”主要是指对内改革，而“开放”主要是指对外开放。从两者的联系来看，对内改革需要对外开放，对外开放也需要对内改革。这事实上是一个制度匹配问题，与计划经济体制相一致的对外政策取向是对外封闭，撇开当时的国际环境不说，对外封闭是计划经济体制运行的一个前提条件，如果此时的系统是开放的，众多经济变量的稳定性就会遭到破坏，就会形成对计划经济的冲击；与市场经济体制相一致的对外政策取向是对外开放，如果此时的系统是封闭的，市场机制资源配置的功能就难以施展。

从实践效果来讲，对外开放首先有一个自身的改革问题，需要在理念、体制、行为方式、技术性接轨等方面进行适应性调整，不然就会“南辕北辙”，不得要领。除此之外，更加重要的是对外开放对国内改革的助推功能。

第一，抑制体制惯性的持续性作用。中国在计划经济体制的轨道上运行了30年，已经形成具有强烈刚性的社会架构和“文化品质”。在现实的背景下，中央作出改革开放的决策并不意味着社会的思维方式和行为方式的转变，此时最容易出现“陷阱效应”——不知不觉中进入旧体制的框架之内。“路径依赖”似乎可以对这一现象作出解释。此时，社会需要推出一种“参照物”，在比较中使人们警醒，让人们意识到原来的思维、行动和结果既不是唯一，也不是最好。这种参照物是一种诱导人们走出既定状态的外部力量。

我在大学一年级的时候，曾经聆听了陶大镛教授的一次学术报告，他到国外访问，看到资本主义国家的工人不再是《资本论》和《英国工人阶级状况》中描述的那种状态，提出对这一问题进行重新认识的观点。之后的教科书逐渐将工人阶级的绝对贫困化理解为在特定经济和社会环境中偶尔发生的现象。如果不是对外开放提供了这一参照物，我们对资本主义的认识还会在一个较长的时间内停留在“想当然”的状态之中。

第二，利用国内外市场经济发展差异的势能。在开放之初，我们还没有明确中国的未来方向，只是朦胧地认为中国在原有轨道上继续前行肯定没有出路，至于怎么办，谁也不知道，那就“摸着石头过河”。但我们始终明白，不论未来怎样，发展生产都是对的，于是发生了农业经营制度的变革和后续的工业生产的制度性调整，这一时期对外开放的主要内容是引进技术、资本和管理。这一社会进程催生了市场，并使人们体会到市场的力量，经过十几年的探索，诞生了市场经济体制目标模式。此时，中国找到了构建社会主义市场经济体制的“模板”。市场经济是资本主义的本源体制，即使是在现代市场经济中，作为市场经济体制的一些基本规定性依然存在，资本主义在其几百年的历史变迁中使这些基本规定性得以最终确立，同时使这些基本规定性发挥作用的社会基础和制度环境更加完善。在实践中，市场经济体制框架的建立和体制的不断完善是中国依据自身实际推进体制变革和学习市场经济一般规定性两者相结合的结晶。

第三，为改革注入持续性的动力。改革是一项长期的历史任务，其中有广度方面的问题，也有深度方面的问题。由此决定，改革不能停留在某一领域之中，在首先选择的改革领域取得预期成就之后，应当适时将改革转向其他领域，具体地说，经济体制、政治体制、文化体制和社会体制都必须实施改革，在序列安排上可以有先有后，但绝不存在任何一个方面可有可无的问题；改革可能选择从浅表层次开始，但绝不能停留在浅表层次，因为不触及实质性问题难以取得体制的根本性变革。在这一过程中，改革必然涉及社会结构和利益关系的调整，人们对改革的态度往往更多地取决于改革所产生的利益取向，一些问题的最终解决又难以在短期和长期之间实现统一。这样，改革过程事实上是一个充满矛盾的过程，面对这一现实，极有可能出现对改革不利的政治格局，或改革备受非议，或改革被迫停止，或改革推进缓慢，甚至出现改革的倒退。在此情况下，对外开放事实上扮演了“标杆”角色，在迟疑不决的状态下，“路在何方”的诘问最终会导向对先行国家的审视——停步没有出路，改革是解决问题的最好良方，唯有负重前行，锐意改革！

经过几十年的体制变革历程，社会对开放的理解更加真切，开放已经转变成人们的自觉行动，开放所产生的经济发展效应、社会的信息机制、经济和社会活动的交易模式等使开放成为人们基本的内在需求。未来中国的经济和社会发展将在更大程度上依赖于中国经济和社会体制的开放性。

### 4. 以鼓励创新的基调推进改革

回顾30年的改革历程，改革的进程就是一个活生生的创新过程。只要比较一下改革起点和当今经济和社会运行的基本机制，我们就能真切地体悟到在我们国家所发生的本质性变化，其中任何一个方面的进展都是依靠创新的累积，而每一步创新都首先起源于实践的创造。

既定体制和经济社会环境中形成的价值观念和行为方式往往带有极强的“黏性”，这一特征经常将现实的经济和社会事务囿于原有的框架之内，以前怎么做，现在以至于未来还会这么做。问题在于，在特定环境中有效的制度框架会随着时间的推移而降低甚至失去其效能，制度调整的滞后性决定了不能对制度进行及时性调整，此时的基本格局是：从一个新的制度付诸实践到对该项制度实施调整之前存在一个“效率损失”的周期，在这一周期中，“效率损失”随着时间的延长而逐渐增加。或许，由这一运行轨迹产生的“效率损失”是无法避免的，但具有主动意识的经济活动主体会利用其信息优势尽可能地减少这一过程中的“效率损失”。大概现实经济活动中广为人知同时也是广为人用的“擦边球”就是体现这一机制的经济行为。

至今为止，“擦边球”都是一个难题，即使是顶尖级的运动员在绝大多数情况下都束手无策，因为“擦边”导致运行轨迹的不规则变化。此时，出现了一种备受争议的话题——打“擦边球”是值得倡导的吗？对此持否定观点的人认为，这种行为超越了制度边界，如果听任甚至鼓励这种行为，经济和社会秩序就会发生混乱；对此持肯定观点的人认为，这种行为没有超出既定制度的边界，至多只能说处在若即若离状态，社会应该对此行为给予较大的宽容。我认为，如果对“擦边球”不鼓励的话，至少应该认可。事实上，鼓励“擦边球”并不会导致人们转打“擦边球”，一个专事这种行为的运动员永远没有取胜的机会。

从经济观点来看,“擦边球”是一种创新行为模式,试想,如果一个经济活动主体始终完全地循规蹈矩,它就难以摆脱“效率损失”的困扰,它可能在一定时期内有所成就,但却始终难以引领经济发展和社会进步的潮流。或许,在此过程中可能遭遇风险,可能走得太远,甚至出现一些不利的社会后果,但社会既不能也不应对此行为采取打压的办法,而应给予更多的宽容和理解,同时实施社会规制,鼓励创新,将这一过程中可能发生的负面影响降到最低限度。

依据这种机制分析,创新往往最早发生于底层,是在实践过程中找到了更加有效的替代方法。因此,鼓励创新首要的是尊重人民群众和底层社会的创新精神,不打压,不主观武断,不过早下结论,让实践说话。在实践已经证明有效的领域中,客观地进行理论总结,加以系统化,并上升到国家意志,通过强制性制度变迁形式推进制度变革。

在现实的背景下,社会变迁具有以往任何时候都无法比拟的全面性、深刻性和复杂性,由此决定制度创新具有更大的空间,同时完成这一时期的经济和社会发展使命也更加依赖于制度创新。①

## 二、涉农领域体制变革的未来走向

从本质上讲,我国的改革已经步入一个新的阶段,这一阶段的突出特征是任何单项改革都应该在全局视野中加以规划和展开。从这个意义上讲,涉农领域中的改革和总体改革不可分离,但在新的背景中,涉农事项仍然具有其特殊性,沿着这一思路我们可以探求该领域中体制变革的未来走向。

---

① 我将中国经济体制改革的特质性概括为以上四个方面,这既不能显示其全面性,也不能揭示其深刻性,但我认为,这几个方面构成了中国经济体制改革的核心特质,并对我国未来的改革和经济社会发展具有长远意义。中国社会科学院经济体制改革 30 年研究课题组对中国特色经济体制改革道路概括为以下九个方面:注重发挥理论创新的先导作用、将第二次革命和社会主义制度自我完善相统一、以建立社会主义市场经济体制为目标、以渐进式稳步推进市场化、视发展为改革的目的、以稳定作为改革的保证、注重市场化与国际化之间的相互推动、推进全方位改革、注意发挥基层和领导层的合力作用。见中国社会科学院经济体制改革 30 年研究课题组．论中国特色经济体制改革道路[J]．经济研究,2008(8,9).

我们认为,判断未来改革走向的基本依据有两点:就近期而言,最迫切需要解决的问题是改革方向的决定性因素之一;就远期而言,改革的选择应该在改革体系的内在联系中加以确定,已经做了什么,已经做的事情处在什么状态,哪些方面的配合才能取得最好的改革成效。未来改革走向的确定是近期和远期的统一与均衡。

### 1. 持续推进城乡一体化方面的体制改革

在近半个世纪的发展过程中,形成了既定的城乡关系,可以说支撑这种城乡关系的所有环节都被制度化了,并且内化为人们的思维方式和行为方式,现实中被人们反复提及的众多现象是城乡关系制度化的表现形式。现实中存在一种现象,当一个城乡关系不平等的个案出现的时候,在公众和媒体的关注之下,这个问题得到解决。但是,这并不意味着所有类似的问题得到了解决,当类似问题再一次出现的时候,仍将面临不能逾越的障碍,第2个“他”乃至第n个“他”就没有第一个“他”那样幸运,众多的公民不得不屈从于既定体制,承担较高的成本解决其个人面临的现实问题。因此,在推进城乡一体化发展问题上,重要的不是现象,而是本质;不是某个人,而是每一个人;不是某一领域,而是全方位;不是赶时髦,而是持续推进。实现城乡一体化发展,必须根除城乡不平等的体制障碍。

在现实的城乡关系中,其基本格局是城强乡弱。由此决定,调整城乡关系的制度取向必须坚持扶弱原则,以此克服农民的自卑心理,勇敢地步入城市,在相对平等的环境中展开交易活动。其中重要的一点是准确地把握“度”,并在实践中进行适时的制度调整,以实现短期和长期的均衡。目前,可以选择以下几个方面进行并在取得经验的基础上在更宽的领域中扩展:增加农民在经济和社会事务中的参与机会,使农民实现由“接受者”向“参与者”的转变,中央已经提出逐步实现按照人口比例决定人大代表;清理现存的制度体系,消除城乡关系中的不平等条款,逐步实现城乡公民之间的起点平等和机会平等;建立与农村经济和社会环境相适应的农村社会保障体制,为农业生产方式的变革和农村社会的基本稳定提供基础;建立农村公共产品的供给、分配和管理制度,缩小城乡之间在教育、医疗等公共领域中的差异;建立具有社会公信力的社会机构,降低农民在职业选择、由农村迁往城市的成本和风险，并充分保障农民的选择自由。①

## 2. 农村社会组织体制改革

社会稳定一直是全社会高度关注的一个问题。改革开放以来，经济和社会格局的改变过程也是利益关系的重新调整过程，而这一过程中难免出现难以周全、一时不能解决的社会问题，这在制度转型的背景下是一种正常现象。问题在于，我们的社会是否具有正常的矛盾解决机制。

我注意搜集了2008年发生的具有较大影响的社会性事件：上海杨嘉袭警案、在不少地区连续发生的出租车罢运事件、甘肃省陇南冲击市委事件、奶制品"三聚氰胺"事件、东航飞行员罢飞事件、山西溃坝事件、深圳宝安区袭警事件，等等。这些事件中的一部分得到了解决，另一部分还面临繁多而复杂的后续问题。我想，现实中各级领导对社会稳定问题的重视程度可谓压倒一切，为什么还会出现这么多影响稳定的问题？这可能是社会组织的发育问题。在传统体制中，社会按照既定的制度系统安排各种社会秩序，但在经济市场化进程中政府不可能也不应该继续这一职能，而是应该将相当一部分职能让位于各类社会组织，通过其"自组织"机制解决问题，协调矛盾。但我们一直没有在这方面着意推进，甚至相当数量的人认为，这类社会组织的发育将对社会稳定带来不利影响。

虽然以上事件大多数发生在城市，但农村并不可以掉以轻心。农业发展和农民增收的问题并没有获得实质性突破；农民的土地权利在实践中经常受到来自政府的漠视和资本的剥夺；农业产业化过程中的农民合作经济组织和龙头企业的互助共赢机制还没有真正建立起来；农民还缺少表达利益要求的通畅机制，等等。因此，未雨绸缪是一种理性的选择，在农村建立起农民自己的组织对于农村的长治久安具有战略性意义，可以在缓解冲突、解决矛盾、协调问题等方面发挥政府组织无法替代的社会功能。

我们欣喜地看到社会体制改革在我国现实的改革中已经占有十分重要的地位。在"2007年十大改革新闻"中，有四条与社会领域的改革相关，在

① 四川省发展与改革委员会主任曾经撰文系统而详尽地介绍了四川在这一方面的探索。见谢洪．四川省以改革推动城乡协调发展［J］．宏观经济管理，2008(1).

“2007 年十大改革探索”中,也有五条与社会领域的改革相关。① 社会组织体制是社会体制的基本组成部分,在社会体制中处于核心地位。从现实的情况来看,中国社会组织的培育和发展已经成为当务之急,它是一种成本较低、不可替代的社会机制。社会性问题具有领域多、结构复杂、不可预见等特性,“自我解决”机制相对于集中控制具有明显优势,既然如此,何乐而不为呢?

### 3. 土地制度改革

鉴于土地制度在农村生产力成长中的地位,我们已经专门研究了土地制度问题。十七届三中全会通过了《中共中央关于推进农村改革发展若干重大问题的决定》,土地制度也是其中的核心问题,指出土地制度是农村的基础制度,提出了土地制度改革的基本构想。要将决定的精神落到实处,无疑需要正视现存土地制度中存在的问题,按照强化农户土地经营权权能的思路进一步挖掘土地的生产力。

前文研究中,总结了学术界关于农地制度改革的若干构想,并在评论的基础上提出了自己的观点。联系到中央在这一问题上的原则性部署,我认为,稳妥推进是中央制定土地政策的基本精神,这一考虑是基于中国现实国情和农村社会基本稳定。但是,依据现实而提出的制度性指向并不是土地制度的终结,活生生的实践和经济社会环境的变化孕育着土地制度进一步变革的土壤。当然,也不排除在有条件的地区可以进行土地制度变革的创新性尝试。有一种强烈的感觉,现在需要重点关注土地制度变革中的机制性问题,如土地流转,这一问题已经提出多年,但在实践中与土地流转相配套的制度性建设并没有建立起来,实现土地流转的数量也相当有限。学界围绕土地问题提出了一些具有建设性的观点。②

---

① 冯楚军. 中国进入全面改革阶段:2007 年度十大改革新闻与探索评选结果述评[J]. 中国改革,2008(1).

② 罗涛围绕土地的征用和管理提出以下思路:权限上收,实行总量控制——把土地征用审批权上收到国务院,规定每年由农业用地转化成非农用地的数量;统筹规划,次序审批——把对农业土地的需求按国家、省、市、县四级排序,坚持宏观优先的原则,先满足国家项目,再满足省级项目,依此类推;依法管理——对农业土地征用的补偿办法纳入法治轨道,切实保障农民的基本生存权和投资收益权;规范农村内部土地有偿流转——通过土地承包经营权有偿流转、相邻地块合作经营、土地置换等多种方式把地块集中起来,推动农业规经营。见罗涛. 从农村生产力的角度求索城乡二元结构的破解之路[J]. 中国党政干部论坛》,2008(1).

### 4. 农村公共产品体制改革

农业经营制度变革之后直至20世纪末期，农村一直处在“自我运行”的状态之中，农民可以将和自身利益密切相关的事项做得精益求精，这一点集中地表现在农民对承包土地的重视和农户家庭在劳动力资源配置上的精心安排，由此保证了我国农业的稳定增长。但另一方面，“各家自扫门前雪”的行为选择产生了农村公共产品严重短缺的现实，表现在：农业发展基础设施的短缺、农业发展技术支持体系极其脆弱、医疗服务在数量和质量方面的短缺、社会公共卫生体系尚未建立起来、农村教育发展落后、农村社会保障缺失。因此，在结构性思维处于主导地位的今天，这是结构性问题在农村内部的一种表现形式。十分明显，弥合农村公共产品短缺的缺口已经成为推进城乡一体化发展的当务之急。

公共产品的特性决定不能依赖市场机制解决公共产品的生产问题，只能通过“社会财产”形式为公共产品提供资源条件，在这一前提之下，还必须解决以下问题：中央政府应该在哪些领域提供全部公共产品？应该在哪些领域提供大部分公共产品？应该在哪些领域提供较少的公共产品？与此相适应就会得到一个地方政府在提供公共产品领域的职能界定，两者存在此消彼长的关系；是政府直接组织生产所应该提供的公共产品，还是政府按照一定规则实行间接供给，用公共资金收购公共产品，政府在此中充当质量控制者，而不是生产者？如果必须由政府来直接生产某类公共产品，仍然存在两种选择，是在生产组织中鼓励竞争，还是在生产组织中回避竞争？为了最大限度地提高社会公共资源的使用效率，如何尽可能地提高公共产品生产和分配过程的可稽查性？一定时期的国家资源投入总是有限的，在这一背景中应该如何确定公共资源在不同地区、不同行业之间的分配？公共产品的提供是一个连续过程，如何设定公共设施的运营和管理规则？公共产品具有投入大、周期长、连续性强等特点，构建一个公共产品的监管体制也变得不可缺少。这些都是农村公共产品体制所要解决的现实问题。①

### 5. 农村基层组织体制改革

在农村“自我运行”的发展格局之下,农村基层组织的重要性没有显现出来。当“自我运行”的局限性表现出来之后,人们发现很多事情不能离开农村基层组织,乡镇政府难以低成本地和众多的分散农户实现连接,由此提出了建设农村基层组织的任务。

在农业税取消之前,农村基层组织的主要功能表现在收粮收钱,在这一过程中,产生了较为严重的社会问题,出现了基层组织以至于乡镇政府和农户之间的对立情绪。农业税取消之后,在前一过程中出现的对立格局随之消失,这为有效地行使基层组织的功能提供了有利条件。这一时期基层组织的主要功能表现在社会层面,如农村社会事务的管理、农村公共事务的操持、国家和农户之间关系的纽带、国家涉农重大政策调整的具体实施、农业和农村基础设施相关事项的承接。这意味着,农村基层组织的职能在新的经济和社会环境下发生了根本性变化,与此相适应应该形成可以完成其职能的体制架构。

在早期阶段,农村基层组织的人员构成表现为原体制下的继续,一些能力较强、群众拥护的基层干部留任;由于农村工作的特殊性和那一时期矛盾多发,农村基层组织逐渐演变为由家族较大的人员构成;在经济实力成为主导性的“要素”之后,通过种种途径首先富起来的农民又逐渐成为其人员的主要组成部分。这些历史痕迹勾画出农村基层组织人员构成的政治轨迹。面对现实的需求,具有单项优势的人已经不能承担其农村基层组织的社会功能,其要求由单项优势向综合优势转变。值得欣喜的是,城乡之间正在发

① 山东省诸城市在这一问题上进行了有益的探索,较好地解决了政府公共资源有限和农村居住分散产生的一系列矛盾:其基本思路是探索一条既能让公共服务延伸到农村、为农民提供较高水平的服务,又能让基层政府能够承受、公共资源得到充分利用的路子;其基本做法是积极推行农村公共服务的社区化——按照规模适度、地域相近、便于服务和中心村有发展潜力的原则,在半径两公里左右、相近的几个村选一个中心村建立公共社区服务中心,形成集约化服务模式,把农民有需求、政府又能提供的公共产品延伸到社区,使与群众生产生活密切相关的公共服务项目在“社区”实现“一门式”集中办理;其基本模式是建立由“六站一中心”组成的公共服务体系——医疗卫生、社区环卫、文教体育、计划生育、社会保障、社区治保服务站和社区服务中心。见崔建平. 从体制机制入手推进社会主义新农村建设——关于诸城市农村体制机制创新的调查与思考[J]. 财政研究》,2007(11).

生的资源流动正在为营造农村基层组织的领头人提供更大的选择空间。除了继续在宏观层面上推行并完善诸如直选、村务公开等制度性安排之外，还要在基层组织人员的来源、经济利益、发展出路等方面进行进一步的探索，锻造队伍稳定、素质较高、具有社会责任感的农村基层组织。

## 三、与新的历史条件相适应的改革特质

中国依然具有极其强烈的改革需求。客观地说，30 的改革进程通过经济和社会体系的内在联系将几乎所有领域都纳入了改革的轨道，现阶段的改革需求主要表现为在已经启动的改革领域中还存在深层次问题没有解决，这种状况又因为启动改革的时间长短、改革的优先序选择、不同领域的特性等因素呈现出差异性。但是，之后的改革和之前的改革在很多方面存在差异，如改革的目标指向、改革的社会基础、改革的物质基础、改革的层次、改革的国际环境。我们认为，这些差异决定了在新的历史条件下的改革应该具有与这一历史条件相适应的改革特质。

### 1. 改革的独立性

改革的直接对象是体制以及与此相适应的思维方式和行为方式，之所以要进行体制改革是因为既定体制已经成为经济和社会发展的障碍。这就是说，经济社会的发展诉求是启动改革的直接诱因，在始点上改革是因发展而启动并盯住发展为发展服务。基于经济发展在当时的社会结构中具有的主导性作用，基于经济体制和生产力发展的直接关系，我们选择经济体制作为体制改革的突破口。经济体制改革的市场化取向最终定位于社会主义市场经济，是我国改革实践的科学总结，同时也是市场经济制度所蕴涵的强劲发展效能的集中体现。在经济市场化进程中，我们依据发展的现实需要不断提出促进进一步发展的改革思路：为培育市场经济主体，鼓励并支持多种所有制形式共同发展；为促进国有企业的发展，历经扩权让利、承包制、建立现代企业制度、国有经济布局的战略性调整；为规范市场经济秩序，提出依法治国；为满足市场化进程中对公共品的需求，提出转变政府职能，提高行政管理绩效，实施政府机构改革。

我们看到,改革开放以来,改革和发展一直密不可分地交织在一起:改革为发展营造思想基础和社会环境,奠定体制基础;发展不断提出新的改革需求并为进一步改革创造条件,促进改革的不断深化。人们往往将这一条作为改革开放30年历史经验中的重要内容。① 不论在哪一个层次上,改革始终都是围绕发展进行的,因发展启动改革,为发展推动改革,用发展检验改革。这在逻辑上不存在问题,尤其是在改革的初期阶段,改革的目的就是解放和发展生产力,改革就要为发展服务,改革的得失成败就要用发展的成果进行检验。

感性最为真实,同时感性又最容易使我们停留在感性层面。在现实的经济和社会进程中,改革充当了发展的工具,并且是一个最为有效的发展工具。同时应该看到,在这一现实的社会进程中,改革逐渐被边缘化了,成了一个被动的发展工具。回想一下改革进程,几乎没有任何一项改革是走在发展的前面,改革在为发展扫清障碍的同时不时地成为发展的制约因素,或发展难以持续,或消蚀发展的成果,或阻断发展的正常路径。因此,我认为我们一方面应该认可改革的发展取向,使改革服务于发展;另一方面应该跳出原有的改革模式,将改革当做一个独立的事业,依据体制的现状和体制内在的规定性设计并推进改革,使改革主动地服务于发展。

在肯定改革服务于发展的同时,我们隐约地感到改革被工具化了,使改革具有了一定程度的功利性色彩,由此产生了影响改革和发展的结果:

(1)改革滞后于发展。体制改革和发展的内在联系决定改革应该走在发展的前面,为发展清除体制障碍。现实是发展中感受到体制的阻碍,再着手进行相应的体制改革,这样必然使两者的关系处在“发展等体制”的状态之中。这种等待还会因为改革的特性而延长,改革需要对既定的权力结构

① 中国社科院经济体制改革30年研究课题组在其研究报告中,就将改革与发展的关系描述为“视发展为改革的目的”,并将此作为中国特色经济体制改革道路的一项内容。论述这一问题的概括性文字是:“改革开放30年来,我们始终以经济建设为中心,紧紧围绕经济发展进行改革,通过制度创新与调整为经济发展提供新的动力和活力,不断解放和发展生产力,并将经济绩效的改善和民众福利的改进作为改革得失成败的评判标准。在围绕经济发展进行改革的同时,还不断拓展与深化发展的内涵,并以此推动改革不断向纵深前行”。见中国社科院经济体制改革30年研究课题组.论中国特色经济体制改革道路[J].经济研究》,2008(10).在其论述中,“改革为发展服务”是两者关系的基本状态,至于“深化发展内涵”并以此“推动改革不断向纵深前行”只不过表现为发展倒逼改革罢了。

进行调整,需要建立基于新制度的运行机制,涉及利益关系的调整,由此决定体制相对于发展总是处在滞后状态。这也是改革应该超前于发展的理由所在。现实好像是并没有因为体制因素而限制发展,对这一现象的解释是改革并没有为发展开辟道路,而是改革始终处于发展的紧逼之下。

(2)肢解体制改革的内在联系。体制是一个体系,现实的体制改革不能同时启动所有体制的改革,甚至也不能在同一体制内同时启动所有环节的改革。但是按照体制之间和体制内部各环节之间的内在联系形成由点到线、由线到面的改革路径,无疑可以降低改革成本,加速改革进程。将改革视作功利性的工具,只有到"书到用时",方才感受到体制的障碍,才将这项改革提上议事日程。由于经济和社会发展的复杂性和不均衡性,使得现实发展的体制需求以极不规则的形式表现出来,由此出现"头痛医头,脚痛医脚"的改革状态,体制改革的内在联系被撕扯得支离破碎,由此提高改革的成本,降低体制改革的整体功能。

(3)弱化体制对现实发展状态的矫正功能。体制改革是一个旧体制因素的不断削弱和新体制因素不断成长的过程,在这一过程中形成的发展格局和体制格局存在逻辑上的对应关系,体制失衡必然发展失衡,发展失衡必有形成失衡的体制原因。我国的体制改革是由经济体制改革起步的,发展的体制性需求主要表现为经济发展对经济体制改革的压力,不论是主动推进还是迫于发展压力,经济体制改革相对于其他体制改革都是处在相对超前状态。这是我国经济发展成就突出而社会发展成就相对弱小的体制原因,也是产生经济社会结构渐趋失衡的体制原因。现实的体制改革进程以及这一过程中的功利性取向是造成经济社会结构渐趋失衡的实践原因。可以设想,如果在某一时点上我们完成了改革"锚定发展"向"为发展服务同时又超越当下发展"的转变,将改革视作一个独立的"工作板块",体制的均衡性就会有所上升,以经济体制改革为改革重点和改革功利性取向所产生的经济社会结构的失衡就会得到一定程度的校正。

走出改革功利性的可能性在于:经济社会结构的失衡状况已经为人们所充分认识,在经济迅速发展、人民生活水平普遍持续提高的条件下,为什么我们没有享受到与这一发展水平相适应的生活质量?为什么没有获得社会较高的满意度评价?为什么社会矛盾反而呈现出数量上升和激化的趋势?造成这一现实的根源在于改革功利性取向所形成的体制的结构性失衡；改革促进了发展，但是既定的改革并没有为发展建立起成熟而稳定的体制基础，发展还面临不少根本性的体制约束，发展对改革具有长期性需求，因此，使改革摆脱功利性，独立地设计和实施改革，将会改善体制结构，加快改革进程；随着改革进程的推进，体制内部的关联性逐渐清晰地展现出来并为我们所认识，现有经济和社会体制的改革为我们积累了丰富的改革经验，以此为基础，我们可以将改革视作一个独立的领域进行运作；改革是对利益结构的调整，现实的改革不应引起大的社会震荡，但改革过程中的改革成本是不可避免的，改革开放以来的发展为推进改革提供了丰裕的物质基础。

经济市场化进程为中国经济社会进程提供了不竭的发展动力，在中国现实的发展需求中，改革应该并且可以大有作为。依据发展的现实需要选择改革、实施改革是一种历史的选择，必然的选择，也是一种富有成效的选择。在新的历史条件下，摆脱改革的功利性取向，将改革作为一种独立的事业进行规划、设计、运作，将会进一步提升改革的发展效能。摆脱改革的功利性取向并不是改变改革的发展指向。

### 2. 改革的科学性

在我国的改革进程中，特别是在改革的起始阶段，几乎任何一项新制度、新机制的引入立刻就会显现出从未有过的生机，这一方面反映既定制度已经失去生命力，同时也显示出新制度所具有的制度优势。改革所具有的效能如此灵验，强化了社会的改革意识，增强了人们对改革的信心，另一方面也极容易置改革于粗放状态。只要改革的收益超过改革的成本，粗放的改革方式就有继续存在的空间，问题在于随着改革层次的深入、难度的加大，要维持改革的正效应就必须实现粗放改革方式向集约改革方式的转变。完成这一转变的关键是提升改革的科学性。

(1)改革要坚持解放思想和科学精神的统一。解放思想在我国改革的起步阶段发挥了决定性作用，也在推进改革深入中发挥了重要作用。但是我们逐渐发现，没有解放思想不行，既定的体制障碍、观念障碍束缚了人们的手脚，动弹不得；仅有解放思想也不行，通过解放思想冲破了体制障碍，却不能做好改革的事情，或改革成效甚微，或改革成本加大，或改革难以深入，或改革成果难以维持。

这一现实启发我们，解放思想启动改革之后支撑我们进一步将改革做好的因素是什么呢？是一种科学精神。解放思想的功能可以归结为破题，科学精神的功能可以归结为解题。解放思想为弘扬科学精神提供了空间，科学精神则延续和扩大了解放思想的实践成果。中国改革和发展的历史就是解放思想和科学精神相互支撑的历史。解放思想不是改革的全部，还必须确定改革方式，选择改革时机，酌定改革力度，设计改革环节，检验改革成效。动态地考察解放思想和科学精神在改革和发展中的作用还会发现，随着体制环境和社会环境的变化，解放思想的改革和发展效能呈现出下降趋势，而科学精神的改革和发展效能则呈现出上升趋势，某一领域中的清规戒律一旦被清除，科学精神就逐渐成为这一领域变化态势的决定性因素。

在现实生活中，存在对解放思想的神化倾向，表现为过分夸大解放思想的作用，将解放思想视为包治百病的灵丹妙药，由此抑制了科学精神的成长，排斥了科学精神在改革和发展中的应有地位。因此，从我国的改革经验中可以得出结论：提高改革成效必须建立在科学改革的基础之上，而提高改革的科学性则需要坚持解放思想和科学精神的统一。

(2)改革是一个制度均衡过程。当我们深切感受到现实体制对经济社会发展的阻碍，改革的动机就会逐渐形成，继之而来的是改革行动。在这种氛围中，改革备受推崇，此时社会更加关注在改革上做了多少事情，有多少原有体制下的制度被触动，新的运行机制所产生的成效往往被作为评价改革决策的直接依据。在这一过程中，往往对改革措施产生的体制结构变化估计不足，对新体制的运行状态缺乏足够的论证。这一方面受限于局部思维，另一方面对未来的不确定性难以把握。因此，改革进程中存在“改革偏好”而忽视制度均衡。我们的这一结论并不是否定“改革偏好”，而是说客观存在的制度均衡需求相对于改革本身来说更容易被忽略，其根源在于制度均衡不在局部的视野之中，更不在个体的视野之中。

制度均衡是指制度体系内部各组成部分之间客观要求的相互关系处在基本协调状态。从功能上讲，制度均衡是实现制度功能的基础。任何一个现实的制度都是一个制度均衡系统，计划经济制度也不例外，只不过维持这一制度均衡的制度设计符合计划经济制度的要求。建立社会主义市场经济制度，必然要打破计划经济制度的某些制度环节，使市场经济的制度因素出现在现实的制度之中并发挥作用，这时的制度是一个混合体。这个包容了市场经济制度因素和计划经济制度因素的现实体制也是一个制度均衡系统,毕竟社会不能离开资源配置,并且所实现的资源配置必须具有最低限度的效率水平。中国所实施的渐进改革方式与其说是一种自觉的选择,不如说是符合制度变革内在规律性的一次成功实践,这是中国改革获得成功的重要经验之一。任何制度变革都要在制度的相对均衡中实现。①

制度变革是一个打破既定制度均衡架构的过程,同时又是一个建立新的制度均衡架构的过程,其差别只是在于处在变革进程中的制度均衡具有动态性,是一种相对均衡状态。规律的客观性不能强制规定现实的改革路径,但是规律的客观性却以另一种形式表现出来:当我们致力于增强国有企业的活力,试图使企业既获得独立的经营权又对企业承担经营责任的时候,政企不分使这种愿望最终化为泡影;当我们致力于培育市场经济主体,营造公平竞争的经济环境时,政资不分又最终使这一努力大打折扣;当我们通过市场经济进程以较快的速度在较高的程度上满足了社会对私人物品的需求时,我们却发现社会陷入公共品极端匮乏的窘境之中。因此,现实存在的经济社会的结构性失衡是制度失衡的必然表现形式,而制度失衡又和制度变革过程中"重变革轻均衡"的倾向密切相关。起点不均衡不是我们忽视均衡的借口,而恰恰是应该更加重视均衡的理由。

制度变革的均衡性特征要求我们在改变既定制度的同时,还要将该项变化置入体制体系之中加以论证和操作,以利于建立新的制度均衡。在我国的改革进程中,渐进性的改革方式就是体现制度均衡要求的一种现实选择。但是在制度体系之间的关系上制度均衡的要求存在较大偏差,起点不均衡和改革不均衡只是形成这一现实的原因之一,但不能对现实的制度失衡作出充分解释。如果我们具有清晰的均衡理念并执著地贯彻这一理念,不均衡就会趋于缓解。形成制度不均衡的另一重要原因是制度差异,由于这一差异,使现实的改革触动皮肉而未动筋骨,触动表层而未动根本,选择难度小的制度环节而搁置难度大的制度环节,使人们普遍获利的制度变革异常踊跃而可能触动一些人眼前利益的制度变革却按兵不动。因此,致力于制度均衡需要均衡理念,更需要改革的勇气和政治智慧。

---

① 在新古典经济理论的均衡模型中,现实的经济运行过程要么处在均衡状态,要么正在趋向均衡。经济演化理论的出现严重地冲击了新古典理论的均衡理念,由此产生了一个问题,在演化的理论框架中到底还有没有均衡的立足之地?我认为,均衡对个体、群体和整个人类社会都具有生存意义,演化和均衡可以实现统一。本文中的制度均衡是就制度功能而言的。

(3)改革需要提高改革的自觉性。经济市场化进程中的经济建设成就为进一步深化改革奠定了坚实的社会基础,但是后续改革以及改革的重点都区别于经济体制改革。基于这种差异,我们认为,提高改革的自觉性对于深化改革至关重要。

或许是对既定状态的留恋,或许是对环境的麻木,或许是对未来的不自信,既定改革进程中存在明显的惰性心态,这集中地表现在国有企业的改革进程中。国有企业的战略性调整,重新确定其职能定位,既是向客观经济规律的理性回归,又是一种不得不接受的必然结局。事实是只要在某一领域推进市场化,国有企业就会很快丧失其竞争优势。可以设想,如果国有企业主动适应市场化进程,有序地实施改革,国有资产的体制性损失和经营性损失就会大大减少。现实的经济社会结构必然产生巨大的改革压力,面对这一压力主动地实施改革,才有可能抓住机遇,如果再重复国有企业在经济市场化进程中的被动思维方式和行为方式,科学发展就会遇到难以逾越的体制障碍,就会使中华民族丧失一次宝贵的发展机遇。

经济体制改革历史已经证明,制度需求和政府强力都没有为市场经济提供充足的制度供给,市场经济制度基本框架的建立得益于制度竞争,制度竞争成为解决制度变革过程中制度供给短缺的最终手段。制度竞争的平台是通过所有制结构的调整搭建起来的,在公有制一统天下的所有制结构中,逐渐引入各种非公有制经济成分并为其发展创造制度环境,由此形成了不同所有制之间的竞争,国有经济的布局调整及在此基础上形成的分工格局都是制度竞争的结果。

科学发展的要求和现实的体制结构决定,改革重点将由经济体制领域转向其他领域。在某些社会体制中可以利用制度竞争推进体制改革,如建立独立的教育实体形成与原有教育实体之间的制度竞争(现有高等院校所设立的民办二级学院不具有制度竞争的功能),在医疗卫生领域和文化领域同样可以依循这一思路推进改革。但在政治体制领域中,制度竞争面对难以克服的局限,我们不能在现有的体制之外再建立一套司法系统或者行政系统。政治体制的这一特征可以对该领域改革的滞后作出解释,即使是现实的改革进程同时启动经济体制改革和政治体制改革,政治体制改革的滞后也是不可避免的,因为不存在来自于制度竞争的强制性压力。在不能采用制度竞争手段和制度竞争限制性较大的领域中,政府强力将成为推进改革的主要手段，在这些领域中能否推进改革以及改革成效的大小取决于决策者改革自觉性程度的高低。①

(4)改革需要力戒"增量偏好"。改革可以通过两种形式予以实现，其一是增量调整，意指用新的制度处理新增加的经济、社会、政治事务。增量调整是以不触动既定体制作为前提的，正因为如此，人们乐于接受并容易实施，现实中的"新人新办法，老人老办法"、"一厂两制"是对这一形式的经典描述。问题在于，增量相对于存量而言微不足道，由此决定这种形式的改革效能极其有限，同时，这一调整形式加剧了两种体制的摩擦，在旧体制较为强大的状态中难以实现体制质的飞跃。另一种形式是存量调整，意指运用改革手段促使在旧体制环境中运行的经济、社会、政治事务逐步步入新体制的轨道。存量调整的直接对象是现存体制，即使是在某一环节上的改革也会对既定体制产生实质性的影响，因此，存量调整对推进体制改革具有决定性意义。实施存量改革难度较大并且可能引发利益冲突和社会性问题，使这一调整形式的风险性加大。基于这一特征，现实改革进程中极易产生"增量偏好"，对既定体制结构较少产生实质性触动。把握这一问题对于下一步的改革重点具有特殊意义，因为在政治领域中几乎不存在实施增量改革的基础，只有通过存量调整才能实现改革。

(5)建立社会利益的保障机制。市场经济主体对利益的追求是经济增长和社会发展的动力，市场竞争规则和交易的持续性要求最终不会使个人利益的实现长期建立在对他人利益损害的基础之上。在这里，他人利益是通过每一个个人的利益追求实现的。但在经济市场化进程中出现了一种十分可怕的现象——为了获得个人利益不择手段地侵蚀社会利益。一些人缺乏正确的利益观念，使其牟利行为不断侵蚀社会公共利益的边界；而在另外一极，则是社会利益的保障功能极其弱小，使贪得无厌的牟利行为频频得逞；最为令人痛心的是社会对这种行为采取了极其宽容的态度，公共利益理念极其淡漠。在这一进程中，社会因此蒙受巨大损失，这也是造成经济社会结构矛盾趋于激化的原因之一。在新的改革时期，要倡导个人利益、他人利

① 认识这一点对深化改革异常重要。经济领域中的制度供给不足通过制度竞争加以弥合，而政治领域中的制度供给只能依赖于政府强力，没有替代机制，而这一力量的大小和改革自觉性高度相关。这也是政治体制改革和经济体制改革的动力结构差异。这一差异的揭示对改革景象颇具解释力。

益和社会利益的均衡理念，使经济主体的利益追求置于规则体系的严格约束之下，强化社会利益的保障机制，为实现科学发展提供坚实的体制基础和物质基础。

(6)以既定的改革和发展成就加速推进全面改革的进程。实践证明，改革需要付出改革成本，从改革稳定性的视角考虑问题，改革的推进在很大程度上取决于社会承担改革成本的能力。经济实力的增强为推进经济体制改革提供了经济基础，而在下一步社会体制、政治体制和文化体制的改革进程中同样面临着改革成本问题。社会体制和政治体制的自身特征决定其可能需要较高的改革成本，但是我国经济实力的增强为加速推进社会体制和政治体制的改革提供了较大的操作空间，而经济体制改革的改革成本只能由自身积累，这是下一步改革重点和经济体制改革的不同之处。以经济体制改革成就反哺即将到来的全面体制改革是一条重要的改革策略选择，不平衡环境中的反哺思路是实现科学发展的一条现实路径。

# 第十三章
# 农村生产力发展的整合框架

鉴于我国“三农”问题存在的长期性，人们围绕农村发展进行了大量的研究与探索，其中发展农村生产力的研究始终占据主导地位，这是由农村生产力在农村发展中的基础性地位所决定的。可以毫不夸张地说，没有农村生产力的成长，不仅农村的文化层次、社会层次、政治层次难以提高，而且也会阻断整个国家的经济和社会发展进程。《中共中央关于推进农村改革发展若干重大问题的决定》指出：“农业是安天下、稳民心的战略产业，没有农业现代化就没有国家现代化，没有农村繁荣稳定就没有全国繁荣稳定，没有农民全面小康就没有全国人民全面小康。”在现实的背景中，无论人们怎样评价其重要性，农村生产力发展都足以担当此任。接下来的问题才更加重要，在现有的一些研究中存在一种值得注意的倾向——就事论事，选择一个角度并将此强调至极端，好像只要抓住了这一环节，农村生产力发展问题就可以迎刃而解，只顾其一，不顾其余；另一种情形是只看现象，不顾本质，在孤立和静止状态下寻医问药。如此思维的结果是不得发展要领，问题暂时解决而难除病根，一时发展而难以持续。因此，农村生产力发展必须具有“一体化”理念。作为本研究成果的最后一部分我们试图提出一个整合框架，既作为这一研究成果的总结，同时又弥补现实中存在的研究缺陷。由于存在多方面的限制，或许其作用仅仅是提出这一问题并以此引起学界和全社会对这一问题的关注。

## 一、一个系统

农村生产力的空间指向十分清楚,但农村生产力的发展不能局限于农村,必须通过城乡之间的互动实现,在现实的背景之下,能否实现城乡一体化发展由理念到现实的转化对于经济和社会格局步入良性发展轨道具有决定性作用;农村生产力的实体内涵同样十分清楚,但农村生产力的发展不能局限于生产力,虽然生产力发展是当前乃至今后相当长时间内农村发展的主要矛盾,必须在经济、政治、文化、社会等领域"一体化"的视野中谋求生产力的发展,使生产力发展的成果在社会范围内得以全方位地彰显,同时支撑生产力的持续和健康发展。农村生产力发展除了其空间指向和实体内涵之外,还存在诸如产业、资源流动、市场、制度等众多视角。这样,农村生产力发展问题就演化成一个社会系统,这里的"社会"不是"经济、政治、文化、社会"中的"社会",而是这几个方面都被包含于其中的大"社会",在这个系统中,每一个子系统或组成部分都可能成为农村生产力发展的"贡献因子",也可能成为其"障碍因子"。

我国现阶段的社会系统具有以下几个突出特征:

第一,社会系统是一个大系统。中国的经济总量已经世界第四,人们对此提出了令国人备受鼓舞的未来趋向,但面临持续增长的巨大压力;中国的人口数量世界第一,人力资本的成长将构成中国经济和社会进一步发展的巨大财富,但也出现了就业压力、素质瓶颈、利益矛盾和制度变革障碍;中国有巨大的国土面积,这一条件为中国未来的发展提供了市场空间和由多样性产生的互补优势,但国家治理中行政权威性的建立却受到行政成本和行政体制的现实约束。大系统既有较大的资源形成能力,也具有极强的资源稀释能力,看似一个庞大的资源总量,当被用之于社会时立刻就会显现出不足。除了经济发展的限制之外,资源形成机制和资源分配机制的差异是构成公共资源短缺长期存在的主要原因。大系统及其各子系统之间的内在联系决定了在经济和社会进程中要具有全局视野,对于地方政府来说,要求其具有全局视野似乎有“强人所难”之嫌，但中央政府则应该做到，避免因为地方利益和集团利益的异常活跃出现顾此失彼。

第二，社会系统是一个复杂系统。社会系统的复杂性是通过系统的结构性加以表现的，合理和谐的系统结构可以为系统的优化提供动力，而结构性矛盾则意味着系统可能向劣化方向发展。社会系统运行的基本格局既不是完全协调，也不可能是完全失衡，而是一种相对均衡状态。由于系统本身的复杂性，加之人们认知能力和环境变动的限制，现实生活中往往难以避免系统内部的结构性矛盾。问题的关键在于系统应该具备自我调节的能力，使现实存在的结构性矛盾处在不断被化解的状态之中，以避免矛盾的壅塞和激化。复杂并不可怕，没有复杂性就没有现代社会的物质成果和社会成果，重要的是形成维护系统关系良性状态的机制。由此提出了缓解社会系统复杂性的一条现实思路——社会运行的制度化。因为只有制度化的社会运行机制才可能给人们提供稳定的预期，并最大限度地降低维持社会良性运转所需要的成本。理论和实践都可以证明，对于一个复杂的社会来说，没有任何个人或集团可以比制度做得更好。我们需要始终明了一定之规对于社会的重要性。在这一问题上起点并不乐观，我们面临着极其艰巨的制度结构调整任务。

第三，社会系统是一个差异系统。人们可能极易将这里的差异系统理解为结构性问题，如，地区之间、行业之间和城乡之间的收入差异，生产力发展水平差异，经济发展和社会发展的差异，经济体制和政治体制、社会体制、文化体制之间的差异，等等。如果将差异作这种理解，差异就会随着社会系统协调性程度的提高趋于消失，差异系统就无异于复杂系统。这里的差异是指社会系统中存在的一种现实状态，这种差异是一种客观存在，并且人为地消除这种差异可能产生经济和社会的效率损失。因此，差异可能具有自然、文化、历史、习俗等含义，具有十分鲜明的“黏性”色彩。面对社会系统中的差异性，理性的行为是承认差异，挖掘差异，培育差异，彰显差异，形成系统内既各具特色又相映生辉的差异族群。由社会系统的差异性可以获得一个社会全景，其显著特征是多样性。具有开放的理念、开阔的胸襟和开明的社会人格才能适应新的经济和社会环境，有效地推动发展。制度创新和技术进步在多样化的景框中最容易得以实现。

第四，社会系统是一个矛盾多发系统。经济转型和社会转型总是存在一个“敏感期”,这是各个国家发展历程中的共同现象。但是我国的情形又极具特殊性,表现在:工业化+现代化+制度转型。由此决定,我们必须同时面对其他国家在不同历史时期的经济发展和社会发展任务。在此过程中,既要利用权力,又要约束权力;既要培育人们的利益意识,又要将人们对利益的追逐置入制度框架之中;既要面对历史积累所产生的各种矛盾,又要解决经济和社会进程中产生的新问题;既要培育支撑社会持续健康发展的社会阶层,又要维持社会各阶层之间的利益均势,尤其需要关注社会弱势群体的生存状态。我国正处于矛盾多发时期已经不是一种理论预见,已经转化成一种现实,从2008年发生的一系列社会事件中可以看出这一问题的严重性。这种严重性不在于事件本身,不少事件的起因就是一个单一的刑事案件,或者是一个突发事件,但却演化成一个破坏性严重的社会事件。这类事件还有一个共同现象,即大量和事件本身没有直接利益关系的社会成员参与进去。是凑热闹,还是某种情绪的发泄?是原因,还是结果?是自愿,还是受人利用?问题的严重性还在于,这些社会事件的直接指向是政府或者是执法机关,规则的制定者、规则的执行者和社会运行的调控者是社会有效、有序运行的主心骨,人们没有理由指向这样一个中立角色。虽然读不懂的事情越来越多,但我还是真切地感悟到现阶段的中国的确处在“矛盾多发”期。

社会系统是如此庞大!如此复杂!如此各不相同!如此矛盾多发!我们应该如何驾驭这个系统?农村生产力的成长是这个系统的组成部分,农村生产力的成长依赖于这个系统,农村生产力的成长也可以对这个系统有所贡献!

## 二、两条路径

系统观察是确定一个框架,使发展农村生产力的行为选择有所遵循,在这一基础上还要分析路径选择,如果说系统观察属于宏观层面的话,路径观察则介于宏观和微观之间。

谋求农村生产力发展,尤其是后发地区的农村生产力发展,必须立足于现有发展水平。观察现有的发展基础,可以从两种关系的比较中加以认识:

其一是城市和农村的关系比较，就此而论，其基本格局是城市发展水平相对超前，而农村发展水平相对滞后；其二是先发地区和后发地区的关系比较。将两者融合起来，我们可以得到以下四种状态：发达地区的城市、发达地区的农村、后发地区的城市、后发地区的农村。我们可以将这四种状态表示为表8：

**表8　城乡和发展水平统一下的三个方阵**

| 发展水平 / 城乡分布 | 先发地区 | 后发地区 |
| --- | --- | --- |
| 城市 | 先发地区的城市（第一方阵） | 后发地区的城市（第二方阵） |
| 农村 | 先发地区的农村（第二方阵） | 后发地区的农村（第三方阵） |

其中，先发地区的城市属于第一方阵，先发地区的农村和后发地区的城市属于第二方阵，后发地区的农村属于第三方阵。在第二方阵中，可能存在两者之间的差异：在城乡二元结构体制之下，后发地区的城市可以获得发展所需要的资源条件，但经济市场化进程中其发展又受到地区发展水平较低的限制；对于第二方阵中的另一部分来说，情形恰恰相反，城乡二元结构体制自然难以为农村创造发展条件，但借助于发达地区产生的经济势能，在一定程度上具备了工业反哺农业、城市支持乡村的物质条件，事实上较早地步入了城乡一体化发展的阶段。发展的历史轨迹决定，第二方阵中的两个组成部分可能存在着一定程度的差异，但相对于第一方阵来说，其落后性明显，相对于第三方阵来说，其先进性同样明显。对于第一方阵来说，可以同时获得体制资源和市场资源，可谓是“锦上添花”，两者的合力使先发地区的城市始终处于“领头羊”的地位。而对于第三方阵来说，发展所需要的资源条件始终处于难以满足的状态，甚至只能从体制和市场的边缘地带获得维持性资源，可谓是“雪上加霜”，同样是两者的合力将后发地区的农村长期置于发展窘境之中。这就是说，本书中的研究对象是中国这个经济体中最为薄弱的区位，这一分析将为发展路径的选择提供依据。

农村生产力发展固然首先是其本身的问题，其中包括我们已经研究的发展现代农业、围绕现代农业所必需的产业体系、农村工业化等内容。但是，在现实的经济和社会格局中，农村生产力的自我发展能力不能满足农村生产力发展的现实需要。这就是我们必须面对的现实。由此，我们得到了农村生产力发展的两条基本路径：内力启动和外力拉动。这一思路同样是设定本书研究内容的一个基本视角,没有内力作基础,仅仅依靠工业的单向“反哺”、城市的单纯“带动”和国家的资源投入,既没有农业的现代化、农民的小康,也没有农村的繁荣和稳定,不论这种外力多么强大,总是难以挣脱资源稀缺性的限制;在没有外力的情况下,“三农”问题同样难以获得实质性推进。这就是说,内力启动和外力驱动难以单独发挥作用,必须是两者的配合。两者之间的配合表现在两个方面:力量强弱的匹配和结构性匹配。力量强弱之间的匹配存在以下四种基本格局,见表9。

**表9 农村生产力发展的内力和外力强弱之间匹配的四种状态**

| 内力＼外力 | 强 | 弱 |
| --- | --- | --- |
| 强 | 强内力 + 强外力 | 强内力 + 弱外力 |
| 弱 | 弱内力 + 强外力 | 弱内力 + 弱外力 |

此中,两者之间不相匹配的状态有两种,这是一种“强弱”结构,不论在何种情形下,这种“强弱”结构都不能有效地推进农村生产力发展,这在理论上和实践上都能够得到理解;两者之间相匹配的状态也有两种,一种是“强强”结构,另一种是“弱弱”结构,后者虽然是匹配的,但其效能有限,不能满足农村生产力发展和经济社会进程的需要,而“强强”结构体现了内力和外力的相互匹配,又能满足发展需要。因此,我们努力的方向是保持促进农村生产力发展的内力和外力的同时强劲。

内力和外力相互关系的结构性匹配是指两者在内容方面的一致性。结构性匹配要求促进农村生产力发展的外力着力点和内力着力点之间存在内在的逻辑关系,可以实现两者的传递和有效对接,相互促进。例如,建立支持农业发展的金融体系和分散小规模的农业经营方式之间显然存在着矛盾,这一矛盾的解决依赖于两者在变革方向上的靠拢,一方面建立多元化的金融体系,另一方面通过多种形式使农业经营方式由分散走向集中。结构性匹配还表现在某一项政策选择是否符合农业发展的未来方向或者是否符合外力的实施主体在经济和社会体制中的角色定位,如,对农民实施直接补贴毫无疑问会提高农民种田的积极性,增加农民收入,但是却加大了农民和土地之间的黏性,不利于农业规模经营的推进。在实践中,一些方面的结构性匹配较为清晰,如,从法律层面上切实保障农民土地经营权的利益和农民在法律允许的范围内有充分的土地经营权两者之间,再如农业基础设施投入和建立现代农业两者之间；而另一方面的结构性匹配则处于模糊状态，如，土地私有化主张对我国经济社会发展的长期效能就是一个争论不休的问题。相对于前者而言，后一种情况具有较高程度的复杂性，需要在现在和将来之间、局部和全局之间、静态和动态之间作出权衡，对外力和内力的联系机制和结果进行实证分析。内力和外力的结构性匹配的基本状态可以表示为图9。

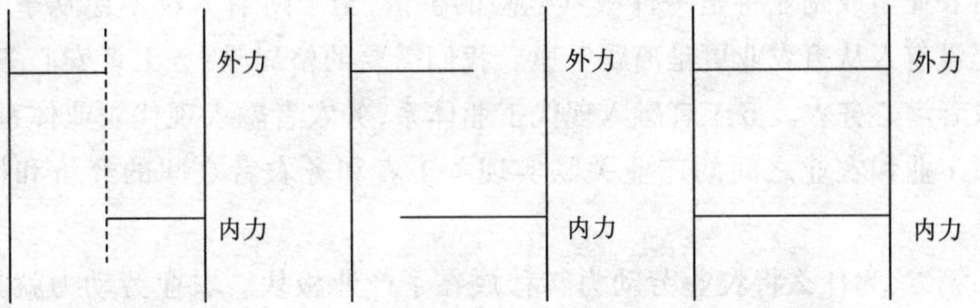


图(A)　　图(B)　　图(C)

**图9　内力和外力结构性匹配示意图**

在图9中，图(A)和图(C)是两种极端状态，前者意味着外力和内力完全不匹配，后者则意味着外力和内力完全匹配。两者完全不匹配，当然不能收到好的效果，但这种情况和现实不符，毕竟存在相当数量使内力和外力保持一致性的清晰的行为选择。两者完全匹配，固然是一种最为理想的状态，在这种情况下，外力的作用会毫不遗漏地传输给内力，反之亦然，但是这种状态同样不具有现实性，因为经济和社会过程的复杂性决定，人们只能在一定程度上实现外力和内力的一致性，虽然我们不会放弃使两者最大限度趋于一致性的努力。我们将图(B)视作内力和外力结构性匹配的基本状态。

## 三、三个板块

“一个系统”属于宏观视角，以此确定农村生产力发展的思维框架；“两条路径”属于中观视角，以此形成农村生产力发展过程中联系宏观和微观的现实路径；而“三个板块”则属于微观视角，以此揭示农村生产力发展的内在机制。

“三个板块”的具体构成是:现代农业板块、产业板块和要素板块。在本书的体系中,第2—6章属于现代农业板块,第7—9章属于产业板块,第10—12章属于要素板块。这种划分有以下几点需要作出说明。

第一,现代农业板块在农村生产力的发展中具有基础性作用。我们已经揭示了一种现实状态——农民将农业副业化了。问题在于一部分农民可以将农业当成副业,一部分农民可以脱离农业,但对于中国来说,所有农民都将农业当成副业将是一件极其危险的事情,至于所有人都不愿从事农业甚至没有人从事农业更是离题千里。我们需要的格局是:务工者安心务工,务农者潜心务农。务工者融入现代工业体系,务农者融入现代农业体系,并通过工业和农业之间的产业关联实现务工者和务农者之间的经济和社会联系。

第二,为什么将农业劳动力转移放在了产业板块。农业劳动力就其本身而言是一种生产要素,但这种要素不仅构成农业生产的主体,而且通过产业结构的变化逐渐演变成工业生产和服务业生产的主体,农业劳动力事实上充当了产业联系的一种重要的表现形式;在数量上,随着产业结构的高度化就业结构必然发展变化,在农业部门就业的劳动力数量呈现出逐渐减少的趋势;从现实来看,农业劳动力的转移已经超越了其农业生产要素的内涵,具有了更加重要和宽泛的社会内涵,我们可以有充分的理由将农业劳动力转移放入我国城乡一体化进程中加以理解。在该书的体系安排中,我们将农村人力资本培育放入要素板块,似乎也可以对将农业劳动力转移放入产业板块作出间接说明。

第三,将农村生产力发展的体制支撑视作要素板块的组成部分。资本是一种生产要素,在由传统农业向现代农业的转变中具有酵母作用。为了适应农业的这种转变,需要有与资本要素相互匹配的农业劳动力,只有在两者匹配的格局中资本的生产力才能有效地发挥出来。除了这两种基本的要素之外,人们常常提起的要素种类还有技术、自然资源、文化、结构性要素,等等。这些要素在该书中没有进行系统研究。另一种重要的要素是制度,体制只不过是制度的另一种表达方式而已,经济体制的变革事实上就是经济制度的变革,经济市场化已经从根本上改变了我国经济运行的机制,并在逐渐改变着我国的政治格局和社会格局。[①] 最终促使我们将体制支撑放入要素板块的另一个重要原因是这种安排使制度成为一个决定农村生产力发展的内生变量，与其他要素共生、互动，从而可以避免对制度变量的忽略，也可以防止出现制度或体制高高在上、游离于农村生产力发展之外的弊端，置身事外极易滋生与“都是你的错”相适应的思维方式和行为方式。

三个板块之间并不是孤立的，相互之间的联系表现为：现代农业是农业生产力发展的基础平台，它向要素板块提出需求，也为要素板块提供要素供给，同时积累同工业和服务业发生产业联系的基础；要素板块为现代农业的发展提供全方位支持，同时充当经济系统发生产业联系的实体内容；产业板块既为现代农业的发展提供支持，同时将现代农业纳入国民经济体系。

在三个板块之间存在多种双向的逻辑结构，相互之间的联系和互动共同奠定发展的微观基础，通过内力和外力两条路径的合力和协调配合，在社会系统中最终推动农村生产力的发展，从而促使中国经济和社会发展早日步入科学发展的轨道。

扩充瓶颈是推动发展和实现科学发展的要义所在!!

① 如果说体制和制度之间还存在差别的话，体制主要关注的是制度的宏观层面，而制度主要关注的是其微观层面，一种体制之下可能包含一系列的制度分支共同支撑这种体制。在这个意义上说，体制是一种制度集合。从我国改革过程来看，使用体制相对于使用制度来说具有更高程度的社会可接受性。

# 参 考 文 献

[1]吴先满．科学发展观与江苏经济的创新发展[J]．江苏社会科学，2004(9)．

[2]浦再明．科学发展观与上海经济增长方式转变[J]．上海改革,2004(5)．

[3]何二均．树立科学发展观在实践中必须把握好的几个问题[J]．理论与改革,2005(1)．

[4]H. 钱纳里等．工业化与经济增长的比较研究[M]．上海:上海三联书店,1989.

[5]林毅夫．制度、技术与中国农业发展[M]．上海:上海三联书店,1994.

[6]林毅夫．再论制度、技术与中国农业发展[M]．北京:北京大学出版社,2000.

[7]西蒙·库兹涅茨．各国的经济增长[M]．北京:商务印书馆,1985.

[8]W. 罗斯托．从起飞进入持续增长的经济学[M]．成都:四川人民出版社,1988.

[9]艾伯特·赫希曼．经济发展战略[M]．北京:经济科学出版社,1991.

[10]林毅夫,蔡昉,李周．中国的奇迹:发展战略与经济改革[M]．上海:上海人民出版社,1995.

[11]亚诺什·科尔内．突进与和谐的增长[M]．北京:经济科学出版社,1988.

[12]海因茨·阿恩特．经济发展思想史[M]．北京:商务印书馆,1997.

[13]阿玛蒂亚·森．以白由看待发展[M]．北京:中国人民大学出版社,2002.

[14]白云. 农村合作经济组织创新的立论依据与实践[J]. 学术交流,2006(3).

[15]蔡宏进. 乡村发展的理论与实际[M]. 台北:东大图书股份有限公司,1993.

[16]程同顺,赵银红. 乡村管理模式的回顾与前瞻[J]. 上海社会科学院学术季刊,2000(1).

[17]党国印."村民自治"是民主政治的起点吗? [J]. 战略与管理,1999(1).

[18]德布拉吉·瑞. 发展经济学[M]. 北京:北京大学出版社,2002.

[19]邓宏图,米献炜. 约束条件下合约选择和合约延续性条件分析[J]. 管理世界,2002(12).

[20]全兆怀. 我国农业社会化服务体系建设的国外借鉴和基本思路[J]. 当代经济研究,2002(8).

[21]朱四海,熊本国. 工业反哺农业实现机制刍议[J]. 中国农村经济,2005(10).

[22]郭红东,蒋文华. 影响农户参与专业合作经济组织行为的因素分析[J]. 中国农村经济,2004(5).

[23]孙亚范. 新型农民专业合作社发展研究[M]. 北京:社会科学文献出版社,2005.

[24]赵慧芬. 农民专业合作经济组织发展制约因素分析[J]. 山东农业大学学报,2005(9).

[25]威廉·阿瑟·刘易斯. 二元经济论[M]. 北京:北京经济学院出版社,1989.

[26]许经勇. 中国农村经济改革研究[M]. 北京:中国金融出版社,2001.

[27]马晓河. 结构转换与农业发展[M]. 北京:商务印书馆,2004.

[28]王章辉等. 欧美农村劳动力的转移与城市化[M]. 北京:社科文献出版社,1999.

[29]林毅夫,蔡昉. 中国的奇迹:比较优势与发展战略[M]. 上海:上海三联书店,1994.

[30]蔡昉. 合作与不合作的政治经济学[J]. 中国农村观察,1999(5).

[31]张培刚．农业与工业化——农业国工业化问题初探[M]．武汉：华中科技大学出版社,2002.

[32]方丽玲．城乡统筹：城乡关联视角分析[J]．财经问题研究,2006(6).

[33]徐勇．从“农村包围城市”到“城市带动乡村”——以新城市建设引领新农村建设[J]．东南学术,2007(2).

[34]洪银兴．发展经济学与中国经济发展[M]．高等教育出版社,2005.

[35]舒尔茨．改造传统农业[M]．北京：商务印书馆,1987.

[36]约翰逊．经济发展中的农业、农村、农民问题[M]．北京：商务印书馆,2004.

[37]徐旭初．中国农民专业合作经济组织的制度分析[M]．北京：经济科学出版社,2005.

[38]孙亚范．新型农民专业合作经济组织发展研究[M]．北京：社会科学文献出版社,2006.

[39]谢庆奎．政府学概论[M]．北京：中国社会科学出版社,2005.

[40]吴敬琏．当代中国经济改革[M]．上海：上海远东出版社,2003.

[41]安毅．中国农村经济政策：多元目标与综合创新[M]．北京：中国市场出版社,2007.

[42]贾伟强．“公司＋农户”——组织模式的合作机制研究[M]．南昌：江西人民出版社,2007.

[43]李成贵．中国农业政策——理论框架与应用分析[M]．北京：社会科学文献出版社,2007.

[44]岳跃．中国农户经济行为的二元博弈均衡分析[M]．北京：中国经济出版社,2006.

[45]白菊红．农村人力资本积累与农民收入研究[M]．北京：中国农业出版社,2004.

[46]王振中．中国农业、农村与农民[M]．北京：社会科学文献出版社,2006.

[47]思拉恩·埃格特森．经济行为与制度[M]．北京：商务印书馆,2004.

[48]科斯,诺思,威廉姆森等. 制度、契约与组织——从新制度经济学角度的透视[M]. 北京:经济科学出版社,2003.

[49]杰弗里. M. 霍奇逊. 演化与制度——论演化经济学和经济学的演化[M]. 北京:中国人民大学出版社,2007.